中國學術思想 研究輯刊

十二編

林 慶 彰 主編

第 6 冊

古史辨《周易》研究評議

黃 惠 香 著

花木蘭文化出版社

國家圖書館出版品預行編目資料

古史辨《周易》研究評議／黃惠香 著 — 初版 — 新北市：花
木蘭文化出版社，2011〔民 100〕
目 2+190 面；19×26 公分
（中國學術思想研究輯刊 十二編；第 6 冊）
ISBN：978-986-254-648-2（精裝）
1. 易經　2. 研究考訂　3. 古史辨派
030.8　　　　　　　　　　　　　　　　　100015764

ISBN-978-986-254-648-2

9 789862 546482

中國學術思想研究輯刊
十二編　第六冊　　　　　ISBN：978-986-254-648-2

古史辨《周易》研究評議

作　　者	黃惠香
主　　編	林慶彰
總 編 輯	杜潔祥
出　　版	花木蘭文化出版社
發 行 所	花木蘭文化出版社
發 行 人	高小娟
聯絡地址	新北市永和區中正路五九五號七樓
	電話：02-2923-1455／傳眞：02-2923-1452
網　　址	http://www.huamulan.tw 信箱 sut81518@gmail.com
印　　刷	普羅文化出版廣告事業
封面設計	劉開工作室
初　　版	2011 年 9 月
定　　價	十二編 55 冊（精裝）新台幣 90,000 元

古史辨《周易》研究評議

黃惠香　著

作者簡介

黃惠香,國立臺灣師範大學國文系、國文研究所碩士畢業。現任教於國立台中女中。

本書為九十六學年度畢業之碩士論文,由賴貴三博士指導。

提　　要

　　本書欲對顧頡剛所引領之古史辨思潮,在《周易》研究中呈現的成果與樣貌進行評議,研究對象以《古史辨》第三冊上編為中心,旁及相關著作,本書內容概分為七章:

　　第一章緒論,簡釋本書命題,並進行文獻評述,表明研究動機,以及略述古史辨運動以概括背景,最後註明寫作方式。

　　第二章,論古史辨對《周易》研究方向的引導。由於古史辨本身具有觀念革命的性質,因此先將其所受源流、時代背景、治學方式等說明,並且突顯古史辨定調在破除經書權威,重視史料學與文獻考究,其《周易》研究最主要的觀點,乃在於「《易》為卜筮之書」與「經傳分觀」二者。

　　第三章,論古史辨與《周易》古史研究。古史辨對現代易學有一突出的貢獻,即是將古史和《周易》的連結加深、加強。本章先從〈易傳〉即有的「引史證易」的傳統談起,而後提出顧頡剛對「易中有史」的貢獻,以及余永梁、李鏡池對此一方向的耕耘和李氏對「易即古史」概念的發展。

　　第四章,論古史辨對「商文化和《周易》關係」之探討。古史辨學者前有未有的關注《周易》的起源,尤其殷墟甲骨的出土更激發此類研究的興盛,至今猶未衰歇。即使數字卦的確認、周原甲骨的發現、王家台秦簡《歸藏》的出土,仍難以回答古史辨當時提出的問題。特以此章識之。第二章和第三章的次序安排,亦欲借以彰顯古史辨對歷史背景知識引入《周易》研究的用心。

　　第五章,論古史辨對《周易》經文的析論。

　　第六章,論古史辨對〈易傳〉的看法。由第五和第六章的章題上表明,古史辨對於《周易》經傳的價值評斷並不等同,成見先行,就造成了古史辨的缺憾,有功於「經」,而有過於「傳」。筆者並於兩章結論處略抒所得,以求教於方家。

　　第七章結論,述古史辨《周易》研究上的成就和局限。以此總結。

誌　謝

　　「讀書是一輩子的事，學位只是里程碑」，這是賴老師貴三勉勵我的話，當時我學業才起步，卻必須提早進入職場，離開台北。這幾年來，賴老師不因我的怠惰惶惑而加責，寬厚體諒，靜心等待我的成長，至今不負所望，始於艱難，竟能克終，深謝賴老師對我付出的關懷和指導。接受口試時誠惶誠恐，口試委員孫劍秋老師、趙中偉老師的藹然點撥，多有溢美，使我大減畏懼之意，並得到修正的機會，真的非常感謝兩位學者對後輩的寬愛。身為人師之後，更明白能被許多老師指點是幸福的，回想大學時代以來，因高秋鳳老師持續鼓勵，煦然勸勉，徬徨的我最終還是走向學術的殿堂，高老師對學生無求的付出，銘感在心。陳麗桂老師、劉瑞箏老師是我大學時期十分敬愛、深受啓發與慈愛的學者，黃麗娟學姐則在碩一時對我時加提攜，良師眷顧，何其有幸！

　　獨學無友，則孤陋寡聞。謝謝林聖峰同學提供我許多意見與幫助，張博鈞同學、劉原州同學、陳鈺玟學妹都替我處理不少鞭長莫及的繁瑣事務，尤其各校書籍無法充分流通，更使得他們友情的支持特別珍貴。還要感謝一心愛護我以及體諒我的同事、學生們，教學相長，足以發之。最後要感謝我的家人對我無怨的付出，在學業事業兼顧之際，不致健康摧敗，若有榮華，全歸之於家人的辛勞。

　　人生茫茫，未知下一個里程碑在何處，師長們皆鼓勵我繼續深造，然而一己讀書之事，卻需勞煩那麼多人襄助，又使我躊躇，既濟未濟之間，盱衡未已，待時而動，但願盡其在我，不負慈愛，無愧於心而已矣。

黃惠香　謹誌於台中
中華民國九十七年六月

目次

第一章　緒　論

一、釋　題

　　本書題名爲「古史辨《周易》研究評議」，研究範圍以《古史辨》第三冊上編爲中心，並旁及李鏡池後續相關著作，以及近代對古史辨《周易》研究的回應，以求呈現古史辨時代上的意義和價值。「古史辨」三字未使用書名號，乃因《古史辨》唯第三冊上編專收《周易》研究，若使用書名號，似指《古史辨》全七冊，不符本書研究範圍。

　　本書題名略有研究「古史辨派」易學的意味，但考慮古史辨難以成爲一個嚴謹的派別，主要是因爲古史辨不是家學，並不宣揚不可侵犯的黨同伐異態度，亦未有明確的組織或成員，也無成立學會或特定的學堂講學以動眾。在顧頡剛掀起討論古史的風潮後，任何人只要共同參與討論，都能夠助成古史辨以新史學的姿態檢視古典文化遺產，即使是文章收錄在《古史辨》中的人，也可能是持完全反對意見的人，或者是對古史辨本身的批評。因此，要將文章收入《古史辨》的學者都視爲「古史辨派」，恐不可行。若要強指出誰是「古史辨派」的學者，在《周易》研究上，顧頡剛和李鏡池是肯定的兩位，而即使以師生相稱的兩位，在某些議題上，顧、李二人也未完全彼此同意。權衡之下，簡題「古史辨」三字，於後文中使用「古史辨學者」一詞時，亦未特指某一人，乃是指遵循古史辨考校古籍道路者，方法上不以道德權威爲論據，信而有徵、疑而能辨。顧頡剛亦自承古史辨不是一個派別：

> 我的意思，疑古並不能自作一派，因爲他們所以有疑，爲的是有信；
> 不先有所信，建立了信的標準，凡是不合於這標準的則疑之。……
> 我寫出許多古文論文，原爲科學工作，並不在求青年擁護；青年願

—1—

　　意接近我的，我只期望他在這一堆亂蓬蓬的材料裡，清理出一個是
　　非的標準，在學問上自求進展，對於我所説的如有錯誤，極盼望人
　　們的駁詰。我絕不像廖平、康有爲那樣，自居於教主而收羅一班信
　　徒，盼望他們作我的應聲蟲。〔註1〕

因此，「古史辨學者」一詞，僅是概念性的指稱，特此注明。

　　至於命題「評議」而不以「平議」者，筆者初窺堂奧，自歉不足，不敢
妄以「平議」自居，恐仍有主觀而爲之，故以「評議」名之，淺陋之處，亦
祈方家斧正。

二、文獻評述

　　研究顧頡剛及古史辨的先鋒著作，當數及 1974 年德人施耐德（Laurence A.
Schneider）的《顧頡剛與中國新史學》，書名的副標是「民族主義與取代中國
傳統方案的探索」，可查知施耐德對顧頡剛在近代中國史的轉型時期所佔有的
地位，極爲看重。此書主要的內容「係討論顧頡剛一生的學術成就，而非以
古史辨運動爲主要論題。其長處是掌握了顧氏一生各階段學術研究之變貌：
由疑古、歷史地理，而審愼釋古的過程。但此書在討論顧頡剛與民俗運動時，
太過強調民眾觀點，反而忽略了它與古史研究的血肉關連」。〔註2〕關於古史
辨曾走向辨古書眞僞的道路，文中只提到《詩經》的部分，認爲「一些校勘
學家（顧頡剛乃其中較著者）把居群經之首的詩經從貴族文化傳統中營救出
來，用嚴謹的態度加以整理，使詩經成了中國民歌之祖。」〔註3〕也由於對民
俗學的看重，因此在古史辨《詩經》研究和民俗學的結合尙有幾小節的析論，
而於古史辨《周易》研究部份則略而不談，足見其未關注《周易》研究。

　　1986 年劉起釪的《顧頡剛先生學述》，是第一本全面講述顧頡剛一生治學
的著作，劉氏爲顧頡剛弟子，對顧氏生平知之甚詳，因此本書甚有史料學的
價值。而全書的重點也在於完整描述顧頡剛在史學運動的主張，然意識形態
甚爲強烈，似有不足。

〔註1〕 顧頡剛：〈我是怎樣編寫古史辨的〉，見氏著《我與古史辨》（上海：上海文藝
　　　　出版社，2001 年），頁 216。
〔註2〕 彭明輝：《疑古思想與現代中國史學的發展》（台北：商務印書館，1991 年），
　　　　頁 5。
〔註3〕 〔德〕施耐德（Laurence A. Schneider）著，梅寅生譯，《顧頡剛與中國新史學：
　　　　民族主義與取代中國傳統方案的探索》（台北：華世出版社，1984 年），頁 189。

　　1987 年王汎森的《古史辨運動的興起———一個思想史的分析》,「此書主要著眼於清季今文家的歷史解釋與《古史辨》的因果關連,對清季今文家與古史辨運動的關係論述頗詳。」〔註4〕全書在第四章「顧頡剛與古史辨運動之興起」中,才論及顧頡剛的學術表現,於「經書歷史性與倫理性之衝突」一節,討論古史辨對《詩》、《易》、《春秋》三書的析辨:

　　　　在對這三部經書的辯論中,最明顯的特徵是聲明它們都被漢儒嚴重扭曲了,而現在是要把被扭曲的回復原狀的時候了。這可以分成三層來說:

　　　　1. 漢儒把《詩》、《易》這些古代史料說成是聖人有意編排而成的道德教化之書。所以像《詩經》中原本是沒有什麼深意的詩篇前後秩序,也被渲染成有深刻的用意寄寓其中,也就是把詩篇澈底儒理化了。為了牽就倫理化的要求,同時把詩篇的歷史性澈底扭曲了。

　　　　2. 漢儒為了宣揚聖人構作人文世界之說,所以出現「觀象制器」的說法,認為沒伏羲的畫卦,整個中國的人文發展便成了不可能。

　　　　3. 在顧頡剛看來:經書經歷過了漢朝的大「合」,把許多不相干的文獻附到「經」,又把「經」全部歸給孔子,並強調孔子寄深刻的意旨於其間。現在是到了大「分」的時候了。〔註5〕

並在第 252～257 頁討論了「《周易》是中國人文化成的總根源嗎?」概述顧頡剛抨擊〈易傳〉和肯定《周易》為卜筮之書,標舉顧氏以此二論題為著力點,搖撼《周易》在中國文化思想上經書之首的權威性。依全書規模而言,這樣的篇幅是少了點,但這是專著作品中,首見對顧頡剛考辨古書工作予以討論,顧頡剛對《周易》的影響,首次進入了歷史學家的視野。

　　歷史學家對顧頡剛和古史辨的分析,大致皆如此,較少提及古史辨對《周易》的重大影響。研究古代經典的學者則較多措意於此,國共分離以來,早期由於政治情勢的緊張,以及政治力對於學術的干預,海峽兩岸對於古史辨的《周易》研究成就,鮮少予以肯定,或以「疑古」、「虛無主義」嚴厲斥責。至政治氣氛較鬆綁之時,對於古史派疑而後信的精神有較多肯定。

〔註4〕 彭明輝:《疑古思想與現代中國史學的發展》(台北:商務印書館,1991 年),頁 5。

〔註5〕 王汎森:《古史辨運動的興起———一個思想史的分析》(台北:允晨文化,1987 年),頁 242。

1983 年鄭良樹爲《續僞書通考》作以代序的〈論古籍辨僞學的新趨勢〉時，認同古史和古籍辨僞之間不宜脫鉤，「顧頡剛雖然在古史方面建立績業，不過，他同時也整理及刊布了不少古籍辨僞學的書刊。從事古史研究的人，固然不可忽視古籍的眞僞；從事古籍辨僞的人，也應知其對古史的影響和震撼力量。」〔註6〕概述古史辨接受清代今文經學家的影響，並且提出當時考訂古史在方法上有四個缺點：（一）用「丐辭」來論斷〔註7〕；（二）用「思想系統」來論斷；（三）用「引例」來論斷〔註8〕；（四）證據可靠的程度。鄭良樹以爲，古史辨的缺失在後來已漸漸改善，學術已由粗而細的進步發展。〔註9〕在全書之首考辨經部時，即舉高亨、屈萬里、張立文、李漢三、張岱年等學者之說考信《周易》經傳，可說間接肯定了古史辨對《周易》考信有創始之功，使後來學者續有創發。

近二、三十年來，歷年易學的研究受到重視，先有 1970 年以來的高懷民《兩漢易學史》、《先秦易學史》、《宋元明易學史》等一系列著作，又有 1986 年以來朱伯崑的《易學哲學史》。此兩套書都未敘及近代易學研究，故未專就古史辨的易學研究探討，但在先秦部分，不管立場如何，皆回應了古史辨所啓發的議題。

至 1991 年廖名春、康學偉、梁偉弦等人所著之《周易研究史》，於第七章「現代易學」中，始確立古史辨發動近代易學第一次熱潮的地位。〔註10〕書中所討論的現代易學，上起民國初年，下迄八十年代末期，總括現代易學共出現四次熱潮，首次的熱潮「將易學研究從封建經學中解放出來，引進新思想、新方法治《易》，起到了不可低估的作用。以後半個多世紀的易學，很

〔註 6〕鄭良樹編著：《續僞書通考》（台北：台灣學生書局，1984 年），頁 19。

〔註 7〕鄭良樹引用胡適的說明：「在論理學上，往往有人把尚待證明結論預先包含在前提中，只要你承認了那前提，你自然不能不承認那結論了；這種論證叫做丐辭。譬如有人說：『靈魂是不滅的，因爲靈魂是一種不可分析的簡單物質。』這是一種丐辭，因爲他還沒有證明（1）凡不可分析的簡單物質都是不滅的，（2）靈魂確是一種不可分析的簡單物質。」同上，頁 29～30。

〔註 8〕「將後人引書例強加古人身上，並且藉以作學術上的推測，是有其危險性的。」同上，頁 31。

〔註 9〕鄭氏以爲 50 年代以來，古籍辨僞有四種趨勢：一、在態度上漸趨平實；二、在方法上漸趨嚴密；三、在論斷上漸趨謹慎；在論證上漸趨周備。同上，頁 34～49。

〔註 10〕廖名春、康學偉、梁偉弦：《周易研究史》（長沙：湖南出版社，1991 年），頁 400。

大程度上都受了這一討論的支配和影響。現代的考據易學，可以說是直接從這一討論中發展起來的……現代的新義理派，其發展和這次討論的推動也是分不開的。例如用歷史唯物論和辨證法的方法闡發《易》理，從社會史的角度探討卦爻辭的內容。」〔註11〕概括評價古史辨的貢獻、影響與弊病。

2000年出版的楊慶中《二十世紀中國易學史》，則以古史辨突破了經學家的易學研究，開創新觀念、新方法、新話題，「在本世紀的二三十年代，起到了解放思想、破舊開新的作用。因此，被不少易學名家所認同。其中的有些問題，直到新中國成立後，仍然一度成為易學研究的熱點。影響之大是不言而喻的。」〔註12〕更加直接明白的以古史辨為新易學的起點。由此可知，在政治力對學術趨於鬆綁的現代，古史辨的重要性就愈能被客觀地加以評議。

三、研究動機

論古史辨運動的成就鮮少提及《周易》，但新世代的易學研究卻要從古史辨開始。

承上所敘，討論古史辨運動的專著鮮少敘及其對《周易》的貢獻。事實上，古史辨運動原本就是討論古史的，和《周易》並沒有直接的關聯，學者們論古史辨運動，《周易》研究自然非其所要。古史辨之所以和《周易》研究產生關係，導因於顧頡剛認為，要將古史考訂清楚，就需將古書的真偽辨明，因為自古以來，古史的建立全仰賴經書，即司馬遷對古史真偽取捨乃以六經為基準的精神。《周易》在漢代以後有經書之首的光環，〈易傳〉中又表露出所有的人文化成乃由《易》而來，其中蘊含的古史，順理成章進入顧頡剛考核的範圍。顧氏無懼於「古史辨」成了「古書辨」之譏〔註13〕，匯編《古史辨》第三冊上編，集中火力為新世代的《周易》研究投下震撼彈。

將《周易》研究劃下傳統與新世代分界點的，正是古史辨。如學者所言，新世代的《周易》研究，最重要的特點即是突破以古人注疏為尊的常例：

> 本世紀中國學術界對《周易》的詮釋，最重要的一個特點就是突破
> 了二千餘年的這一種主流的詮釋架構。……單就《周易》而言，無
> 論是漢魏儒者透過施、孟、梁丘、京房等《易》家學說詮釋《易經》，

〔註11〕廖名春、康學偉、梁偉弦：《周易研究史》（長沙：湖南出版社，1991年），頁401。

〔註12〕楊慶中：《二十世紀中國易學史》（北京：人民出版社，2000年），頁114。

〔註13〕見本書第二章第一節第二點。

抑或是元明儒者藉由程朱體系解釋《周易》經傳，絕大部分的學者
都視《易經》爲蘊含聖人至理的寶典，而必須透過疏釋某一層或某
二層的經部文獻，以求迫近《周易》的核心道理。而本世紀治《易》
的學者，則不再像傳統大部分學者那樣，抱著「《易》歷三聖」的觀
念看待《周易》，或以發揮舊注舊疏的義訓爲務。大部分的學者都以
歷史的眼光或哲學的觀念，將《周易》經傳及一切衍生發揮出來屬
於《易》學範圍材料一例平等對待。〔註14〕

這就爲新時代的易學開創出最不同的道路，等於將兩千多年的貫例一次全數
拋開，劈出一個沒有圍欄的新世界。因此廖名春和楊慶中論現代易學時，一
定要從古史辨先敘起。

然而論者每將古史辨的論述和唯物史觀學者相提並論，實因在當年二
者皆能對相同的議題進行討論，並且交互詰辨，廖名春等人所著的《周易
研究史》所言的第一波易學研究熱潮，即將古史辨學者和唯物史觀學者討
論的成果一同呈現。楊慶中也將「古史辨派」與「唯物史觀派的易學研究」
同列一章進行評價，徐芹庭將康有爲、梁啓超、郭沫若、顧頡剛等人皆視
爲疑古派，並不加以區別。〔註15〕郭沫若將唯物史觀引入《周易》研究，
自然有一定的貢獻，不過顧頡剛本人並不特別推崇唯物史觀，他作於1932
年的文章寫道：

又近年唯物史觀風靡一世，就有許多人痛詆我們不站在這個立場上
作研究爲不當。他人我不知；我自己決不反對唯物史觀。我感覺到
研究古史年代、人物事蹟、書籍眞僞，需用於唯物史觀的甚少，無
寧說這正是唯物史觀者所亟待於校勘和考證學者的借助之爲宜；至
於研究古代思想及制度時，則我們不該不取唯物史觀爲其基本觀
念。唯物史觀不是「味之素」，不必在任何菜内都滲入些。〔註16〕

因此，當時兩者在《周易》研究上雖互有論駁，但顧頡剛始終未將之收入《古
史辨》中，若要將古史辨的貢獻和路線更加彰明突顯，則須與唯物史觀學者
所敘區隔開來，本書探討古史辨在《周易》研究上的成就，所據資料即以《古
史辨》第三冊上編爲中心，茲羅列其所收篇目如下：

〔註14〕鄭吉雄：〈從經典詮釋傳統論二十世紀《易》詮釋的分期與類型〉，中央大學
《人文學報》第20、21期合刊，頁175～242。

〔註15〕徐芹庭：《易學源流》（台北：國立編譯館，1987年），頁1339～1357。

〔註16〕顧頡剛：《古史辨》第四冊，顧〈序〉，頁22。

一、顧頡剛〈周易卦爻辭中故事〉

二、顧頡剛〈論易繫辭傳中觀象制器的故事〉

三、疑古玄同〔註17〕〈論觀象制器的故事出京氏易書〉

四、馬衡〈漢熹平石經周易殘字跋〉

五、疑古玄同〈讀漢石經周易殘字而論及今文易的篇數問題〉

六、胡適〈論觀象制器的學說書〉，附顧頡剛〈跋〉

七、錢穆〈論十翼非孔子所作〉

八、李鏡池〈易傳探源〉

九、李鏡池〈論易傳著作時代書〉

十、顧頡剛〈論易經的比較研究及象傳與象傳的關係書〉

十一、李鏡池〈答書〉

十二、余永梁〔註18〕〈易卦爻辭的時代及其作者〉

十三、李鏡池〈左國中易筮之研究〉

十四、李鏡池〈周易筮辭考〉

十五、容肇祖〈占卜的源流〉

共有八位作者，十五篇文章，並旁及相關資料，如李鏡池乃是此次古史辨討論中，唯一對《周易》持續討論的易學家，因此李氏後期著作有相關者，亦

〔註17〕　錢玄同，原名師黃，字德潛。辛亥革命前，改號漢一，改名夏，別號中季。五四運動前，改名玄同。在古史辨運動中，號疑古，自稱疑古玄同。時人譏諷錢玄同改姓為疑古玄同，可能肇因於顧頡剛在《古史辨》第一冊中寫道「玄同先生于十四年八月中廢錢姓而以疑古玄同為名，故目錄中亦隨了改題，先後不復一律。」（《古史辨》第一冊，頁 7。）不過錢玄同自己的說法是：「以前將號與名合寫為『疑古玄同』，遂有人說我改姓『疑古』。今後有時或將為『掇獻玄同』，大概又有人要說我改姓『掇獻』了」（轉引自吳銳：《錢玄同評傳》（南昌：百花洲文藝出版社，1996 年），頁 226。）足見錢玄同自己是認為「疑古」為號，而非廢去錢姓，顧頡剛和錢氏交誼甚好，至於當初在古史辨第一冊中何以這麼寫，錢玄同是否有不滿，則不得而知。

〔註18〕　余永梁之生卒年不詳，筆者所及資料，見於鍾敬文 1936 年在東京所寫〈天問室瑣語〉：「余君，四川人，年輕而湛於學。嘗師事故王國維、梁啓超二氏。於古文字學，頗有創獲，所作詩詞亦清俊。與余同供職嶺表某大學，游息與共，洽好軼儕輩。不久，余離職北上，余氏亦擬赴歐洲，為中央研究院鈔影敦煌石室古文獻。詎意將行前，遽以狂疾聞矣。彼在浙江莫干山及滬上療治時，余曾一再往探之。後卒為其家人挾以西歸。及今數載，杳無訊息。西土荒落中，故人其尚健在耶？每展示彼手迹，或讀其見貽詩章，輒為惘然久之。」鍾敬文：《芸香樓文藝論集》（北京：中國文聯出版公司，1996 年），頁 14～15。

加以收錄，以表現古史辨其一貫精神與遷衍。

如余英時所言：「今天大陸上一部分有勢力的史學界似乎又在倡導『信古』，反對『疑古』，因此『古史辨』也少有問津者。」〔註19〕我們難以想像，如果抹滅了古史辨在《周易》研究的努力，現今的易學研究會是怎樣的面目？而古史辨在《周易》上的研究，是否就是如此過時，令人迫不及待的走出？若是如此，該走出的是什麼？該留下的又是什麼？古史辨既為新世紀易學初祖，應該有些優點值得再三回思，因此，若能將伐毛洗髓、去蕪存菁，或能為當今的易學研究再有啓發。

四、略述古史辨運動

古史辨的學術思想深受時代影響，從戊戌維新、辛亥革命直到「五四」新文化運動，這三次近代重要的思想啓蒙和思想解放運動，由舊趨新，在在醞釀了古史辨成為時代風潮的可能。古史辨的中心人物是顧頡剛，察其學術淵源和社會歷史背景，可知其批判繼承了傳統固有的疑古精神、清代學術成果，感染五四時代精神，又受到 20 世紀以來史學求新的思潮影響〔註20〕，得以繽紛錯彩，斐然成章。

顧頡剛自述古史辨產生的歷程，最重大的轉捩點在 1917 年胡適被蔡元培聘入北大，接替陳漢章講授《中國哲學史》。運用西方的科學方法重編講義，以《詩經》作時代斷限，丟開唐、虞、夏、商，徑從周宣王以後講起，顧頡剛深受啓發。此後追隨胡適整理國故運動〔註 21〕，而後走向古史研究，成為

〔註19〕 余英時：《未盡的才情——從《日記》看顧頡剛的內心世界》（台北：聯經出版社，2007 年），頁 21。

〔註20〕 近代史學的發展變化，特別是五四時期史學思潮，對顧頡剛的影響，除了史學觀念方面之外，更表現在史學思想上。「這種影響很明顯地表現在他對新的進化史觀的運用，表現在他的學術研究選題上所具有的關注社會和國家命運的責任心和注重普通民眾思想傾向，表現在他要探討古史系統中運用多學科方法把古史與民俗學作打通的研究等等方面。在顧頡剛古史、民俗、邊疆歷史地理等方面的研究中，都能尋出五四時期這次全面求新的史學思潮的蓬勃發展給他打下的鮮明的烙印。」見劉俐娜：《顧頡剛學術思想評傳》（北京：北京圖書館出版社，1999 年），頁 160。

〔註21〕 胡適〈國學季刊發刊宣言〉中提出「整理國故」運動，這對顧頡剛有重大啓示：整理國故運動不僅提出了辨偽的任務，還提供了古史考辨的陣地，有效地幫助古史辨派的先驅者擺脫儒家經學的羈絆，破除對古史的迷信，把古史和古書中崇拜的偶像，變成重新評判的研究對象，促成了古史辨派思想的醞釀和產生。整理國故運動，因其本身所具有的懷疑主義的性質，自然而然地

疑古思潮的領袖。古史辨的發生和胡適有重大關係，胡適談及當初要顧頡剛標點姚際恆的《古今偽書考》，這一提議竟成爲古史辨派產生的契機：

> 承顧先生的好意，把我的一封四十八個字的短信作爲他的《古史辨》的第一篇。我這四十八個字居然能引出這三十萬字的一部大書，居然把顧先生逼上了古史的終身事業的大路上去，這是我當日夢想不到的事。〔註22〕

胡適之外，錢玄同的襄助亦功不可沒。錢玄同先從學於古文家章太炎，後師從今文派的崔適，因而今古文兼通。但錢氏對今、古文家都不滿意，鼓勵顧頡剛大膽疑古，不僅要辨偽書，還要辨偽事，同時要取法治子學的存疑態度，對經書辨偽。〔註23〕之後顧頡剛的辨偽工作從原先的「推翻偽書中的偽史」進展到「推翻眞書中的偽史」。錢玄同對顧頡剛影響深遠，余英時認爲錢氏兼通今古文，又兩者皆批評，使顧頡剛治學擁有破壞力極強的武器：

> 錢氏對他說：「我們今天，該用古文家的話來批評今文家，又該用今文家的話來批評古文家，把他們的假面目一齊撕破，方好顯露出他們的眞相。」這個近乎虛無主義的觀點後來就變成顧氏辨古史的一個最重要的銳利武器了。〔註24〕

總之，如顧頡剛所說：「要是適之玄同兩先生不提起我的編集辨偽材料的興趣，獎勵我的大膽的假設，我對於研究古史的進行也不會這般的快速。」〔註25〕在胡適、錢玄同這些良師益友的啓發和鼓勵下，顧頡剛突破傳統，創立了震動

成了現代疑古思想的原動力，對此顧頡剛曾多次談起：「整理國故的呼聲倡始于太炎先生，而上軌道的進行則發軔於適之先生的具體的計劃。我生當其頃，親炙他們的言論，又從學校的科學教育中略略認識科學的面目，又因性喜博覽而對於古今學術有些知曉，所以能夠自覺地承受。」正是在「此種空氣之下，踴躍用命，也想一口氣把中國史弄個明白，便開始從幾部古書裡直接證明堯舜禹的眞相。」見吳少珉、趙金昭主編：《二十世紀疑古思潮》（北京：學苑出版社，2003年），頁8～9。

〔註22〕　胡適：〈介紹幾部新出的史學書〉，《古史辨》第二冊，頁335。

〔註23〕　錢玄同致書顧頡剛，說道：「我以爲『經』之辨偽與『子』有同等之重要——或且過之。因爲『子』爲前人所不看重，故治『子』者尚多取懷疑之態度，而『經』則自來爲學者所尊崇，無論講什麼，總要徵引它、信仰它，（直到現在，還有人根據《周禮》來講周史的！）故『偽經辨證集說』之編纂尤不容緩也。」錢玄同：〈論編纂經部辨偽文字書〉，《古史辨》第一冊，頁41。

〔註24〕　余英時：《中國思想傳統的現代詮釋》，（南京：江蘇人民出版社，2003年），頁359。

〔註25〕　顧頡剛：《古史辨第一冊・自序》，頁80。

一時的「層累地造成的中國古史」說。

「層累古史說」公諸於世，始於胡適《讀書雜志》約稿，顧頡剛將給錢玄同的信截取了下半篇，加題〈與錢玄同先生論古史書〉，發表在《讀書雜志》第九期上，正式向學術界公布了著名的「層累地造成的中國古史」說，對既有傳統古史觀與古史資料進行新面向的討論，並在社會上引起注意，造成廣大反響，當時贊成的文章寥寥無幾，反對的浪聲高漲，彼此往來論辨的文字多達八萬。〔註26〕1926 年 6 月時，顧頡剛集結討論古史的論文和信件，出版古史辨第一冊，標誌著古史辨風潮的正式崛起。

顧頡剛自己總結這次辨論古史的運動興起的背景是：一、史學上尋源心理的發達；二、西洋的科學治學方法和新史觀的輸入；三、清代中葉以來疑古學的漸次興起；四、考古學的抬頭。〔註27〕1980 年發表的〈我是怎樣編寫《古史辨》的〉，也曾說：

> 我的學術工作，開始就是從鄭樵、和姚崔兩人來的。崔東壁的書啟
> 發我「傳」、「記」不可信，姚際恆的書則啟發我不但「傳」、「記」
> 不可信，連「經」也不可盡信。鄭樵的書啟發我做學問要融會貫通，
> 並引起我對《詩經》的懷疑。所以我的膽子越來越大了，敢於打倒
> 「經」和「傳」、「記」中的一切偶像。我的《古史辨》的指導思想，
> 從遠的來說就是起源於鄭、姚、崔三人的思想，從近的來說則是受
> 了胡適、錢玄同二人的啟發和幫助。〔註28〕

以上概括古史辨運動興起的由來和背景，至於和《周易》研究較相關的背景，則於本書第一章說明其詳。

五、寫作方式

要對古史辨《周易》研究的成就進行梳理，並非易事，首先，古史辨處於新舊世代交接之際，觀念的提出常多於實際成就的表現，如學者所言：

> 在古史辨運動過程中，各人持相同或歧異的見解，每每前代學者已
> 零星論述，因此，古史辨運動的意義並不在個別論題上有何創見，

〔註26〕1924 年 2 月，胡適撰文〈古史討論的讀後感〉：「《讀書雜志》上顧頡剛、錢玄同、劉掞藜、胡堇人四位先生討論古史的文章，已做了八萬字，經過了九個月，至今還不曾結束。」《古史辨》第一冊，頁 189。

〔註27〕顧頡剛：《當代中國史學》（南京：勝利出版社，1947 年），頁 126。

〔註28〕顧頡剛：《我與古史辨》（上海：上海文藝出版社，2001 年），頁 197。

而是在方法論與解釋觀點上有所突破。〔註29〕

然而，古史辨《周易》研究對現今易學的影響，大觀念的提出，上段所列幾部書，前人之述備矣。筆者則欲較詳細的理解，古史辨爲《周易》研究開鑿新源時，提出哪些問題；古史辨對《周易》研究的根本精神，是否能被延續？疑古過度之病，今人已皆知，新觀念的提倡和樹立，往往矯枉過正、流於偏激，全看後來者是否能夠披沙揀金，取其大而不顧其細。因此，本書探討古史辨的《周易》研究時，對其佻達恣肆之言語，多所略去，否則全書恐批評而無暇，遑論有所建樹。若有迴護之評，則筆者不敢推辭，實有不得已者。

其次，《古史辨》第三冊對於《周易》的研究，並非成於一人之手，體例並不嚴謹，論證未必嚴密，常有試探性的觀念提出，彼此之間的論點亦有扞格，顧頡剛乃一同收入，所爲的是造成一股討論的風氣，如〈序〉所言：

> 許多人看書，爲的是獲得智識，所以常喜在短時間內即見結論。但古史辨中提出的問題多數是沒有結論的，這很足以致人煩悶。我希望大家知道古史辨只是一部材料書，只蒐集一時代的人們的見解的，它不是一部著作。譬如貨物，它只是裝箱的原料而不是工廠裡的製造品。所以如此之故，我實在想改變學術界的不動思想與「暖暖姝姝於一先生之說」的舊習慣，另造成一個討論學術的風氣，造成學者們的容受商榷的度量，更造成學者們的自己感到煩悶而要求解決的欲望。〔註30〕

這是顧頡剛向來所爲人稱許的度量，他自身能容人，不強樹派別，邀請各界討論，這樣的做法當然有其優點，如彭明輝所言：

> 在審視古史辨運動的思想線索時，我們大體已檢出疑古派所運用的材料、方法，與此前的考證辨僞學者，並沒有甚麼很大的差異。之所以能取得超越前人的聲勢，是因爲古史辨運動時期參與論辨的學者們——不論贊成或反對，所使用的材料與方法，都顯示他們是在同一範疇進行討論。這種在同一範疇進行討論的方式，使得古史辨運動得以造成一股風潮，這是其他時代的辨僞工作者所沒有的背景。〔註31〕

〔註29〕彭明輝：《疑古思想與現代中國史學的發展》（台北：商務印書館，1991 年），頁 183。
〔註30〕《古史辨》第三冊，頁 3。
〔註31〕彭明輝：《疑古思想與現代中國史學的發展》（台北：商務印書館，1991 年），頁 95。

正因為匯集許多當代有名望的學者共同討論《周易》，使用相融的治學方法，才能在當時蔚為風潮。然而即是簡單的信札往返亦不刪去，以原貌發表，這也造成整理上的困難，顧氏本欲「借著《古史辨》的不謹嚴的體例來提出問題，討論問題，搜集材料，醞釀為有條有理的《古史考》，使得將來真有一部像樣的著作。」〔註32〕有鑑於此，筆者未逐一羅列所有說法，以免凌亂破碎，盡力從各家的文章中整理出符合古史辨精神樣貌的論題，樹立主幹，以充份論述。至於文中不過是一二句推論之語，並無力證、亦無說解的說法，只能略去不論。

本書對古史辨的《周易》研究進行評議，各章略述如下：

第一章緒論，簡釋本書命題，並進行文獻評述，表明研究動機，以及略述古史辨運動以概括背景，最後註明寫作方式。

第二章，論古史辨對《周易》研究方向的引導。由於古史辨本身具有觀念革命的性質，因此先將其所受源流、時代背景、治學方式等說明，並且突顯古史辨定調在破除經書權威，重視史料學與文獻考究，其《周易》研究最主要的觀點，乃在於「《易》為卜筮之書」與「經傳分觀」二者。

第三章，論古史辨與《周易》古史研究。古史辨對現代易學有一突出的貢獻，即是將古史和《周易》的連結加深、加強。本章先從〈易傳〉即有的「引史證易」的傳統談起，而後提出顧頡剛對「易中有史」的貢獻，以及余永梁、李鏡池對此一方向的耕耘和李氏對「易即古史」概念的發展。

第四章，論古史辨對「商文化和《周易》關係」之探討。古史辨學者前有未有的關注《周易》的起源，尤其殷墟甲骨的出土更激發此類研究的興盛，至今猶未衰歇。即使數字卦的確認、周原甲骨的發現、王家台秦簡《歸藏》的出土，仍難以回答古史辨當時提出的問題。特以此章識之。第二章和第三章的次序安排，亦欲借以彰顯古史辨對歷史背景知識引入《周易》研究的用心。

第五章，論古史辨對《周易》經文的析論。

第六章，論古史辨對〈易傳〉的看法。由第五和第六章的章題上表明，古史辨對於《周易》經傳的價值評斷並不等同，成見先行，就造成了古史辨的缺憾，有功於「經」，而有過於「傳」。筆者並於兩章結論處略抒所得，以求教於方家。

〔註32〕同上，頁4。

　　第七章結論，述古史辨《周易》研究上的成就和局限。以此總結。

　　本書所引用的十三經文字，皆以〔清〕阮元校刻：《十三經注疏》（台北：
藝文印書館，1989 年）爲主，所引《古史辨》內容，皆以台北：藍燈，1987
年出版者爲主，不另行加注出版資料。

第二章 古史辨對《周易》
研究方向的引導

前 言

　　大體而言，古史辨帶來的影響以新觀念的引入為主，當時許多關於易學問題的論據或結論，於近年考古發達、新文物出土後，都證明為誤，因此近人提倡「走出疑古時代」，對古史辨多以「疑古過勇」譏之。然而自當時的歷史背景觀之，古史辨學者為新時代的《周易》研究引進了新方法和新觀念，提出新問題，有的激盪至今，產生深遠的影響，其價值不容抹殺。本章論古史辨對《周易》研究方向的引導，首先列舉古史辨討論《周易》的方式，以表現其應時而生的特色，而最能具體呈現其主張的人，是編選論文、也是古史辨的核心人物——顧頡剛（1893〜1980），因此以顧頡剛為中心而兼及其他。其次說明古史辨《周易》研究的中心主張，即「易為卜筮之書」與「經傳分觀」，並提出顧氏重視載籍的證偽，又深受民俗學、史料學的浸潤，並未完全棄置考古成果，對「考古易」實有奠基之功。

第一節　古史辨討論《周易》的方式

　　20 世紀初，在西方科學思想的影響下，「科學」不僅被視為中國的自強之本，而且被認為是救治中國政治上、學術上、思想上一切頑症的良藥。這種求真的科學精神，為學術而學術的風氣，使顧頡剛產生共鳴。然而若只依科學方法證古籍，則合乎今日之學術精神，何以爭議不絕？因此，就風格、目的、方法三方面查之，可以解釋古史辨之毀譽由何而來。

一、風格上，承繼今文學家通脫佻達之風，不循漢學家斟酌考核 之學

首先要釐清的是，此處並不認定顧頡剛是今文學家，顧氏今文古文經兼取是顯然的事實，目的都在疑古與考信。〔註1〕此處欲表明的是，顧頡剛在古史辨運動初期，所採取的證論風格實在偏於今文學家臆斷滔滔，而非樸學家的細針密縷。〔註2〕在〈答劉胡二先生書〉中，顧頡剛曾經承認「層累說」的提出證據不夠充分，「不幸預計中的許多篇『某書中的古史』還沒有做，而總括大意的〈與玄同先生書〉已登出」，「因為年輕喜事，所以一部分的材料尚未整理完工，而議論已先發表。」〔註3〕顯然顧頡剛治學方式是先有結論，後尋證據的傾向，如彭明輝所言：

> 考察整個古史辨運動的討論過程，顧頡剛所採用的方法大抵皆先有
> 預設——即建立一大的理論系統，而後加以鋪陳，排比材料；所以，
> 他並不是從一條條材料累積起來，而後組織古史的架構，這一點與
> 吾人今日以一條條材料考訂而後推出結論的史學研究，有很大的不
> 同。〔註4〕

路新生認為，「這種學風，與受到了胡適（1891～1962）所鼓吹的『大膽的假設，小心的求證』的方法論有關。」〔註5〕但在世人的觀感上，這更多地表現出今文經學的影響：

〔註1〕「在整個古史辨運動的發展過程中，顧頡剛在今古文的立場上，恆如鐘擺。但無論他對今古文的立場如何擺盪，基本上他所掌握的原則仍不離『疑古』與『考信』。本來顧頡剛初作辨偽工作時，原是把焦點集中在偽史和偽書上，但因為受到錢玄同的影響，而轉向六經訴求。」彭明輝：《疑古思想與現代中國史學的發展》（台北：商務印書館，1991年），頁57。

〔註2〕古史辨第一冊中，收錄當時顧頡剛和劉掞藜、胡堇人、柳詒徵相互詰問的文章。柳詒徵〈論以說文證史必先知說文之誼例〉，認為要從文字研究古史，應當先讀熟許慎《說文》，潛心於清儒著述，然後再議疑古。顧頡剛作〈答柳翼謀先生〉一文，他對柳氏看法表示「不敢領受」。認為，新世紀自有新材料，「就是要從文字上研究古史，也應以甲骨文、金文為正料，以《說文》等隨便湊集的書為副料。」顧頡剛對於清代樸學謹守傳統說法的方式，多有微辭，認為不應以許慎《說文》為主。

〔註3〕見《古史辨》第四冊，〈自序〉，頁2。

〔註4〕彭明輝：《疑古思想與現代中國史學的發展》（台北：商務印書館，1991年），頁77。

〔註5〕路新生：《中國近三百年疑古思潮研究》（上海：上海人民出版社，2001年），頁536。

如果顧頡剛多用胡適所提倡的「科學方法」進行古史討論，那麼他
所採取的將是一條一條細密考證史料的歸納法，而非在一開始就持
全面否定上古史的可信度，就此點言，顧氏的先有成見，而後動手
找材料證明其說，毋寧是比較接近康有為《新學偽經考》與《孔子
改制考》的模式！〔註6〕

　　顧頡剛深受清末今文經學家康有為（1858～1927）影響，其疑古作風之
大膽，良有以也，康氏直接啓發顧頡剛推翻舊古史體系的動機：「自從讀了《孔
子改制考》的第一篇之後，經過了五六年的醞釀，到這時始有推翻古史的明
了的意識和清楚的計劃。」〔註7〕余英時將康有為認為「上古茫昧無稽」的斷
語，作為顧氏「層累造成的中國古史」說的起點〔註8〕，肯定了康氏對顧頡剛
的啓發。所謂的今文經家的方法和風格，是漢代《公羊》義法的「《春秋》重
義不重事」，即著重「微言大義」而不著眼於「史事」。將這種義法運用於治
學、質疑古文經，發揮到最徹底的，是康有為等人，甚至已經到達置史事於
不顧的「《春秋》在義不在事」的地步：

> 「春秋重義不重事」是常州今文一派治學方法論的根骸。在莊存與、
> 劉逢祿、宋翔鳳這樣一些早期今文經學家那裡，他們雖然「不重事」
> 也就是「不重史」，因而已經有了任意附會，臆斷史實的傾向，但是
> 早期今文經學家畢竟還受到了乾嘉考據學的薰染，因此，在他們的
> 身上多少還殘存著某些學風嚴謹之處，他們多少還曾經著力於史實
> 的考訂就是明證。因而早期今文經學家的「不重事」也就是「不重
> 史」還沒有發展到完全否定「事」也就是「史」的地步。到了康有
> 為，他對於早期今文經學家的「春秋重義不重事」進行了變本加屬
> 的改造，「春秋重義不重事」變成了「春秋在義不在事」。〔註9〕

就學術思想來說，不可諱言顧頡剛確實因襲康有為今文經學的論點〔註10〕，

〔註 6〕彭明輝：《疑古思想與現代中國史學的發展》（台北：商務印書館，1991年），
　　　　頁 55～56。

〔註 7〕見《古史辨》第一冊，〈自序〉，頁 43。

〔註 8〕余英時：《中國思想傳統的現代詮釋》（南京：江蘇人民出版社，2003年），頁
　　　　280。

〔註 9〕路新生：《中國近三百年疑古思潮研究》（上海：上海人民出版社，2001年），
　　　　頁 482～483。

〔註10〕「顧頡剛的疑古辨偽史學，從學術源流看，是遠承姚際恆、崔述、鄭樵與劉
　　　　知幾的批判傳統，近宗晚清公羊派論託古改制和新學偽經的大膽假說。」許

周予同（1898～1981）從經學發展史的角度對顧頡剛的古史研究進行了分析。他認為，顧頡剛與胡適對古史的新見解，當是今文學家康有為孔子托古改制說的進一步的討論。〔註 11〕這指出顧頡剛疑古辨偽的古史研究在學術思想上的來源，與今文經學的關係。不過顧頡剛原本就是要打破家門之說，古文經今文經皆任其取用，周予同也不認為他是今文學家〔註 12〕，錢穆（1895～1990）雖也肯定顧頡剛等疑古學者與晚清今文學家有區別，另一方面，也點明：「顧先生在此上，對晚清今文學家不免要引為知己同調。所以《古史辨》和今文學，雖則盡不妨分為兩事，而在一般見解，常認其為一流，而顧先生也時時不免根據今文學派的態度來為自己的古史觀張目。」〔註 13〕

　　準此而論，顧頡剛和今文經學家的關係，難以截然劃清，當代的學者即已注意到這個問題，楊向奎（1910～2000）為顧頡剛弟子、古史辨派的成員。50 年代對胡適思想及古史辨派的政治批判中，楊向奎提出顧頡剛「不願意人家稱道他是經師，而喜歡說自己是史學家，事實上他是通經治史，走的是公羊學派的老路，並不是乾乾脆脆的史學家。」到 1980 年，政治風潮已過，楊向奎依然重申這一觀點。王煦華是顧頡剛 1978 年以後的助手，但在經學問題上，也認為顧頡剛的主旨是今文家言。徐中舒引用了顧頡剛早年的學術觀念和發表於 1980 年前後的最晚近資料，一方面說明顧頡剛不可能是今文學家，另一方面又指出了顧頡剛沉陷於經學的事實，認為顧頡剛未能正確認識清今古文經學的實質，並將原因歸於錢玄同（1887～1939）的影響。〔註 14〕

　　顧頡剛自身並不認同今文經學家的門派，而且學術資產是古今文皆採的，之所以使人以今文經學家目之，實可以從行文風格和經世致用兩方面切入：通脫佻達的行文風格足以起煽動的力量，造成討論的熱潮；而經世致用的傾向則是著重在學術對社會的感染，和今文經學家介入實際政治操作的目的，本質並不相同。

　　　　冠三：《新史學九十年》上冊（台北：唐山出版社，1996 年），頁 175。

〔註 11〕周予同：〈經今古文學〉，《古史辨》第二冊，頁 304。

〔註 12〕同上，「此外近人如顧頡剛、胡適，其學術思想實也受有今文學的影響；但他們受他方面學術的影響較多，也不能稱為今文學者。」，頁 308。

〔註 13〕錢穆：〈評顧頡剛五德終始說下的政治和歷史〉，《古史辨》第五冊，頁 621。

〔註 14〕以上所引，見吳少珉、趙金昭主編：《二十世紀疑古思潮》（北京：學苑出版社，2003 年），頁 182～186。

（一）通脫佻達──行文不能自休

顧頡剛因編輯《清代著述考》，言及對清代樸學家的看法：「我愛好他們的治學方法的精密，愛好他們的搜尋證據的勤苦，愛好他們的實事求是而不想致用的精神。」〔註15〕並由此改變了他過去以爲清代經學是「支離、瑣屑、餖飣」，是「束髮就傅，皓首難窮」的學問的認識。但承前所述，顧頡剛是先存主見，再尋資料，遇不合者即斥以僞作的論證方法，認定戰國、漢代存在「造僞運動」，是人爲因素刻意僞造出種種古史，使眞相蒙昧不明，需大加撻伐破除。既已主觀認定，行文語氣上便肆恣揮灑，毫無餘地，彭明輝認爲這是一種「浪漫性格」：

> 他答覆劉掞藜〈討論古史再質顧先生〉時所登的〈啓事三則〉，便把古史系統說成是「假造」的結果：「中國的古史全是一篇糊塗帳。二千餘年來隨口編造，其中不知有多少蟩漏，可以看得出來它是假造的。」把中國古代歷史說成是「隨口編造」的「糊塗帳」，似不免有過度推論之嫌；顧頡剛胸臆間橫互的成見，亦由此可見一斑。這是他浪漫性格的又一例證。〔註16〕

古史辨風潮初始時，顧頡剛即以如此意氣昂揚、渾身是膽的文風挑起討論古史的旋風，第三冊討論《周易》的著作中，佻達通脫的論述方式在在顯現，如〈周易卦爻辭中的故事〉中論「觀象制器」之說不能成立：

> 如〈繫辭傳〉所言，看了「巽（木）上坎（水）下」的〈渙〉會造出木頭船，爲什麼看了「乾（金）上坎（水）下」的〈訟〉想不出造鐵甲船？爲什麼看了「離（火）上坎（水）下」的〈未濟〉想不出造汽船？又爲什麼看了「離（電）上坤（地）下」的〈晉〉想不出造無線電？爲什麼看了「坤（地）上震（雷）下的〈復〉想不出造地雷？汽船、無線電……既已制作矣，這班發明家觀的是什麼象？觀易象的聖人造不出這種器物來，造出這種器物又不去觀易象，那麼，這種神聖的故事不亦太可憐乎？因爲這樣，所以在〈繫辭傳〉以前沒有人說過觀象制器的話，在〈繫辭傳〉以後也不曾有人做出觀象制器的事；結果，徒然使得僞古史中添了一大筆虛賬。〔註17〕

〔註15〕《古史辨》第一冊，〈自序〉，頁 29。
〔註16〕彭明輝：《疑古思想與現代中國史學的發展》（台北：商務印書館，1991 年），頁 161。
〔註17〕《古史辨》第三冊，頁 42。

這顯現了他筆滑、下筆不能自休的特色，已失去史家不慍不火、中肯持重的要旨，影響及於他的弟子李鏡池（1902～1975）的論述方式，如〈易傳探源〉論孔子是否讀《周易》與〈易傳〉是否該歸於孔子所作：

> 孟子跟孔子相去尚近，他不爲孔子做這項財產底保證人，直等到西漢之末，纔有人出來說，而且說這話底，做保證底，又是善於作僞的劉歆，則事情就很可疑了。我們既不是孔家廟中底香客，更不是那邊的廟祝祭司，用不著替他多要這一份香火錢。〔註18〕

即使經學於今時已不存復在神聖地位，如此恣肆佻達的行文口吻，仍可令讀者大皺其眉，更何況舊時代未盡之際，將帶給當時的人們多大的震動與反彈。這樣的風格深受康有爲的影響，王汎森亦增提及：「二千年來對『僞經』研究得最澈底的是清代考證學，所以康有爲對之極盡醜詆之所能事，……而凡達才通人有功於此學者，都嚴重得罪了聖門，故馬融、鄭玄被罵爲『黨僞破經，罪難末滅，若必科斷，應與劉歆首從並誅』。我們如能理解這點，也才能了解何以《古史辨》中『毛學究』『鄭獸子』之類的嘲諷一再出現。」〔註19〕胡適亦不滿顧頡剛對觀象制器的看法，認爲顧氏的駁論「太不依據歷史上器物發明的程序，乃責數千年前人見了『火上水下』的卦象何以不發明汽船，似非史學家應取的態度。」〔註20〕這實爲顧頡剛行文一大特色，雖然顧氏曾再三自剖他所心儀的學者是王國維（1877～1927），然「細讀顧氏著作的人都能指證，心儀雖爲實事，引爲導師之說卻是虛言。他一生不走『二重證據』路線，極少利用王氏賴以成名的文字遺跡與實物，便是顯證；更不用說他甚少『細針密縷』之作了。」〔註21〕直到晚年的《尚書》研究，才顯現出王國維的風格：

> 顧先生治史學分前後兩期是他個人生命史上最應大筆特書的一大關節。「古史辨」爲前期，他爲文往往思如泉湧而「下筆不能自休」。這是受胡適「但開風氣不爲師」的影響，因此才能形成一種學術上的運動。後期約始於 1939 年撰寫《浪口村隨筆》（《史林雜識》即其中一部分）。他從絢爛歸於平淡，論學文字轉向「謹嚴精湛」，這確

〔註18〕《古史辨》第三冊，頁 96。

〔註19〕王汎森：《古史辨運動的興起——一個思想史的分析》（台北：允晨文化實業，1987 年），頁 266～267。

〔註20〕見胡適：〈論觀象制器的學說書〉，《古史辨》第三冊，頁 84～88。

〔註21〕許冠三：《新史學九十年》上冊（台北：唐山出版社，1996 年），頁 176。

是以王國維爲「導師」，早年的嚮往，至此開始實踐了。〔註22〕
顧氏弟子李鏡池其後的行文也歸於平實，表現出來的論述方式，已擺脫了顧
頡剛和康有爲的風格，更具信服力，成爲影響《周易》研究的古史辨大將。
我們可以說，正是早年如此極端的煽動風格，造就了古史辨成爲一種運動、
一種風潮，而隨著世異時移，人書俱老，客觀環境亦不容許的狀況下，古史
辨學者的論述風格趨於成熟。

（二）經世致用──學術社會責任

顧頡剛曾經自承「我自知於哲學、文學都是不近情的，我也不想做社會
改造運動家，我只願一生讀書，做一個科學的史學者。」〔註23〕顧頡剛治學
之初，曾抱持爲學術而學術的想法，不探討其實用性質何在。然余英時引《顧
頡剛日記》1942年5月31日條末的內容：「許多人都稱我爲純粹學者，而不
知我事業心之強烈更在求知欲之上。我一切所作所爲，他人所毀所譽，必用
事業心說明之，乃可以見其眞相。」點出顧頡剛實際上「事業心」甚強：

> 在我們一般印象中，他是一位典型「象牙塔」中學者，畢生與古籍
> 爲伍。這次讀《日記》，我才意外地發現：他的「事業心」竟在「求
> 知慾」之上，而且從1930年代開始，他的生命型態也愈來愈接近一
> 位事業取向的社會活動家，流轉於學、政、商三界。〔註24〕

一般認爲在1931年後，顧頡剛「重求知、輕致用」的想產生變化，改變他一
直堅持的治學不問有用與無用的觀點，對學術研究方向的思考，置於以國家
和民族的利益爲重的高度考量〔註25〕，1934年《禹貢》周刊的創辦便顯示歷
史研究在民族危機的情況下的重要作用。是以，這所謂的「經世致用」並不
代表他個人有政治上的企圖，或想以之干祿求仕，更明確來說，是承擔知識
份子對國家社會的責任，發揮化育社會民眾的力量。《古史辨》第三冊〈自序〉

〔註22〕 余英時：《未盡的才情──從《日記》看顧頡剛的內心世界》（台北：聯經出
　　　　版社，2007年），頁33～34。
〔註23〕 顧頡剛：〈自述整理中國歷史意見書〉，《古史辨》第一冊，頁36。
〔註24〕 余英時：《未盡的才情──從《日記》看顧頡剛的內心世界》（台北：聯經出
　　　　版社，2007年），頁1～2。
〔註25〕 顧氏在1931年4月3日參與燕大考古旅行團，這一次旅行給顧頡剛的衝擊甚
　　　　大，「從此以後，鴉片、白麵、梅毒、大銅元、農村破產，永遠占據了我的心。
　　　　本來我的精神是集中在學問上的，但從此以後，我總覺得在研究學問之外應
　　　　當做些事了。」引自顧潮：《歷劫終教志不灰‧我的父親顧頡剛》（上海：華
　　　　東師範大學出版庄，1997年），頁150。

寫於 1931 年 11 月 1 日，正當九一八事變發生不久，文章的結尾誠懇的呼告：

> 我們雖只討論古書和古史，但這個態度如果像浪花般漸漸地擴大出
> 去，可以影響於它種學術上，更影響於一般社會上，大家不想速成，
> 不想不勞而獲，不想一個人包攬精力不能顧注的地盤，而惟終身孜
> 孜於幾件工作，切實地負責，真實地有成就，那麼，這個可憐的中
> 國，雖日在狂風怒濤的打擊之中，自然漸漸地顯現光明而有獲救的
> 希望了！倘使有這一天，那真是我們的莫大之幸，也是國家的無疆
> 之休！

因此，若說顧頡剛毫無經世致用之心，顯然不妥，在當時變亂紛乘的時代背景中，顧頡剛亦想透過這個看似「無用」的上古史討論，達到改變社會之用，但這些都和實際的政治操作無關，如余英時所言：「但是我必須鄭重指出，他的事業心的根基仍在學術……所以他的事業都是從學術領域中延伸出來的文化事業。他並沒有任何政治野心，也未嘗企圖發展政治或社會勢力。」〔註 26〕

顧頡剛自己屢次論及《古史辨》具有打倒威權舊社會的功用，如說：「《古史辨》工作確是偏於破壞的，所要破壞的東西就是歷代皇帝、官僚、地主為了鞏固他們的反動政權而偽造或曲解的周代經典。這個反動政權是倒了，但他們在學術和歷史上的偶像還沒倒。」〔註 27〕近代學者論及《古史辨》，認其具有「社會性」：

> 鮮明的個性，強烈的激情，不僅是史學評論的文風特點，而且也是
> 史學評論的思想特點。而這種文風特點和思想特點又恰恰強化了史
> 學評論所特有的社會功能。這使得它往往能直抒胸臆，不拘形式，
> 具有很強烈的雄辯風格和論戰效果，從而產生一般的史學研究所不
> 曾具有的社會轟動效應。〔註 28〕

這即是顧頡剛的「經世致用」，不為個人利益，而在於改變學術風氣，以至於整個社會的觀點，這樣的精神和清代的漢學家可說大不相同了。

〔註 26〕 余英時：《未盡的才情——從《日記》看顧頡剛的內心世界》（台北：聯經出版社，2007 年），頁 4。

〔註 27〕 顧洪編：《顧頡剛學術文化隨筆》（北京：中國青年，1998 年），頁 249～250。

〔註 28〕 雷戈、藺學才：〈《古史辨》中史學評論的基本特點〉，《聊城大學學報》2003年第 2 期，頁 61～67。

二、目的上，將經學劃入史料的範圍

顧頡剛自幼受到家學耳濡目染，對國學甚有根柢，亦曾以做個經學家自詡，及長曾受學於章太炎（1869～1936），而後又得錢玄同之襄助，出入今古文經之間。顧頡剛轉向對史學發生興趣，以辨偽爲職志，便將經史二者合而爲一。古史辨最初的出發點在於疑古，意在破除古史傳說，而當《古史辨》出版到第三冊時，學界已有「古史辨」變爲「古書辨」之歎。顧頡剛在〈自序〉中並不諱言此評，又進一步爲自己的主張辯護：

> 這一冊裏，十分之九都是討論《易》和《詩》的本身問題的，關於古史的極少。也許有人看了要說：「這分明是『古書辨』了，哪裏可以叫作『古史辨』」？如果有此質問，我將答說：古書是古史材料的一部分，必須把古書的本身問題弄明白，始可把這一部分的材料供古史的採用而無謬誤；所以這是研究古史的初步工作。……近年每逢別人詢問「你的研究古史的工作怎樣了」時，我即答說：「我不敢普泛的研究古史了，我只敢用我的全力到幾部古書上」。實在，這並非膽怯；如果不自認定了一個小範圍去做深入的工作，便沒有前進的可能了！〔註29〕

20 世紀初是經史易位的時代，當時國民慟於外侮，亟思變革，然而國內的文化仍未脫經學的羈絆，而國外輸入的科學又僅限於物質文明；學術思想界雖有心轉變，而憑藉不豐，因此和經學有密切關係、在西洋又備受重視的史學，即成爲思想上「科學化」的先鋒，欲取代經學的神聖地位，成爲救國救民的精神寄託。

在五四風潮和西學東漸的時代背景下，顧頡剛自覺的要終結經學的神聖性，將其還原爲史料。近代的經學研究向史學靠近，須言及主張「六經皆史」的章學誠，顧頡剛承繼經學發展的趨勢，透過古史辨運動，眞正有意識的將經學納入史學範疇。顧氏於 1951 年予王伯祥的信件中論及經學：

> 竊意董仲舒時代之治經，爲開創經學，我輩生於今日，其任務爲結束經學。故至我輩之後，經學自變而爲史學。惟如何必使經學消滅，如何必使經學之材料變爲史學之材料，則其中必有一段工作，在此工作中我輩之責任實重。

〔註29〕《古史辨》第三冊，〈自序〉，頁 4～5。

> 清之經學漸走科學化的途徑，脫離家派之糾纏，則經學遂成古史學，
> 而經學之結束期至矣。特彼輩之轉經學爲史學是下意識的，我輩則
> 以意識之力爲之，更明朗化耳。〔註30〕

又提出「研究中國古史必由經學入手」的見解，強調經學的重要性，「現代學
者，無論治考古學、古文字學、社會史、民族學，皆欲跳過經學的一重關，
直接從經中整理出古史來（如王靜安先生即其最顯著之一例）。此實存舍難趨
易之心。……唯有做了經學的工作，方知眞正古史存在的稀少，同時也知道
現有的古史中經學家學說的豐富。」〔註31〕以上都能看出顧氏對自己時代任
務的嚴肅認知，並且幾度彰明由經入史的必然性和必要性。

張京華認爲「顧頡剛常說的要將經學引入史學的目標並沒有實現」，而且
「反而就連經學所據有的高度也難於保持，致使這一派的史學研究很快就下
滑到了史料學的層面。」〔註32〕許冠三則認爲「他那『惟窮流變』，『看史蹟
的整理還輕而看傳說的經歷卻重』的手法，其實只是化史事重建與史蹟攷證
爲史料整理，或者說化史學爲史料學。」〔註33〕

對於這樣的批評，將古史辨置於其時代背景考論，雖當之而無須愧，蓋
有不得已焉，如彭明輝所言：

> 至古史辨運動後期，已將「六經」、「諸子」和通俗小說、戲曲等同
> 齊觀了，易言之，即已不將維護道統或反儒學傳統看成是甚麼重要
> 命題，這是一個極重要的關鍵。事實上，維護道統或反儒學傳統早
> 已非今日學術範疇以內之事，而是少數迷信藉求文化思想以解決問
> 題者的一種工具。就史學發展而言，超越儒學與非儒學的糾結，正
> 是古史辨運動的一個重要階段性使命。吾人今日研究古史，於文獻
> 材料之取捨，能充分發揮信者存信、疑者存疑之學術自由意思，實
> 不能不歸功於古史辨這樣一個史學革命運動。〔註34〕

古史辨對《周易》的研究，正樹立如此重要的里程碑，《周易》在經學傳統中
據有首屈一指的神聖地位，《漢書・藝文志》所謂「人更三聖，世歷三古」，

〔註30〕顧洪編：《顧頡剛學術文化隨筆》（北京：中國青年，1998 年），頁 294～295。
〔註31〕同上，頁 291～293。
〔註32〕張京華：〈顧頡剛的經學與史學〉，中南大學學報，第 12 卷第 6 期，頁 720～
724。
〔註33〕許冠三：《新史學九十年》上冊（台北：唐山，1996 年），頁 187。
〔註34〕彭明輝：《疑古思想與現代中國史學的發展》（台北：商務印書館，1991 年），
頁 250～251。

若未先解除其神聖性，又豈有今日自由討論、蓬勃熱切的《周易》研究熱潮？
顧頡剛在〈自序〉中開宗明義道破：「於《易》則破壞其伏羲神農的聖經的地
位而建設其卜筮的地位」。「易本是卜筮之書」這句話朱熹早在宋代就說過，
卻未曾達到古史辨所帶來的決定性影響，開創新世紀的易學研究方向，揭開
神祕與蒙昧。因此，不管是「下滑」成為史料，或是「還原」成為史料，古
史辨使《周易》研究有了純客觀學術的可能，謂之有功可也。

三、方法上，「層累古史」說和民俗學的啟發

　　古史辨最鮮明的主張，就是層累古史說，承襲今文經學家的主張，認為
有一個大規模的造偽行動，因此層疊累積出許多偽史。顧頡剛在治學上使用
的方法，許冠三認為是由三大源流構成：「一是得自胡適的『歷史演進的方
法』；二是此法的變種——『故事的眼光』；三是原於康有為但經他發展的『偽』
史移用法。」〔註35〕並認為顧頡剛和胡適的不同，「根本差異在於：胡以研
究歷史的眼光和方法去研究故事；顧則反其道而行，以研究故事的眼光和方
法去研究歷史。其次，便是胡法的根基在版本源流；而顧法的大本在故事演
變和角色塑造。」〔註36〕此說甚能提綱挈領表現顧頡剛的治學思路與方法演
變。

　　所謂「歷史演進的方法」，向來是胡適所提倡，此說較具體的呈現，其實
是胡適借由總結概括顧頡剛的古史研究，完整提出自己的見解。他認為，顧
頡剛所用的方法是「歷史演進的方法」，並且列出四個具體的研究步驟：

　　　　（一）把每一件史事的種種傳說，依先後出現的次序，排列起來。

　　　　（二）研究這件史事在每一個時代有什麼樣子的傳說。

　　　　（三）研究這件史事的漸漸演進：由簡單變為複雜，由陋野變為雅
　　　　　　　馴，由地方的（局部的）變為全國的，由神變為人，由神話
　　　　　　　變為史事，由寓言變為事實。

　　　　（四）遇可能時，解釋每一次演變的原因。〔註37〕

　　胡適早期考證《水滸》版本的流傳以及故事的來歷和演變，把極為複雜
的問題清楚地理出了演變的層次，使顧頡剛大受啟發。顧氏聯想到觀看戲劇

〔註35〕許冠三：《新史學九十年》上冊（台北：唐山出版社，1996年），頁185。
〔註36〕同上，頁178。
〔註37〕胡適：〈古史討論的讀後感〉，《古史辨》第一冊，頁192～193。

和采集民間歌謠的體會，同一底本可以演變成既相似又很不相同的故事情節。在〈答李玄伯先生〉一信中顧頡剛自述：

> 十年前，我極喜觀劇，從戲劇裡得到許多故事轉變的方式，使我對於故事的研究甚有興味。後來讀到適之先生的〈井田辨〉與〈水滸傳考證〉，性質上雖有古史與故事的不同，方法卻是一個，使我知道研究古史盡可應用研究故事的方法。回憶觀劇時所得的教訓，覺得非常親切；試用這個眼光去讀古史，它的來源，格式，與轉變的痕跡，也覺得非常清楚。……從此以後，我對於古史的主要觀點不在牠的真相而在牠的變化。〔註38〕

因此顧頡剛認為在古史渺遠、真相難明的狀況下，便將古史研究的重點訂在「對於古史的主要觀點不在它的真相，而在它的變化」，即所謂的「不立一真，惟窮流變」。顧頡剛疑古思想的核心是「層累地造成的中國古史」說，總結傳說中古史的演變過程。顧頡剛用汲黯的「譬如積薪，後來居上」來描摹人為造史的情狀，即「時代愈後，知道的古史越前；文籍越無徵，知道的古史越多」。〔註39〕「層累地造成的中國古史」的假說內容，大致有三點：

> （一）時代愈後，傳說的古史期愈長
> （二）時代愈後，傳說中的中心人物愈放愈大
> （三）即不能知道某一件事的真確狀況，但可以知道某一件事在傳說中的最早的狀況。我們即不知道東周時的東周史，也至少能知道戰國時的東周史；我們即不能知道夏、商時的夏、商史，也至少能知道東周時的夏、商史。〔註40〕

在「層累說」提出後不久，顧頡剛進一步提出推翻古史中非信史的四項標準，即研究古史的四個基本觀念：第一，打破民族出於一元的觀念。第二，打破地域向來一統的觀念。第三，打破古史人化的觀念。第四，打破古代為黃金世界的觀念。〔註41〕《周易》研究中，和古史相關的，就是〈繫辭〉中的觀象制器之說，顧氏對於伏羲、神農觀卦象而制器的說法，大加抨擊，以為實屬後世偽作無疑，「把神農黃帝一班人拉進《易》的境域，為的是擡高《易》的地位，他把民生日用的東西歸功於聖人的觀象制作，也為的是擡高《易》

〔註38〕本信作於 1925 年，所引見《古史辨》第一冊，頁 272～273。
〔註39〕顧頡剛：〈與錢玄同先生論古史書〉，《古史辨》第一冊，頁 65。
〔註40〕同上，頁 60。
〔註41〕顧頡剛：〈答劉胡兩先生書〉，《古史辨》第一冊，頁 99～101。

的地位」〔註42〕。詳細可見本書第六章。

在《古史辨》第三冊〈自序〉中，顧頡剛又提出「移置法」，即是「僞史的出現，即是眞史的反映。我們破壞它，並不是要把它銷毀，只是把它的時代移後，使它脫離了所托的時代而與出現的時代相應而已。實在，這與其說是破壞，不如稱爲『移置』的適宜。」這其實是「層累說」第三點的延伸，也是在打破古史中非信史之後的建設方法。這一點雖是在研究《周易》的第三冊中提出的，但很可惜的沒有落實在《周易》研究中。

從另一方面來看，民俗學影響顧氏治學方法之深，可以得見，如用研究故事的眼光和方法去研究歷史，喜好觀劇的經驗，認定上古事蹟蒙昧難尋、所以「不立一眞，惟窮流變」等等。王煦華曾提出，顧頡剛使用的是「三重證據法」：「所以顧先生的疑古辨僞用的是三重論證：歷來相傳的古書上的記載，考古發掘的實物材料和民俗學的材料，比王國維又多了一重。」〔註43〕顧頡剛對民俗學的關注是民初學者們罕有的，許冠三認爲顧頡剛以「故事的眼光」研究古史，正是受到民俗學研究的影響所致。顧頡剛曾說：「中國的古史，爲了糅雜了許多非歷史的成分，弄成了一筆糊塗賬……我們現在受了時勢的誘導，知道我們既可用了考古學的成績作信史的建設，又可用了民俗學的方法作神話和傳說的建設，這愈弄愈糊塗的一筆賬，自今伊始，有漸漸整理清楚之望了。」〔註44〕對於民俗學的看重是顧頡剛研究方法中不可忽略的事實。這在《周易》研究中發揮的影響明晰可見，顧氏開始寫作〈周易卦爻辭中的故事〉，即已表現強烈的民俗學觀點，如顧潮所言：

> 那時父親對自己學術工作所理想的成就有兩方面，一是「想從聖道王功的空氣中奪出眞正的古文籍，也可說是想用了文籍考訂學的工具衝進聖道王功的秘密窟裡去」；二是「在古文籍中不少民族的信仰，民眾的生活，但是一向爲聖道王功所包蒙了」，他「又很想回復這些材料的本來面目」（《古史辨》第二冊〈自序〉）。這也正如 1927年 7 月 6 日父親在致葉聖陶的信中所表示的：「我近來頗有傳道的衝動，我的道是『打倒聖賢文化，表彰民眾文化』，故無論作文或演說，

〔註42〕 顧頡剛：〈周易卦爻辭中的故事〉，《古史辨》第三冊上編，頁 41。

〔註43〕 王煦華爲《秦漢的方士與儒生》所寫〈前言〉，見顧頡剛：《秦漢的方士與儒生》（上海：上海古籍出版社，2005 年），頁 5。

〔註44〕 此文爲《中國上古史研究講義》的〈自序一〉，寫於 1930 年 1 月 3 日。所引見顧頡剛：《中國上古史研究講義》（北京：中華書局，2002 年），頁 1～2。

　　總要說到這上去。」因此，那年 11 月父親在中大語言歷史學研究所
　　裡發起民俗學會。〔註45〕

民俗學影響古史辨對《周易》的研究方向，肯定《周易》的占筮性質，並且
運用今存許多的民間占筮方法、邊疆民族的卜筮習俗（詳見本章第二節）等
等，又顧頡剛用故事的眼光研究古史，所以在《周易》研究中也討論了卦爻
辭中所蘊含的「故事」，這也開拓卦爻辭研究的新領域，究竟卦爻辭如現今籤
詩一般是殷周時流傳的故事，還是像甲骨卜辭一樣屬於自身民族的占筮記
錄？另外，透過研究卦爻辭的記載，欲追溯周民族的生活景象等，都反映民
俗學對古史辨《周易》研究的影響。

第二節　肯定《周易》的占筮性質

　　《古史辨》第三冊〈自序〉中，顧頡剛明言：「其編纂的次序，以性質屬
於破壞的居前，屬於建設的居後。於《易》則破壞其伏羲的聖經的地位，而
建設其卜筮的地位」。因此可知，顧頡剛主要目的在於肯定《周易》的占筮性
質，附和朱熹「易本卜筮之書」之說，而編次順序愈後的，愈具有建設的作
用。明白將《周易》和占筮直接等同的，是此冊末三篇：李鏡池〈《左》《國》
中易筮之研究〉、〈《周易》筮辭考〉和容肇祖（1897～1950）〈占卜的源流〉。
李氏從古籍的考察中，尋求《周易》源出於占筮功用；容氏則由民俗學的角
度，將古之所傳與今所能見的占筮方式和《周易》聯結，從流裔以推根本，
欲破《周易》的神聖性和玄妙性，而歸之於民俗迷信。

　　李鏡池的〈《左》《國》中易筮之研究〉目的在探討《周易》最初的性質
與在社會上的地位，和後來的對《周易》的定位有無不同。藉著勾勒《左傳》、
《國語》中的《易》筮，以強調《周易》早在春秋時擁有鮮明的術數性質，
而「易辭有格言寶訓的價值」傾向，才漸現端倪。李鏡池認為「被尊為經書
的《周易》與作占筮用的《周易》是不同的；一個是術數時代，一個是哲理
時代。」〔註46〕《左傳》《國語》中的著例並不能推出當時所採用的占法，前
儒強為之說，最終左支右絀。書中只言變卦，沒有漢儒的卦變之說，變卦是
從揲蓍而變，卦變是卦自為變。《左傳》、《國語》所載雖可以把互體說附會上

〔註45〕顧潮：《歷劫終教志不灰・我的父親顧頡剛》（上海：華東師範大學出版社，
　　　　1997 年），頁 122。
〔註46〕《古史辨》第三冊，頁 185。

去，但原來卻沒有這種說法。整體而言，本篇並不著意於細細推究《周易》在春秋時最可能的施行占筮之法，因爲古史辨的最突出的特質在於證僞，重在破除象數的學術地位和合理性，又更著意在借《左傳》、《國語》中所載的筮例，評判《周易》當屬於占筮性質。〈《周易》筮辭考〉更是將所謂的「經文」一概命之爲「筮辭」，開頭便道：「我們相信《周易》是卜筮之書：其起源是在於卜筮；其施用亦於卜筮。」〔註47〕

容肇祖〈占卜的源流〉則欲從古占卜的研究以明探《周易》的起源，又從近今占卜的流變以尋《周易》的支裔，以突出《周易》一書只不過包裝古聖人的名號，實質上和別的占卜書屬於一類。容肇祖此文作於 1928 年，更早於李鏡池上述作於 1930 年的二篇，考查周代的筮法亦摘錄《左傳》《國語》中和《周易》相合的辭，認爲春秋以後的占筮，大多數都是襲用《周易》的成文，「間有卜師不依據《周易》的成文，疑其源亦必有所受。這樣看來，則《周易》祇是占筮家的參考書，彙集古占辭而成。」〔註48〕除了雜論各種占卜術數（見本章末附表一），更針對《周易》，提出《周易》在周之後產生「哲學化」、「衍生占術」兩方向發展（見附表二），在占術之流，將今所能見之「籤詩」、「牙牌」、「金錢卦」等，皆歸之於《周易》，從而提出結論：「總之，占卜的事，出於迷信的心理，而術士即利用一種事物的分別或變異，以爲占驗，以滿足這迷信的心理的要求。即中國古傳的《易經》，其起因也不過如此。」這和顧頡剛所言：「《周易》的卦爻辭的性質等於現在的籤訣」〔註49〕，思路是一致的，將所謂的「經」結合「民俗」研究，不再具有高不可攀的神聖性，而容氏的詆毀又較顧氏鮮明。

如上一節所述，民俗學對古史辨有重大影響，顧頡剛除了是古史大家，於民俗學亦有不凡貢獻，可說是中國民俗學創始人之一，對民眾觀和民眾文學有高度熱情〔註50〕，曾積極參加北京大學歌謠研究活動，並發起北京大學風俗調查社。1927 年到廣州中山大學任教，和容肇祖等人創立廣州中山大學民俗學會。顧頡剛和容肇祖志趣相投，前者對後者影響甚深，時有切磋。〔註51〕容肇

〔註47〕 同上，頁 187。

〔註48〕 《古史辨》第三冊，頁 263～264。

〔註49〕 顧頡剛：〈《周易》卦爻辭中的故事〉，《古史辨》第三冊上編，頁 5。

〔註50〕 趙世瑜：〈一個歷史學家和一個文學家的選擇——中國現代民俗運動中的周作人與顧頡剛〉，《史學理論研究》1996 年第 2 期，頁 73～79。

〔註51〕 容肇祖在 1922 年就認識顧頡剛，到晚年尚有來往，見容肇祖：〈回憶顧頡剛先生〉，收於王煦華編：《顧頡剛先生學行錄》（北京：中華書局，2006 年），

祖 1928 年 10 月發表在中研院史語所集刊的〈占卜的源流〉，其中述及《周易》卦爻辭中人名和故事，列舉王亥、殷高宗、帝乙、箕子、康侯等人，足見其必見過顧頡剛〈周易卦爻辭中的故事〉的草稿。二人參與的民俗學會，發行刊物更名為《民俗周刊》時，曾有發刊詞：

> 我們要把幾千年埋沒的民眾藝術，民眾信仰，民眾習慣，一層一層
> 地發掘出來！我們要打破以聖賢為中心的歷史，建設全民眾的歷史。

學者認為這應該出自顧頡剛之手。〔註 52〕結合前述，不難理解二人浸漬甚深的民俗學，是如何影響《周易》研究的方向，藉以破除《周易》的神聖和玄妙。許冠三說明顧頡剛重視民俗學的另一理由，是以史料學為立足點。〔註 53〕《古史辨》第一冊〈自序〉宣稱上古史應當和現在的故事同等看待，是因為它們原都是在口耳之間流傳，直傳到漢代才因書籍的普及而凝固下來，主角的人格才沒有因時勢的遷流而改變。史家從同一古事的不同記載，「不但可以理出那時人的古史觀，並且可以用了那時人的古史觀念去看出它的背景，那時社會制度和思想潮流。」〔註 54〕意即在史料學觀點的基礎上，民俗學可以成為研究古史的輔助和旁證，此一趨向同樣表現在《周易》研究之上：

> 透過民俗研究與古史辨運動的結合，經學與通俗文化有了溝通的橋
> 樑，也使得通俗文化能與經學擺在同一位階上進行討論，此後，雖
> 然經學的權威性不免於受到挑戰，甚至因此遭受破壞。但民俗學與
> 大眾文化則走進學術的殿堂，成為知識分子所關心的課題；就史學
> 的發展而言，則在史料範圍的擴充，使經學與民俗學在歷史研究中
> 有了嶄新的意義。〔註 55〕

現今大眾直觀認為《周易》為卜筮之書，且近乎籤詩之形式，可說是古史辨和民俗學結合後，所烙印的痕跡，影響深遠。或有以為這是將《周易》庸俗化，趨於下流，但出土的戰國楚簡，歷歷皆是占筮紀錄，若看重考古文物卻輕視民俗中可供查考的資料，不免是貴古賤今。誠然，必須正視古史辨在注重「科學」的時代，以輕詆言語斥《周易》為迷信的產物，但未能全然否定

　　　頁 19～23。
〔註 52〕余介方：〈容肇祖與中大《民俗周刊》〉，《民俗研究》2001 年 3 月，頁 40～47。
〔註 53〕許冠三：《新史學九十年》上冊（台北：唐山出版社，1996 年），頁 180～181。
〔註 54〕《古史辨》第一冊，〈自序〉，頁 65～66。
〔註 55〕彭明輝：《疑古思想與現代中國史學的發展》（台北：商務印書館，1991 年），
　　　頁 191。

其追求《周易》史料價值的努力，在此面向揭示之後，近世學者能以更嚴肅的方式討論《周易》的占筮面貌，即是值得肯定的批判繼承。

需要注意的是，肯定《周易》的占筮性質，不代表否定《周易》具有其他的性質，如容肇祖〈占卜的源流〉就推測：「易有更代的意義。《易·繫辭》說道，『易之興也其於中古乎！』又說『易之興也，其當殷之末世，周之盛德耶？當文王與紂之事耶？』或者就是起於這時？代殷而起，故又稱《周易》？」〔註56〕李鏡池也認爲《周易》經文本身就有格言，如〈泰〉九三：「无平不陂，无往不復」、〈損〉六三：「三人行則損一人，一人行則得其友」，認爲這是「他們從生活經驗中發生的觀念，從這觀念所形成的至理名言。」〔註57〕甚至到後來李鏡池對《周易》的看法有所轉變，在 1962 年〈周易的編纂和編者的思想〉：

> 原始材料又有經過編者的組織運用的，這裡頗有一些研究我國哲學思想史的寶貴材料。過去我們談古代思想，多從孔子說起，再早一點，也只約略提到春秋中晚期的開明政治家。假如《周易》也有一些進步思想，我們可以把哲學思想的啓蒙期提前二三百年。西周末年正是一個政治、社會、經濟、文化轉變時期，在《尚書》和金文裡已經看到西周初期就有一些疑天思想；到了西周晚期，天帝也跟著人王一起倒了霉，不少人在那裡罵起天來了，《周易》的編著可能也產生於這一個時期，它所反映出來的思想，有不少是進步的。《詩經》是抒情的，而《周易》是思辨的。〔註58〕

由以上可知，《周易》是一部占筮之書，是一個大前提，然而除了占筮之外，另外也可具有哲思、格言或詩歌性質（見本書第五章），古史辨並不排斥尋找和討論，而且對於《周易》卦爻辭本身的析論，更是古史辨深耕之地。

第三節　經傳分觀的主張

傳統易學認爲，〈易傳〉乃孔子所作，而孔子是刪訂六經的聖人，他的解經之作自然應該成爲經的一部分。歷來的經學家都把〈易傳〉對《易經》的解釋視爲理解《易經》的唯一正確的途徑。自王弼以後，《周易》皆以傳附經，

〔註56〕《古史辨》第三冊，頁 258。
〔註57〕同上，頁 226。
〔註58〕李鏡池：《周易探源》（北京：中華書局，1978 年），頁 227。

至宋代因疑經風氣促成學者恢復《周易》古本〔註 59〕，朱熹在漳州刊印四經時，把《易經》和〈易傳〉分開，使經、傳回歸到各自產生的卜筮和哲學背景，展現出不能以傳代經、以傳惑經的歷史觀念，劃下經、傳的分野。朱熹強調《周易》的卜筮性質，藉以反對「棄卜筮而虛談義理，致文義牽強而無歸宿」的鄭王之學，以卜筮占決命詞之意求經本義，而後再以傳釋之，於是使經、傳涇渭分明。宋代經傳分觀的想法啟發清代辨偽學的發展，而後影響了古史辨。

顧頡剛在《古史辨》第三冊〈自序〉說「辨明易十翼的不合於上下經」，他「以經破傳」的努力體現在〈周易卦爻辭中的故事〉中，以闡明《周易》經文中蘊有「王亥喪羊於有易」的故事，破除〈繫辭〉中將服牛乘馬之功歸於黃帝、堯、舜的「偽古史」。

傳說中王亥馴服牛隻，供人役使，貢獻非常大，王國維說：「蓋古之有天下者，其先皆有大功德於天下。禹抑鴻水，稷降嘉種，爰啓夏周；商之相土、王亥，蓋亦其儔。然則王亥祀典之隆，亦以其為制作之聖人，非徒以其為先祖。周秦間王亥之傳說胥由是起也。」〔註 60〕顧頡剛認為，這個傳說從商初到周秦，已然一千多年，並不是後起的，而且正因為流傳時間已久，至周秦已成強弩之末，所以事跡模糊，除了民間的流傳以及偶然從民間微細地流入智識界之外，操著智識界權威的儒墨道諸家是完全忘記的。在卜辭中祭王亥之牲，用三十牛，四十牛，以至三百牛，如此盛重，他制作之功造福後人的可能性很高，而〈繫辭〉下第二章：

黃帝、堯、舜垂衣裳而天下治，蓋取諸〈乾〉、〈坤〉；刳木為舟、剡

〔註 59〕「宋人自覺地進行復古《周易》是呂大防開始的。他的《周易古經》『凡經二篇，〈彖〉、〈象〉、〈繫辭〉各二篇，〈文言〉、〈序卦〉、〈雜卦〉各一篇，總十有二篇』。分篇與《漢書·藝文志》合。晁說之繼之，分經傳為八篇，他的《錄古周易》在分編上與呂氏一致，只在分卷上有區別，其卦爻與〈象〉、〈彖〉、〈繫辭〉各一篇，不分上下，因此只有八篇。南宋吳仁杰、呂祖謙各有《古易》之作，其中以呂祖謙《古易》最優。祖謙本與北宋呂大防本一致，也是十二篇。其書得到朱熹大力表彰，朱子還以呂書為底本著《周易本義》，隨著《本義》的大量發行，《古易》面貌也廣為人知。這場起自北宋，成於南宋的復古運動，使《周易》恢復了原貌，解決了很多因經傳相雜而造成的誤解。」見舒大剛：〈試論宋人恢復古周易的重要意義〉，《四川大學學報》哲學社會科學版 1999 年第 2 期，頁 47～52。

〔註 60〕王國維：《觀堂集林·卷第九·史林一·殷卜辭中所見先公先王考》（石家莊：河北教育出版社，2001 年），頁 265。

木爲楫，舟楫之利以濟不通，{致遠以利天下}〔註61〕，蓋取諸〈渙〉；

服牛乘馬，引重致遠，以利天下，蓋取諸〈隨〉。

顧氏認爲它已把「服牛乘馬」的創作歸到黃帝堯舜的名下，後人不敢違背〈繫辭〉，因之牽強附會，如三國時的宋衷，他注釋《世本》，見有「胲作服牛」之文，便注道「胲，黃帝臣也，能駕牛」。宋羅泌作《路史》，又因宋衷業已說明胲爲黃帝之臣，便以爲「黃帝……命馬師皇爲牧正，臣胲服牛始駕，而僕蹕之御全矣。」造成這種結果，顧氏認爲肇因於「秦漢以來的人看三皇五帝之世是制度文物爲完全、最美盛的時代，胲的制作之功只有送給那個時代尚可在歷史中占得一個地位。不然的話，只有直捷痛快地說是黃帝堯舜制作的，更輪不到提起胲的名字了。古史系統的伸展使得原有的名人失色，這是一個例子。」〔註62〕這便彰顯出《周易》本經的古史觀和〈易傳〉的古史觀不合。

《周易》經文中的王亥事跡雖然隱晦不彰，然鈎索梳理後，合於史實；而〈繫辭傳〉中關於制作服牛乘馬的古史觀，則完全遺忘了殷商時代的王亥，反而歸之於黃帝、堯、舜。這除了表現《周易》經文著作之早、記事之眞外，顧氏借此再次強調經傳分觀的主張，以還原周易經文的眞相：「就在這一件事情上可以明白，卦爻辭與易傳完全是兩件東西：它們的時代不同，所以它們的思想和故事也都不同；與其貌合神離地拉攏在一塊，還不如讓它們分了家的好。」〔註63〕

顧頡剛以其「層累的古史」說，大力抨擊〈繫辭〉中的古史是後來蓄意改造而成，經由《周易》卦爻辭中史事的探討，顧頡剛更肯定的說，《易經》的著作時代在西周，那時沒有儒家道統的故事，所以只有商代和商周之際的故事零散敘述在各卦爻中。而「《易經》中的歷史觀念和〈易傳〉中的歷史觀念處于絕端相反的地位：《易經》中是片斷的故事，是近時代的幾件故事；而〈易傳〉中的故事卻是有系統的，從邃古說起的，和戰國秦漢以來所承認的系統、所承認的這幾個古人在歷史中所佔有的地位完全一致。」〔註64〕這即是顧頡剛所要打破的舊說，將《易經》和〈易傳〉的關係割斷。

〔註61〕應爲重文。
〔註62〕《古史辨》第三冊，頁9。
〔註63〕同上。
〔註64〕同上，頁26。

顧氏認爲〈易傳〉處處充滿儒家添加改造的痕跡，目的在於使《周易》具有神聖地位，如：

> 〈繫辭〉：古者包犧氏之王天下也，仰則觀象於天，俯則觀法於地，觀鳥獸之文，與地之宜，近取諸身，遠取諸物，於是始作八卦，以通神明之德，以類萬物之情……包犧氏沒，神農氏作，斲木爲耜，揉木爲耒，耒耨之利，以教天下，蓋取諸〈益〉。……神農氏沒，黃帝、堯、舜氏作，……垂衣裳而天下治，蓋取諸〈乾〉〈坤〉。

> 〈革卦・彖〉：天地革而四時成；湯武革命，順乎天而應乎人：革之時義大矣哉！

> 〈明夷・彖〉：內文明而外柔順，以蒙大難，文王以之。

透過〈易傳〉的闡揚，《周易》就與上古的聖王發生緊密連結，而西漢之末古文經學派把《周易》從《詩》、《書》、《禮》、《樂》之下升到六經之首，曰「易道深矣，人更三聖，世歷三古」，順理成章。但是顧頡剛認爲《易經》本身並沒有這「三聖」和「三古」的痕跡，而是〈易傳〉作者的時代背景使他們必須要言及這些古聖人。〈易傳〉的著作時代至早不得過戰國，遲則在西漢中葉，那時的上古史系統已伸展得很長，儒家的一套道統的故事已建設得很完整，因此顧頡剛把《易經》和〈易傳〉與漢人作的《易林》加以比較，表現出〈易傳〉和《易林》的古史觀更接近。其中所流露的「堯舜禹湯文武之德」相當鮮明。顧頡剛自認在〈周易卦爻辭中的故事〉一文中，積極方面是勾沉出五件湮沒不爲人知的故事，而消極方面就是整理出《易經》所無而〈易傳〉或《易林》所有的，爲以下四點：

> 一、堯舜禪讓的故事。
>
> 二、聖道的湯武革命的故事。
>
> 三、封禪的故事。
>
> 四、觀象制器的故事。

可以說積極方面，《周易》經文中王亥故事的梳理，是以經之「有」，破傳之「誤」；而消極方面，則是以經之「無」，破傳之「有」。顧頡剛反對以〈易傳〉解釋《周易》，認爲〈易傳〉根本不能適切解經，二者「時代意識不同，古史觀念不同」[註65]。另一篇發表於1930年的〈論易繫辭傳中觀象制器的故事〉，同樣意在破壞〈易傳〉和孔子的關係，以及彰顯其僞作的性質：「我以爲這僞

[註65]《古史辨》第三冊，頁44。

作的意義有三：其一，是要抬高《易》的地位，擴大《易》的效用；其二，是要拉攏神農、黃帝、堯、舜入《易》的範圍；其三，是要破壞舊五帝說而建立新五帝說。」〔註66〕這對傳統易學實爲鉅大的破壞和打擊，等於判決兩千年來的易學研究是「以訛傳訛」，走入歧途。

　　第三冊中其他篇章，大多近似這樣的概念，錢穆〈論十翼非孔子作〉，延續了歐陽修〈易童子問〉大膽推翻孔子撰《十翼》的論點，李鏡池〈易傳探源〉則進一步破除傳的神聖地位。再結合上節所言，肯定《周易》原本即屬卜筮性質，《周易》經文爲占筮的術數，後人衍申爲哲理之書。也就是說，質疑傳統易學「以傳解經」時，提出二點：一、《周易》的經和傳寫成於不同的時代背景，彼此已有扞格之處；二、《周易》的經屬卜筮性質，傳屬哲學性質，二者性質不同，不應彼此牽就。在在強調了經傳分離的概念

　　此一研究方向影響深遠，鮮有不受其影響者，如高亨（1900～1986）治《周易》不守〈易傳〉，認爲「十翼非孔子作」，「〈易傳〉解經與《易經》原意往往相去很遠」。而近年馬王堆帛書《周易》的發現，「進一步讓治《易》的學者將疑古時期《易》家主張的『經傳分離』的觀點發揮得更透徹。許多《易》家都傾向於認爲《易經》是古筮術占卜的遺留，而〈易傳〉則受到諸如道家、陰陽家等儒家以外的思想的影響。」〔註67〕此外，就〈易傳〉思想上的探討，陳鼓應提出〈易傳〉爲道家思想產物，鄭吉雄認爲「這一個問題的歷史背景，其實就是本世紀初學者提倡的『經傳分離』。倘若『經傳分離』這個命題沒有被提出，他的嘗試恐怕困難度也增大許多。」〔註68〕在此不過聊舉數端，但可以想見「經傳分觀」乃是本世紀治《易》的一大重要發展。廖名春等人所著的《周易研究史》總結近代易學的發展出現四次熱潮〔註69〕，首波即是古史辨學者引發、郭沫若等人參與的討論，主題是經和傳的探討；而第二次的熱潮出現在六十年代初的大陸學界，分爲二期。第一期從1960年下半年至1962年底止，主題是《周易》的形成年代，《周易》一書的性質，《周易》一書的哲學思想。第二期的論辯則起於方蠡批評李景春的治易方法，發表〈研究《周易》不能援傳於經〉，雖然這次討論後來走調成爲政治批判，但

〔註66〕同上，頁68。
〔註67〕鄭吉雄：〈從經典詮釋傳統論二十世紀《易》詮釋的分期與類型〉，中央大學《人文學報》第20、21期合刊，頁175～242。
〔註68〕同上。
〔註69〕廖名春、康學偉、梁偉弦：《周易研究史》（長沙：湖南出版社，1991年），頁400～413。

從中還是可以看見古史辨在易學研究中呈現的影響，經傳分觀至今仍被許多學者認同，經傳分離，被二十世紀的《易》學研究者視爲治《易》的基本前提。〔註70〕

隨著近年學術蓬勃發展，百家爭鳴，經觀分觀的概念亦受到挑戰，尤其部分從義理、哲學詮釋《周易》的學者，亟欲打破此說，認爲〈易傳〉解經是十分可信的，否認經傳的一致性乃是割裂歷史：

> 《易經》是在用它自己的語言──著、卦、爻及卦爻辭──向人們說話，而《易傳》的作者去古未遠，對這些信息還是相當熟悉的。因此，《易傳》對《易經》的解釋並不是什麼不足爲訓、「郢書燕説」，而是有信據的，兩者的關係應是源與流的關係。沒有經卦畫的陰爻和陽爻，就決不會有傳的陰陽觀念。割斷經、傳的歷史聯繫，從根本上否認經、傳關係的一致性，這種研究方法對易學有害無益。我們在進行史的總結時，尤其要吸取這方面的教訓，不能以虛無主義的態度來對待傳統易學。〔註71〕

鄭吉雄認爲經傳不可分離的原因有三：一、研究其他經書均得引「傳」，《周易》不應獨異；二、近代《易》家以〈易傳〉以外之文獻釋《易經》的限制；三、近代學者詮釋「經」文不得不參考「傳」。並進一步透過分析《易經》卦爻辭對一觀念字的多向度演繹模式，舉二十二例，並解讀《易傳》也是沿用此一模式，證明經傳不可分離：

> 如果我們說《易傳》的作者脫離了《易經》的卜筮內容而作了嶄新的發揮，那麼《易經》的作者跳脫「屯」、「離」、「蒙」、「坎」等字的本義，不也是作同類型的發揮和演繹？如果我們認同並且推崇《易傳》的作者們對《易》理作全新的發揮和演繹，那麼我們爲何不能用同樣的標準，承認這種發揮和演繹的工作，早已存在於卦爻辭之中，並推崇其撰著者的智慧？〔註72〕

如其同篇論文所言，「經傳分離」的前提有三：一、認爲《易經》爲卜筮之書；二、認爲〈易傳〉是《易》義理之源；三、認爲〈易傳〉多摻雜戰國諸子思

〔註70〕 鄭吉雄：〈20世紀初周易經傳分離說的形成〉，收入劉大鈞編：《大易集奧》（上海：上海古籍出版社，2004年），215～247。

〔註71〕 廖名春、康學偉、梁偉弦：《周易研究史》（長沙：湖南出版社，1991年），頁5～6。

〔註72〕 鄭吉雄：〈從卦爻辭字義的演繹論《易傳》對《易經》的詮釋〉，《漢學研究》第24卷第1期2006年，頁1～33。

想。這三者目前仍不可否認,是學術界的共識,也是古史辨時期所提出的。

在古史辨中,哲學部分非古史辨學者所關心的話題,更關注恢復古書的原貌,認為〈易傳〉不是唯一能解釋《易經》的標準本。十翼本身有義理性極強的〈彖〉、〈大象〉,又有占筮意味甚濃厚的〈說卦〉、〈雜卦〉,本身性質不一,不宜一概而論,然而不論占筮或義理,都是《易經》的流裔,如〈繫辭〉所言:「《易》有聖人之道四焉:以言者尚其辭,以動者尚其變,以制器者尚其象,以卜筮尚其占。」這四種詮釋方向,我們都能找出和《周易》的密切關係,而哪一個面向才是對《周易》最標準的詮釋?我們恐怕只能將散諸於海的種種線索搜集拼合,以推求源頭的樣貌,這也是古史辨學者提出「經傳分觀」時最終極的目標,還原其筮書的樣貌,至於筮書本身有沒有哲學意涵,可以另行討論。誠然,有過激之處,但我們還須認清,古史辨倡言經傳分觀,重點在於否定〈易傳〉是「唯一標準」,並且由此產生援引其他史料解經的可能,如使用甲文、金文以至於聲韻訓詁,可以另有己見。李鏡池便稱道「我們以文字訓詁來解《易》,才是真正的『熟讀正文,莫看注解』的方法;朱熹用的還是襲取前人注疏的解釋」〔註73〕,這是《周易》和〈易傳〉鬆綁後才能獲致燦爛的成果,仍是我們應稱許的。

第四節　啓發「考古易」的重視

對於考古資料的看重,顧頡剛在《古史辨》第三冊〈自序〉明言:「從前人講古史,只取經書而不取遺物,就是遺物明明可以補史而亦不采,因為經裡有聖人之道而遺物沒有。這個態度當然不對,不能復存在今日。」對於考古資料的不重視,也是顧氏對於古文經學家失望的原因之一。〔註74〕

考古材料引入《周易》研究,在《古史辨》第三冊中主要有兩類,一是甲骨文和金文,另一是漢代熹平石經。前者可見顧頡剛〈周易卦爻辭中的故事〉、余永梁〈易經卦爻辭的時代及其作者〉,後者則見馬衡(1881～1955)的〈漢熹平石經周易殘字跋〉、錢玄同的〈讀漢石經周易殘字而論及今文易的篇數問題〉。

〔註73〕李鏡池:《周易探源》(北京:中華書局,1978年),頁267。
〔註74〕顧頡剛曾言:「又過了幾年,我對於太炎先生愛敬之心更低落了。……他在歷史上,寧可相信《世本》的〈居篇〉、〈作篇〉,卻鄙薄彝器錢物諸譜為瑣屑短書;更一筆抹摋殷虛甲骨文字,說全是劉鶚假造的。他說漢唐的衣服車駕的制度都無可考了,不知道這些東西在圖畫與明器中還保存得不少。」見《古史辨》第一冊,〈自序〉,頁26～27。

顧氏引用王國維甲骨文研究成果和金文的發掘研究成果,首度結合考古成果鉤索《周易》卦爻辭的故事,徵引前人注疏,綜合古遠文獻,考定王亥和康侯在《周易》中的記載,就方法和態度上來說,無疑是良好的示範。

漢熹平石經的出土對當時的易學研究有較大的衝擊,這是直接的材料,石經關涉易學甚大,主要因為傳本《周易》自唐代經學版本一統於《五經正義》後,漢魏的版本便逐漸亡佚,王弼本孤行人間。即使朱熹《易本義》欲恢復古經原貌,但經文仍沿用王弼本。宋人雖錄有熹平石經千七百餘字,卻獨未見《周易》,至此《周易》石經出,時人震動可想而知。

馬衡是傳統金石學向近代考古學轉變的重要關鍵人物〔註75〕,得到《周易》石經殘片拓本,稱此次出土之491字為「曠代之環寶」,興奮之情,溢於言表,並考定熹平石經所據版本,乃京房的京氏易。錢玄同藉以論今文《易》的篇數,提出「西漢初年田何傳易時,只有上、下經和〈彖〉、〈象〉、〈繫辭〉、〈文言〉諸傳,西漢中葉(宣帝以後),加入漢人偽作的〈說卦〉、〈序卦〉、〈雜卦〉傳三篇」,乃是指稱宣帝時河內女子發老屋得逸易一事,是京氏及劉歆等人作偽的成果。在古史辨時期,對漢石經的認識仍舊不足,至多是確認經和傳並不合刊,分別成篇,直至屈萬里而集大成〔註76〕,其《漢石經周易殘字集證·自序》〔註77〕說明了獲取拓本的經過:

> 民國十一年後,漢石經周易殘石,始陸續出土。迄抗戰軍興之前,眾家所著錄者,已達千字以上。一千七百餘年前之故物,沉霾亦復千有餘年,一旦復出人間,宜學林詫為奇緣而珍為環寶也。抗戰勝利後,國立中央圖書館奉命接收南京澤存書庫圖書,其中有《舊雨樓藏漢石經》拓本四冊,余粗閱之,見其周易部分,收殘字三千有餘,皆世人未見者。余且驚且疑,曾先後請徐森玉、蔣穀孫兩先生鑒定,皆謂其非偽。

〔註75〕 「馬衡一生致力於金石學的研究,在治學方法上『繼承了清代乾嘉學派的樸學傳統,而又銳意采用科學的方法,使中國金石及博古之學趨於近代化。』他在承襲傳統金石學家訓詁考證的同時,又注意出土文物的現場勘察,並親自主持了燕下都的田野考古發掘,成為傳統金石學向近代考古學轉變過程中起著重要作用的關鍵人物,因而被郭沫若譽為『中國近代考古學的先驅』。」見沈頌金:《考古學與二十世紀中國學術》(北京:學苑出版社,2003年),頁7。
〔註76〕 依廖名春所載,屈萬里似未見上海博物館所藏熹平石經殘石。見廖名春:《周易經傳與易學史新論》(濟南:齊魯書社,2001年),頁27。
〔註77〕 屈萬里:《漢石經周易殘字集證》(台北:聯經出版社,1984年),頁1~6。

舊雨樓是民初收藏家方若（1869～1955，本名城，字楚卿，又字藥雨）的齋名，除《舊雨樓藏漢石經》外，屈萬里又得馬衡《漢石經集存》，合計共得四千四百餘字，約佔周易全書五分之一弱，以此證成所謂十二篇乃「經上、下，象上、下，象上、下，繫辭上、下，文言，說卦，序卦，雜卦」，並證出漢石經《周易》爲梁丘氏本，明馬衡之誤。

　　雖說《古史辨》關於《周易》的研究，可以表現出顧頡剛對於「考古易」的重視，近代學者論及顧頡剛與中國考古學的關係問題，歸結出兩種代表性的觀點：

> 其一爲許冠三提出的顧頡剛「一生不走二重證據路線」的觀點；另
> 一代表性觀點爲王煦華提出的「三重論證」的觀點，即歷來古史上
> 的記載、考古發掘的實物材料，和民俗學的材料。〔註78〕

乍看之下這似乎有嚴重的矛盾，若結合當時的時代背景、顧頡剛本人的學術取向來看，就能適切理解。

一、考古成果帶來的衝擊啓發和悲觀預想

　　考古成果帶來的衝擊是驚人的，在經書之中，上古社會乃是黃金世界，然而考古卻將其原始樣貌赤裸裸呈現在眾人眼前，顧頡剛認爲考古學對歷史觀念的更新有著重要的意義和作用。前人曾疑古卻沒有產生較大的影響，除了政治的原因之外，還有一個重要的原因，那就是沒有考古學的輔助，力量不厚。張京華整理了古史辨誕生前後，幾件考古上的大事〔註79〕，如光緒二十四年（1898），河南安陽甲骨文被發現；1921年，安特生在北京周口店發現「北京人」遺址，在河南澠池發現「仰韶文化」遺址，於是人們震驚於古代社會的簡陋粗礪，而且安特生的「中國文化西來說」，使國人氣惱又束手無策，極欲努力追尋古史眞相，這便是考古對古史辨帶來的助力：

> 有了這樣考古發現的實物的證明，人們逐漸認識到了書本上記載的
> 古史與實際的古史是不一樣的。證明了人們對古史的懷疑是正確
> 的，也證明了舊的歷史觀念是錯誤的。也正是在考古學有了這樣的
> 進展之後，對古史的疑辨也才開始引起人們的廣泛關注。考古學的

〔註78〕吳少珉、趙金昭主編，《二十世紀疑古思潮》（北京：學苑出版社，2003年），頁314～317。
〔註79〕同上，頁318～319。

發展，爲科學的古史研究創造了條件，開闢了道路。〔註80〕
當時的人們也隨之提出，文獻記載材料不足爲古史研究之用，唯有考古才能
使歷史的眞相呈現，如李玄伯認爲「要想解決古史，唯一的方法就是考古學」。
〔註81〕需要注意的是，當時對考古資料的出土並非今日如此樂觀，即使甲骨
文出土，震驚學界，但在眾人眼中看來殘敗不整，無法明確顯現完整的文獻
價值，都須學者耐心綴補、揣摩縫合，在近代帛書竹簡未出土前，人們無法
想像出土文物可以擁有多麼直接的證僞或建設古史的能力。顧頡剛也承認，
在古史研究中運用第一手的實物材料證史是最好的一個方法。然而，他不無
遺憾地認爲，這樣的實物材料眞是太少了：「我們現在研究古史，所有的考古
學上的材料只有彝器文字較爲完備，其餘眞是缺得太多」。〔註82〕

　　顧頡剛的學友，史料派大師傅斯年，極看重史料價值，但從他的書信就
能明白，當時對考古文物的悲觀預想，以及他對顧頡剛工作方向的認同，他
在 1926 年致信顧頡剛：

> 史學的中央題目，就是你這『層累造成的中國古史』，可是從你這發
> 揮之後，大體之結構已備就，沒有什麼再多的根據物可找。前見晨
> 報上有李玄伯兄一文，謂古史之定奪要待後來之掘地。誠然掘地是
> 最要事，但不是和你的古史論一個問題。掘地自然可以掘出些史前
> 的物事，商周的物事，但這只是中國初期文化史。若關於文籍的發
> 覺，恐怕不能很多。（殷墟是商社，故有如許文書的發現，這等事例
> 豈是可以常希望的。）而你這一個題目，乃是一切經傳子家的總鎖
> 鑰，一部古代方術思想史的眞線索，一個周漢思想的攝鏡，一個古
> 史學的新大成。這是不能爲後來的掘地所掩的，正因爲不在一個題
> 目之下。豈特這樣，你這古史論無待於後來的掘地，而後來的掘地
> 卻有待於你這古史論。〔註83〕

當時學術界對於中國考古學所持的保守態度，可管窺一二。在這個大前提之
下，可以重新認知「古史辨」運動何以成爲「古書辨」運動，既然新的地下
材料可遇不可求，舊的經學知識又尚在，而正統學術不屑一顧的民俗材料，

〔註80〕劉俐娜：《顧頡剛學術思想評傳》（北京：北京圖書館出版社，1999 年），頁
　　　　202。
〔註81〕李玄伯：〈古史問題的唯一解決方法〉，《古史辨》第一冊，頁 270。
〔註82〕顧頡剛：〈答李玄伯先生〉，《古史辨》第一冊，頁 270。
〔註83〕傅斯年：〈談兩件努力週報上的物事〉，《古史辨》第二冊，頁 297。

在史料學的眼光恰如禮失求諸野、彌足珍貴，是以結合西方新史學觀念和民俗學的輔助，考證古書。顧頡剛稱道：「有許多古史是考古學上無法證明的，例如三皇、五帝，我敢預言到將來考古學十分發達的時候也尋不出這種人的痕跡來。大家既無法在考古學上得到承認的根據，也無法在考古學上得到否認的根據，那麼，希望在考古學上證明古史的人將怎麼辦呢？難道可以永遠『存而不論』嗎？」〔註 84〕這即是顧頡剛當代所有的心理感受。和我們今日永遠期待有新材料出土的境遇，可謂天壤之別。顧氏大約認定自己所追求的古史流變，是考古所無法涉及的領域，因此將心力全投注在古籍偽史辨證之上，以求舊材料得到新觀念的整理。

二、顧頡剛對古史辨時代任務的認定

　　許冠三說顧頡剛一生不走二重證據法，唯至晚年的尚書研究可追王國維之風，這不算厚誣顧頡剛。顧氏本人並不直接研究金石文物，而大多轉用金石家的研究成果，這乃是他自身興趣的趨向，當然，間有擅用己意取奪以證偽的情形，這和他對經今文、古文學的態度是一致的，因此，稱不上忠實服膺二重證據法：

> 應當看到，顧頡剛對考古學的理解是零星且不全面的，終其一生，盡管他意識到考古學的重要性，但並沒有參加田野考古發掘。原因是他「畢竟出於專長及興趣所在（先生早年對其祖父的文字學書籍便未感興味，祖父日鈎模古銘、椎拓古器的工作從未引起他模仿的熱忱），主要還是在載記上致力，對於地下的發掘只是利用其成果而已。」〔註85〕

顧頡剛對自己的時代任務的認定，仍是在載籍之上，這是顧氏本人能力所及，且頗有展望前景的領域，〈答李玄伯先生〉中說：

> 我們生於今日，初懂得用歷史演進的眼光去讀古書，初懂得用古人的遺作品去印證古書，乍開了一座廣大的園門，滿目是新境界，在載記中即已有無數工作可做。依我看，我們現在正應該從載記中研究出一個較可信的古代狀況，以備將來從遺作品中整理出古史時的

〔註84〕顧頡剛：《古史辨第二冊・自序》，頁 5。
〔註85〕沈頌金：〈試論《古史辨》與考古學的關係〉，《齊魯學刊》2003 年第 5 期，頁52～58。

參考。若我們輕易跳過這個階段，那就失去了研究的基礎了。〔註86〕

如前所引〈談兩件努力周報上的物事〉，傅斯年也認爲古史研究要有待實物材料的觀點，但古史的研究僅僅依靠考古挖掘是不夠的，是以顧頡剛強調，古人取經書而棄遺物不顧的態度，於今時已不宜，「但現在人若陽違而陰襲之，講古史時惟取遺物而不取經書，說是因爲遺物是直接史料而經書不是，這個態度也何嘗爲今日所宜有呢？」〔註87〕完全棄置古書而過度倚重考古，也是矯枉過正。

值得注意的是，考古學對古史辨推展其觀念想法有所助益，而古史辨的作用也反過來回饋給考古學：

> 與西方考古學偏重人類學不同，中國考古學帶有濃厚的歷史學色彩。20年代以古史辨派爲代表的疑古思潮推翻了舊的古史體系，重建可信的上古史的任務在相當程度上落在考古學所發現的新材料之上，殷墟發掘的宗旨便是出於建立商代信史。〔註88〕

現今的「考古易」也偏重在建立可信的文獻材料，期望追尋《周易》可能的起點，驗證〈易傳〉的可信度等等，人們等待前所未見的典籍可以驗證古籍所載的《周易》相關資料，以破除古史辨時期的證僞，當然，拜現代技術之賜，我們對於考古成果的預計十分樂觀，和古史辨時代大不相同。

結　語

綜上所述，古史辨對《周易》研究方向的引導，首先應彰顯古史辨討論《周易》的方式，可以從三方面討論：在風格上，承繼今文學家通脫佻達之風，不依循漢學家斟酌考核之學，乃在於營造一股討論古史的風潮，這和今文學家有經世致用傾向是一致的，然而顧頡剛只是取其風格，並未自限於今文家學說，一切乃以證僞爲目的。在目的上，則是將《周易》亦劃入史料範圍，成爲建立上古史的史料之一。方法上，則受胡適的啓發，以「層累古史說」爲主，而民俗學的影響、史料學的主張，也左右了整個《周易》的研究，如肯定《周易》的占筮性質、經傳分觀的主張等等。古史辨興起正當中國考古學萌芽之時，顧頡剛亦編選相關論文，顯現對甲文、金文、漢石經的重視，

〔註86〕顧頡剛：〈答李玄伯先生〉，《古史辨》第一冊，頁271。

〔註87〕《古史辨》第三冊，〈自序〉，頁7。

〔註88〕沈頌金：《考古學與二十世紀中國學術》（北京：學苑出版社，2003年），頁19。

啓發對「考古易」的重視，雖然當代考古成果對古史辨的衝擊啓發和悲觀預
想兩相拉鋸，以致顧頡剛對古史辨時代任務的認定在於考辨古書，我們可以
說顧頡剛於此誠然有功，在今時考古成果發達之前，屈萬里和高亨等傑出學
者，批判繼承古史辨的學術成果，結合金石遺物考訂《周易》，有所創發，我
們可以說，古史辨對《周易》研究方向的引導，確實有其正面的積極意義！

附表一　占卜源流表

引自容肇祖〈占卜的源流〉

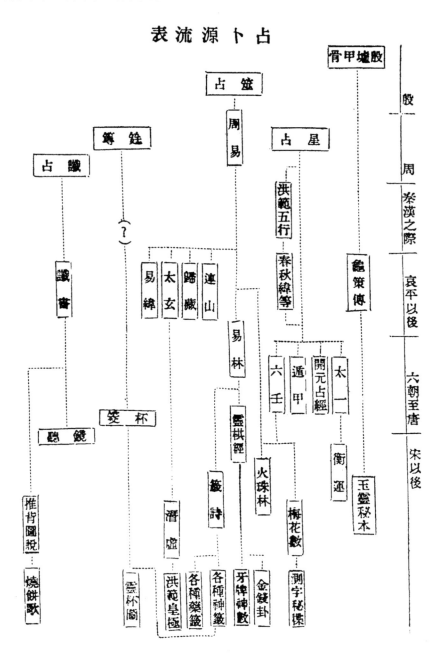

表 流 源 卜 占

附表二　周易演變表

引自容肇祖〈占卜的源流〉

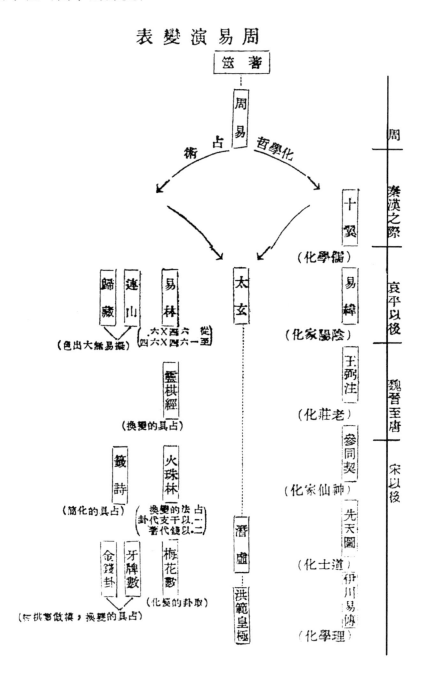

第三章　古史辨與《周易》古史研究

前　言

　　《周易》和古史的淵源甚早，四庫館臣認爲「引史證易」的易學史事宗始於宋代李光、楊萬里〔註1〕，而近人提出「引史證易」實可上探至干寶，至帛書《周易》出土後，又能上推至〈易傳〉時代。〔註2〕晚近古史辨一出，對《周易》古史研究發展有轉捩性的影響。顧頡剛欲將《周易》經文還原其史料本質，重新以史的角度進行研究考釋，爬羅剔抉、刮垢磨光，煥然彰顯其上古史料的價值，開啓「易中有史」的研究。其後學者無論是否贊同古史辨看待《周易》的各項主張，皆受其啓發，餘波盪漾。近年易學研究成果燦然，進而有「易即古史」的研究趨勢，即有學者謂之形成易學第五大派別：古史學派。〔註3〕古史辨影響二十世紀初學壇，如劈空焦雷，眾皆貫耳，轉

〔註1〕《四庫全書總目》將易學分爲兩派六宗，兩派指象數派、義理派，六宗指占卜宗、禨祥宗、造化宗、老莊宗、儒理宗、史事宗。六宗實際上可歸屬于兩派，占卜、禨祥、造化三宗歸屬于象數派，老莊、儒理、史事三宗歸屬于義理派。

〔註2〕朱淵清：〈干寶的《周易》古史觀〉，《周易研究》2001年第4期，頁27～35。作者認爲「《周易》研究史上有古史證經一派，四庫館臣以爲起自宋代。其實晉代的干寶已經系統地以商末周初的史實釋《易》。干寶以古史注《易》，其思想淵源和學術淵源因爲馬王堆帛書《要》的發現和釋讀而變得十分清晰。孔子開創了儒門易傳統，干寶正是承習儒門易餘緒，轉而在易學研究史上開創了古史注《易》的全新一派。」按：馬王堆帛書引史證經者，似以〈繆和〉〈昭力〉二篇爲當。

〔註3〕陳桐生認爲20世紀以前的《周易》研究大體上分爲占筮、義理、象數、考據四大派別，「20世紀《周易》研究中最爲令人矚目的現象是一些學者先後從古史角度研究《周易》，由此而在傳統易學領域之外開闢一條研究新路，形成了

折二十世紀以來的易學研究，顧頡剛、余永梁、李鏡池先驅之功，實應予以重視。

　　章炳麟認同章學誠「六經皆史」之說，認爲《周易》不僅是史，還蘊有史的精華，主要是轉化〈序卦〉傳的思路，用社會學的角度考察，認爲其呈現了古代社會的樣貌，在〈易論〉中考察了〈屯〉至〈同人〉推衍出上古社會可能的演化樣貌，楊慶中以爲「比附的痕跡是很明顯的」〔註4〕，這對於「把《周易》看成一部史書」的研究方向，確實有開創之功。學者認爲章太炎是古史辨學術的一較不明顯的遠源〔註5〕，並且認爲「啓示古史辨學者以『古史』觀念治《易》的，應該是章太炎。不過太炎易學中的憂患意識，卻在古史辨學者所推動的科學實證潮流中灰飛煙滅。」〔註6〕但若詳細考之，古史辨的《周易》古史研究，最主要的是突破「考信於六藝」的觀念，不再引經爲重，而要反過來討論其眞正的古史，即用史料的觀念考察經書，這和章太炎的目的與道路都不同，若以學術源流論及章太炎對古史辨的影響，因顧氏曾師事章太炎，自然不可排除，若以目的論，古史辨欲從史料學的觀念視察經書，則兩者判然不同矣。

第一節　源流略說——「引史證易」和「易中有史」

一、《周易》和史事的關係

　　《周易》和史事的關係，大致上可以分成三個概念：

（一）引史證《易》：即引用歷史故實闡發《周易》經文的義理史事，所用史事不限定於某一朝某一代，目的在彰明《周易》經文深藏之理，聖人非著空言。

（二）《易》中有史：即認爲《周易》本身即蘊有歷史舊事，或古代社會生活實況，足以爲社會史的研究材料。

　　　　易學第五大派別：古史學派。」陳桐生：〈20世紀的《周易》古史研究〉，《周易研究》1999年第1期，頁23～30。

〔註4〕楊慶中：《二十世紀中國易學史》（北京：人民，2000年），頁13。

〔註5〕鄭吉雄：〈20世紀初周易經傳分離說的形成〉，收入劉大鈞編：《大易集奧》（上海：上海古籍出版社，2004年），215～247。

〔註6〕同上，頁243。

（三）《易》即古史：這是《易》中有史的進一步推論，認為《周易》的卦爻辭乃是一部有序的史書，按時間順序記載了史事。對於「把周易看成一部史書」的概念，今之學者多以「以史說易」稱之。然字面之義容易和「引史證易」混淆，故筆者不欲因襲，另以「易即古史」一詞代之，若有不當，還請方家斧正。另外，尚有所謂「以易解史」，意即「以易學的思維方式認識人類歷史，洞察古今興衰，評論行事得失」〔註7〕，由於這是屬於《易》對史學的影響，和解讀《周易》較無直接關係，故於此不論。

不管是「引史證易」或「易中有史」，都受到〈易傳〉的啟發。〈繫辭〉下傳：「易之興也，其於中古乎？作易者，其有憂患乎？」又說「《易》之興也，其當殷之末世，周之盛德邪？當文王與紂之事邪？」暗示了著述《周易》的背景和作者的情懷，「引史證易」或「易中有史」的學者，可因以殷商之間史事落實《周易》卦爻辭。〈序卦〉傳認為《周易》六十四卦的排序順序乃有因果承襲的關係，予人歷史上的時間觀念、事物發展的進步趨向，啟發「易中有史」與「易即古史」的學者。

就流傳文獻上的考證，史事宗易學乃屬「引史證易」，其發展演進約可分為三期：兩漢為史事易的萌芽期，焦贛、崔篆、馬融、鄭玄、荀爽皆偶或引史證易。魏晉南北朝為史事易的發展時期，王弼、虞翻、陸績、崔憬等皆有引史證易之例，而干寶最為突出，可謂這一時期的代表人物。宋代為史事易的成熟期，胡瑗、程頤導於前，李光、楊萬里倡於後，史事易由此而蔚然成為易學一大宗。援史證易雖非李光、楊萬里所發明，然二人始以史事證全經，其影響歷元、明、清而至於民國。〔註8〕

傳統的易學史事宗，是以「引史證易」為中心，新出土的馬王堆帛書，表現出「引史證易」的方式由來已久。然而古史辨和《周易》古史的關係，卻是以「易中有史」為主軸，進而開展出「易即古史」的道路。

二、干寶《易注》曖昧於「引史證易」與「易中有史」之間

從今時的「易中有史」思潮來看待古人注《易》的形式，干寶的《周易

〔註7〕 吳懷祺：《易學與史學》（北京：中國書店，2004年），頁5。
〔註8〕 黃忠天考釋甚詳，可參見黃忠天：《宋代史事易學研究‧第二章史事易學形成之歷史淵源》（高雄師大國文研究所博士論文，1994年），頁5～45。

注》十卷格外引人注目，雖今已亡佚，現殘存於李鼎祚的《周易集解》，黃慶萱《魏晉南北朝易學考佚》詳細參校勾沉，並將干寶所論史事匯集。〔註9〕干寶殘存的《易注》有三十一卦一百十九則，其中援引史事以釋《易》者，有五十一則之多〔註10〕，大多為商周史事，以紂囚文王、孟津大會、武王伐商、周公攝政、祿父為亂、營洛歸政的一路史事為主。今摘錄較完整的〈乾〉卦注以明其特色〔註11〕：

初九：「潛龍勿用。」干寶曰：位始，故稱初；陽重，故稱九。陽在初九，十一月之時，自〈復〉來也。初九甲子，天正之位而乾元所始也。陽處三泉之下，聖德在愚俗之中，此文王在羑里之爻也，雖有聖明德，未被時用，故曰勿用。

九二：「見龍在田，利見大人。」干寶曰：陽在九二，十二月之時，自〈臨〉來也。三為地上，田在地之表而有人功者也。陽氣將施，聖人將顯，此文王免于羑里之日也，故曰利見大人。

九三：「君子終日乾乾，夕惕若，厲无咎。」干寶曰：爻以氣表，繇以龍興，嫌其不關人事，故著君子焉。陽在九三，正月之時，自〈泰〉來也。陽氣始出地上而接動物，人為靈，故以人事成天地之功者在於此爻焉。故君子以之憂深思遠，朝夕匪懈，仰憂嘉會之不序，俯懼義和之不逮。反復天道，謀始反終，故曰「終日乾乾」。此蓋文王返國大釐其政之日也。凡「无咎」者，憂中之喜，善補過者也。文（王）恨早耀文明之德，以蒙大難，增修柔順以懷多福，故曰「无咎」矣。

九四：「或躍在淵，无咎。」干寶曰：陽氣在四，二月之時，自〈大壯〉來也。四，虛中也。躍者，暫起之言，既不安於地，而未能飛於天也。四以初為應，淵謂初九甲子，龍之所由升也。或之者，疑之也。此武王舉兵孟津，觀釁而退之爻也。守柔順則逆天人之應，

〔註9〕 見黃慶萱：《魏晉南北朝易學考佚》（台北：幼獅出版社，1975年），頁301～496。黃慶萱認為干寶好以史事說易的原因有三：一、受〈繫辭傳〉「易之興也當文王與紂之事」一語的影響；二、受《周易》卦爻辭中多殷周故事之影響；三、受《毛詩》大小序以史解詩的影響。

〔註10〕 黃忠天：《宋代史事易學研究‧第二章史事易學形成之歷史淵源》（高雄師大國文研究所博士論文，1994年），頁34。

〔註11〕 （唐）李鼎祚：《周易集解》（上海：上海古籍出版社，1989年），頁6～11。

通權道則違經常之教，故聖人不得已而為之，故其辭疑矣。

九五：「飛龍在天，利見大人。」干寶曰：陽在九五，三月之時，自〈夬〉來也。五在天位，故曰「飛龍」。此武王克紂正位之爻也。聖功既就，萬物既覩，故曰「利見大人」矣。

上九：「亢龍有悔。」干寶曰：陽在上九，四月之時也。亢，過也。乾體既備，上位既終，天之鼓物，寒暑相報。聖人治世盛德相濟，武功既成，義在止戈，盈而不反，必陷於悔。

象曰：「君子以自強不息」干寶曰：言君子通之於賢也，凡勉強以德，不必須在位也。故堯舜一日萬幾，文王日昃不暇食，仲尼終夜不寢，顏子欲罷不能。自此以下，莫敢淫心捨力，故曰「自強不息」。

文言曰：「君子行此四德者，故曰：乾，元亨利貞。」干寶曰：夫純陽，天之精氣，四行君子懿德，是故乾冠卦首辭篇目，明道義之門在於此矣，猶《春秋》之備五始也，故夫子留意焉。然則體仁正己，所以化物；觀運知時，所以順天；氣用隨宜，所以利民；守正一業，所以定俗也。逾亂則敗禮，其教淫；逆則拂時，其功否；錯則妨用，其事廢；忘則失正，其官敗。四德者，文王所由興；四愆者，商紂所由亡。

由上所見，可知干寶注《周易》，依違漢魏數家，出入象數、義理之間，然其特以殷周史事證《易》，尤為突出，〈乾〉卦似已曲盡周能代商之理。如上所見，干寶注上九時未用史事。以小見大，知干寶未有以史注全本《周易》之心，又注〈大象〉時亦未專用商周史事，事實上，如〈坤〉六三：「或從王事」，干寶注云：「此蓋平襄之王，垂拱以賴晉鄭之輔也。」〈益〉六三：「益之，用凶事，无咎。有孚中行，告公用圭。」干寶注云：「固有如桓文之徒，罪近篡弒，功實濟世。六三，桓文之爻也。俯列盟會，仰致錫命，故曰：告公用圭。」似此據商周以外史事說《易》之例，大概僅佔其引史證《易》總數十分之一強。〔註12〕

〔註12〕黃忠天以為六分之一強。若以周公營洛歸政為下限，則只有六則超出時代，分別為：〈乾‧大象〉雜引堯舜、文王、孔子、顏回；〈師‧上六‧小象〉引楚靈王、齊閔王；〈益‧六三‧小象〉引齊桓公、晉文公；〈節‧上六〉與華士、少正卯；〈雜卦傳〉之末雜引伏羲以至孔子等史事。故本文以為僅十分之一強。

干寶多引商周史事以說《易》，清張惠言《易義別錄·干氏卷序》乃大力抨擊：

> 令升之注，僅存者三十卦，而又不完。然其言文武革紂，周公攝成
> 王者，十有八焉。至于禮樂政典治亂之要，蓋未嘗及。則是以《易》
> 爲周家紀事之書，文武所以自旌其伐也。且文王作卦辭，而〈蒙〉
> 託成王遭周公，〈未濟〉託祿父不終，微子爲客。則是《易》爲讖數
> 之言，妖災之紀也。〔註13〕

張惠言的批評，正足以提示干寶注易的獨特性，「以《易》爲周家紀事之書」一語，似可視爲今日「易即古史」研究觀點的先驅，干寶本人或無此意，就現今殘存《易》注而言，其「文王困於羑里」一事，分注〈乾·初九〉、〈蹇·九五·小象〉、〈震·初九〉、〈震·六二·小象〉等，可見不以六十四卦爲歷史先後順序，然而仍舊予人「易即古史」的觀感，隱然自成系統。至於「《易》爲讖數之言，妖災之紀」的指責，乃是張惠言從「文王作卦爻辭」的觀點出發，干寶認定的卦爻辭作者，或許是周公〔註14〕，張惠言以此苛責干寶，則是各持己見而已。由此推知，干寶注《易》，曖昧於「引史證易」與「易中有史」之間，從整個《周易》古史研究的長遠源流發展來看，干寶創發甚多，惜其《易》注殘缺不全，考獻不足以信而有徵，僅此聊述之而已。

第二節　顧頡剛與《周易》古史

依據傳統古史考信於六藝的觀念，經學爲建立古代信史的唯一標準，古史辨運動正是要突破經學的樊籬，將經學納入史料的範圍，考查經學所載的眞僞，並對歷來說法進行辨正與釐清。就《周易》來說，古人以爲伏羲創畫八卦，至於重卦之人，自孔穎達《周易正義》列出四家不同主張以來〔註15〕，

〔註13〕 張惠言：《張惠言易學十書》下冊，（台北：廣文書局，1970 年），頁 1129～
　　　　1130。

〔註14〕 朱淵清：〈干寶的《周易》古史觀〉，《周易研究》2001 年第 4 期，頁 27～35。
　　　　「黃慶萱條列干寶依子夏、馬融、鄭玄、荀爽、虞翻、王肅、杜預、王弼八
　　　　家之說而立注。除黃述八家外，干寶還依宋衷、陸績等立說。」又說：「干寶
　　　　雖以大量周初史事注《周易》，但卻未明言卦辭、爻辭的作者……干寶以史注
　　　　《易》，集中的大量史實的下限是在周公、成王時期；更考慮到陸績的周公作
　　　　卦爻辭說對干寶的可能影響。因此，周公似乎更適合於干寶心目中的卦爻辭
　　　　作者。」

〔註15〕 孔穎達列出四家不同的主張：「王輔嗣等以爲伏羲重卦，鄭玄之徒以爲神農重卦，

聚訟紛紛。顧頡剛認為「一部《周易》的關鍵全在卦辭和爻辭上：沒有它們就是有了聖王畫卦和重卦也生不出多大的意義，沒有它們就是生了素王也做不成〈易傳〉。所以卦爻辭是《周易》的中心。而古今來聚訟不決的也莫過于卦爻辭。」〔註 16〕因此顧頡剛鎖定《周易》卦爻辭，欲從中考訂所蘊含的古史，將卦爻辭的時代確定後，再破壞〈易傳〉中的傳統說法。本節著重於顧氏對「易中有史」觀念的確定，至於對〈易傳〉的破壞，請參見本書第六章。

顧頡剛對「易中有史」研究路線的確定，即在於〈周易卦爻辭中的故事〉一篇，時至今日，此篇所論仍深受重視，洵為古史辨《周易》研究中最為人稱道、最具分量的著作。此篇始作於 1926 年 12 月，因時局動盪、生活不安，至 1928 年 8 月，因為編纂中山大學上古史講義，摘錄稿中要點，寫成一篇；1929 年 10 月，燕京大學開幕典禮時曾宣讀摘本，至 1929 年 12 月才發表於《燕京學報》第六期，於 1930 年 11 月修改後收入《古史辨》第三冊第一篇。著作時間雖然十分漫長，但容肇祖〈占卜的源流〉述及《周易》卦爻辭中的故事，似已見過顧頡頡之文，容氏之文發表於 1928 年 10 月，因此顧氏此文大約撰作時與友人有所討論，「這是顧頡剛學術研究中具有較高水準，同時也是當時甲骨文研究中起步較早的一篇重要論文。」〔註 17〕

針對卦爻辭，顧氏明確揭示《周易》為卜筮之書，認為其形制與現代廟中供人祈求神諭裁斷的籤訣相對應，都是人們耳熟能詳的故事，如「伍子胥吳市吹簫」，「姜太公八十遇文王」，可使求籤的人一望而知其義。「《周易》的卦爻辭的性質既等於現在的籤訣，其中也難免有這些隱語。很不幸的，古史失傳得太多了，這書裡裏引用的故事只有寫出人名地名的我們還可以尋求它的意義；至於隸事隱約的則直無從猜測了」〔註 18〕顧氏欲從《周易》中抽繹出真實的古史事件，判定《周易》的著作年代，彰顯《周易》表現出的古史觀念，目的在和〈易傳〉及後來戰國以後流傳的古史觀念相比較，兩者必然有所不同，即可還原《周易》的著作時代真實的古史觀，從而揭露後人作偽古史之事。

顧氏認為《周易》卦爻辭中可勾勒出以下五事：

孫盛以為夏禹重卦，史遷等以為文王重卦。」十三經注疏・《周易》，頁 4～5。

〔註 16〕顧頡剛：《古史辨》第三冊，〈自序〉，頁 4。

〔註 17〕吳少珉、趙金昭主編，《二十世紀疑古思潮》（北京：學苑出版社，2003 年），頁 339。

〔註 18〕《古史辨》第三冊，頁 5。

一、王亥喪牛羊于有易的故事

〈大壯・六五〉：喪羊于易，无悔

〈旅・上九〉：鳥焚其巢，旅人先笑後號咷，喪牛于易，凶

顧氏認爲這兩條爻辭，歷來解釋皆不得其要：〈小象〉釋〈大壯・六五〉：「喪羊于易，位不當也」，釋〈旅・上九〉：「喪牛于易，終莫之聞也」，皆未解出「易」之意。王弼注：「以旅處上，眾所同嫉，故喪牛於易，不在於難」，是把「易」當作「輕易」。朱熹注「『易』，容易之易，言忽然不覺其亡也；或作『疆場』之『場』，亦通，漢書食貨志『場』作『易』」。可看出朱熹雖維持王說，也疑其是地名。顧氏在此便表露出欲破壞〈易傳〉爲解《易》正統的立場。

顧頡剛能對這兩條爻辭有突破性開創詮釋，最得力於王國維的〈殷卜辭中所見先公先王考〉，從甲骨卜辭中發現漢以來史書失傳的商代先祖王亥和王恒〔註19〕，在《楚辭》、《山海經》、《竹書紀年》中考出他們的事實〔註20〕，於是這個久已失傳的故事又復顯現於世。王氏此文不僅激勵當時甲骨文研究，亦因顧頡剛參證引用，甲骨卜辭隨之導入《周易》研究。

王國維對於王亥事蹟的論斷如下：

此十二韻（按：指《楚辭・天問》）以〈大荒東經〉及郭注所引《竹書》參證之，實紀王亥、王恆及上甲微三世之事。……蓋商之先，自冥治河，王亥遷殷，已由商丘越大河而北，故游牧於有易高爽之地。服牛之利，即發見於此。有易之人乃殺王亥取服牛，所謂「胡終弊於有扈，牧夫牛羊」者也。其云「有扈牧豎，云何而逢？擊牀

〔註19〕王國維：「甲寅歲暮，上虞羅叔言參事撰《殷虛書契考釋》，始於卜辭中發見王亥之名。嗣余讀《山海經》、《竹書紀年》，乃知王亥爲殷之先公，並與《世本・作篇》之胲、《帝繫姓》之核、《楚辭・天問》之該、《呂氏春秋》之王冰、《史記・殷本紀》及〈三代世表〉之振、《漢書・古今人表》之垓，實係一人。」王國維：《觀堂集林・卷第九・史林一・殷卜辭中所見先公先王考》（石家莊：河北教育出版社，2001年），頁259～277。

〔註20〕王國維所引文獻資料，爲避免正文過長，附錄於此：「王亥託於有易，河伯僕牛。有易殺王亥，取僕牛。（《山海經・大荒東經》）殷王子亥賓於有易，而淫焉，有易之君緜臣殺而放之。是故殷主甲微假於河伯以伐有易，遂殺其君緜臣也。（郭璞《山海經》注引眞本《竹書紀年》）該秉季德，厥父是臧；故終弊於有扈，牧夫牛羊？干協時舞，何以懷之？平脅曼膚，何以肥之？有扈牧豎，云何而逢？擊牀先出，其命何從？恒秉季德，焉得夫朴牛？何往營班祿，不但還來？昏微遵跡，有狄不寧，何繁鳥萃棘，負子肆情？（楚辭天問）」

先出，其命何從」者，似記王亥被殺之事。其云「恒秉季德，焉得
夫朴牛」者，恆蓋該弟，與該同秉季德，復得該所失服牛也。所云
「昏微遵跡，有狄不寧」者，謂上甲微能率循其先人之跡，有易與
之有殺父之讎，故為之不寧也。〔註21〕

　　王亥的事蹟正可驗證〈大壯〉和〈旅〉的爻辭意涵。「易」，指的是「有
易」國。「旅人」，便是託於有易的王亥。「喪羊」和「喪牛」，便是「胡終弊
於有扈，牧夫牛羊」，也即是「有易殺王亥，取僕牛」。〈旅・上九〉所說的「鳥
焚其巢，旅人先笑後號咷」，便是「干協時舞，何以懷之？平脅曼膚，何以肥
之？有扈牧豎，云何而逢？擊牀先出，其命何從？」也即是「殷王子亥賓於
有易而淫焉，有易之君緜臣殺而放之。」顧頡剛認為，「先笑後號咷」大約是
指王亥初到有易的時候曾經過著很安樂的日子，後來家破人亡。「如果爻辭的
作者加上『无悔』和『凶』對於本項故事為有意義的，那麼可以說王亥在喪
羊時尚無大損失，直到喪牛時纔碰著危險。」〔註22〕

　　其後顧頡剛仍舊進行對王亥的研究，《顧頡剛學術文化隨筆》載有二條筆
記：一條題名為〈甲骨文中之王亥〉〔註23〕，另一條題為〈山海經賴汲冢書
而傳〉，後者說到：「李學勤君告我，甲骨文王亥，亥字作𩾋，足證《海經》『操
鳥』之說。按，此即商為鳥圖騰之證也。」〔註24〕

　　李學勤對於〈旅・上九〉：「鳥焚其巢」一句，亦有所補充。

　　　　辭中所說「鳥焚其巢」，恐怕不是簡單的比喻，因為鳥的構巢是長期
　　　　居住的地方，並不是旅次。這裡講的，疑與王亥的史事直接有關。《山
　　　　海經》云，王亥兩手操鳥，方食其頭，也應和這裡的鳥有關。甲骨
　　　　文的王亥的「亥」，有時也寫成從「鳥」或「隹」（短尾鳥），陳夢家
　　　　先生以為「說明了王亥與鳥的關係，其說甚是。例如《殷契佚存》
　　　　888：「辛巳卜貞、王亥、⽥即于河。」亥字就是從隹的。〔註25〕

　　自王國維啟其端、顧頡剛承其緒，王亥的事跡已被公認為史實，1933 年，
吳其昌曾指出，對於殷人先公王亥的研究，王國維與顧頡剛二人同具重要作

〔註21〕 王國維：《觀堂集林・卷第九・史林一・殷卜辭中所見先公先王考》（石家莊：
　　　　河北教育出版社，2001 年），頁 266～267。
〔註22〕 《古史辨》第三冊，頁 8。
〔註23〕 顧洪編：《顧頡剛學術文化隨筆》（北京：中國青年出版社，1998 年），頁 42。
〔註24〕 同上，頁 216。
〔註25〕 李學勤：《周易溯源》（成都，巴蜀書社，2006 年），頁 6。

用：「先師王先生原考中關於王亥一節已臻盡善盡美，吾友顧頡剛先生又於《易》爻辭中，捃拾已佚史料兩條以補充之……王亥故事，至先師暨顧頡剛先生，而闡發詳盡，可謂無遺憾矣。」〔註26〕可以想見，本文對古史建立的貢獻甚鉅。

二、高宗伐鬼方的故事

〈既濟・九三〉：高宗伐鬼方，三年克之，小人弗用

〈未濟・九四〉：震用伐鬼方，三年有賞于大國〔註27〕

顧氏認爲今本《竹書紀年》於武丁三十二年書「伐鬼方，次於荊」，於三十四年書「王師克鬼方，氐羌來賓」，是混合《周易》的「三年克之」和〈商頌・殷武〉的「撻彼殷武，奮伐荊楚，……自彼氐羌，莫敢不來享」的話而杜撰的。〈商頌〉應是正考父作於宋襄公之世，和殷高宗無關。且今本《竹書紀年》將之訂於三十二年到三十四年，滿足三年之數，亦是拘泥文字。《周易》中的數目字，常以「三」爲較多之數，「十」爲甚多之數，是約舉之辭。這是表明，古史有因誤解《周易》而假造者。

就目前已出土的甲骨卜辭來看，只有武丁的卜辭和「周」有較多關係〔註28〕，雖然學者對於此甲骨卜辭中的「周」所稱爲何尚有爭議，但應還是傾向於指「姬周」。〔註29〕「武丁之後，周人臣服於商」〔註30〕，因此在周人的《易經》中

〔註26〕 吳其昌：〈卜辭所見殷先公先王王續考〉，《古史辨》第七冊，頁354。

〔註27〕 此爻或有他解。平心認爲「有易」屬鬼方，而「震」即王亥，「三年有賞于大國」當爲「三年有商爲大國」，指王亥、上甲微父子征伐鬼方多年，終於使商成爲一個大國。見平心：〈周易史事索隱〉，《歷史研究》1963年第1期，頁140～160。馬王堆帛書此爻作「辰用伐鬼方三年有商于大國」似乎可爲其證。然而鄧柏球釋爲「動用大軍征伐鬼方達三年之久，大大地傷害了商朝大國的實力」。見鄧柏球：《帛書周易校釋（增訂本）》（長沙：湖南出版社，1996年），頁307。李鏡池則認爲此爻和〈既濟〉的「高宗伐鬼方」是同一件事，只是〈既濟〉從殷人說，〈未濟〉從周人說。見李鏡池：《周易通義》（北京：中華書局，1981年），頁127。平心之說，筆者以爲較不可從，即便王亥對建商有貢獻、建商之事與周民族似無太大關係，似無入《周易》卦爻辭之理，更因爲鬼方之地依王國維所據《竹書紀年》，尚在岐周之西，而有易之地，或在河北，若以王亥之事與鬼方有關，似乎未有明證。

〔註28〕 「卜辭中有關周族的紀錄，大多在武丁之世，陳夢家即列出了十六條之多……武丁以後的卜辭，即不再有關於周人的記載（陳夢家，1956：291～292）」許倬雲：《西周史》（台北：聯經出版社，1990年），頁43。

〔註29〕 「從武丁多次調動相當多的兵力征伐周國來看，當時周國已較強大，當即姬

見到「高宗伐鬼方」的記載，不是太奇怪的事。而且早期周人和商的交流情形在文獻中幾乎付之闕如〔註31〕，更顯出這條爻辭記載年代之早，這一點應予以強調。

　　顧頡剛未能全解此二爻辭，提出疑問：「〈未濟〉爻辭的『有賞於大國』是怎麼一回事呢？均以故事早已失傳，現在無從知道。」〔註32〕楊寬徵引徐中舒的說法，有了進一步解釋：

> 《古本竹書紀年》載：「武乙三十五年周王季伐西落鬼戎，俘二十翟王。」（後漢書・西羌傳注引）。所俘的翟王多到二十個，說明其部落之多。季歷這次征伐鬼方得勝的事，《易》爻辭也述及。《易・未濟・九四》：「震用伐鬼方，三年有賞于大國」。這條記載，過去許多人誤以爲就是「高宗伐鬼方」的事，其實不然。徐中舒說：「震有震驚震恐之意。」並且說：《古本竹書紀年》所載王季伐西落鬼戎，「疑此與易爻辭所記震用伐鬼方者，當爲一事」（〈殷周之際史迹之檢討〉，刊 1939〔註33〕年《歷史語言研究所集刊》第七本第二分冊）〔註34〕

　　〈既濟〉記錄殷高宗武丁伐鬼方，〈未濟〉則載與武乙時的季歷伐鬼方之事，兩者年代相距甚遠，但此二商王都和周人有密切關係，武丁伐鬼方時，周人是否則曾經涉入，不得而知，然而《周易》經文時代之早，確然可鑑。

姓的周國，不可能另外有個周國。」楊寬：《西周史》（上海：人民出版社，1999 年），頁 39。

〔註30〕殷墟卜辭中，武丁之世有不少「璞伐」周人的記載，除了戰事紀錄外，武丁時代的卜辭也有「令周」及周人有無獵獲的占卜，有時稱爲「周侯」。似乎在武丁之時，商人頗用武力，卒使周人順服，並予以封爵。見許倬雲：《西周史》（台北：聯經，1990 年），頁 63～64。

〔註31〕「周人在武丁時進入商人的文化圈與勢力圈，也是可能的事。事實上，在卜辭中有關周人的紀錄，已稱爲周侯（島邦男，1958：406～409）。武丁到廩辛之世，有將近一百年的時間。這一段時間，周人的祖先在何處落足，頗難考定。」許倬雲：《西周史》（台北：聯經出版社，1990 年），頁 44。李鏡池認爲「高宗武丁，從帝辛上數，不過六世，相差不很遠。以公元推算，約當西元前一二九二年，下距商紂之亡，約一百七十年，時亶父遷岐已三十五年了。」（李鏡池：《周易探源》（北京：中華書局，1978 年），頁 94。）楊寬《西周史》則言「公亶父遷居周原是在武丁以後第五個王（共三世）武乙時」（頁 39）。

〔註32〕《古史辨》第三冊，頁 11。

〔註33〕按：當爲 1936 年。

〔註34〕楊寬：《西周史》（上海：人民出版社，1999 年）頁 65。

三、帝乙歸妹的故事

帝乙歸妹的故事見於〈泰〉和〈歸妹〉兩卦：

〈泰·六五〉：帝乙歸妹，以祉，元吉。

〈歸妹·六五〉：帝乙歸妹，其君之袂不如其娣之袂良，月幾望，吉

顧頡剛在此溝通《詩經》與《周易》間的史料，認為可以從《詩·大明》篇中找出相關的線索：

> 摯仲氏任，自彼殷商，來嫁于周，曰嬪于京。乃及王季，維德之行。太任有身，生此文王……文王初載，天作之合，在洽之陽，在渭之涘。文王嘉止，大邦有子。大邦有子，俔天之妹。文定厥祥，親迎于渭。造舟爲梁，不顯其光。有命自天，命此文王，于周于京。纘女維莘，長子維行；篤生武王。保右命爾，燮伐大商。

這是說王季之妃太任由殷商娶來，她是文王的母親；又說文王娶妻的情形，武王之母太姒是莘國之女。前代學者皆以莘國之女即大邦之子，爲文王所親迎的，但顧頡剛認爲大邦之子指的是殷商王族之女，而莘國之女則是續娶，爲武王之母。舉證的重點是：

首先，「大邦」應該指殷商，而周則自稱「小邦」，於莘國應不必如此尊崇。文王與帝乙及紂同時，恰合爻辭「帝乙歸妹」。王季和文王同樣娶於東方，〈大明〉篇中對於文王的婚禮獨寫得隆重，應是王族之女方有如此榮耀。若「帝乙歸妹」與周人毫無關係，兩見於《周易》爻辭並不合理。

其次，纘者，繼也。太姒若爲文王的元配，說「繼」並不合理。經師迂曲解爲「太姒繼續了太任的女事」，如果直講爲繼配，則大邦之子或死或大歸，而後文王續娶于莘，遂生武王，文義便毫無扞格。

顧頡剛認爲帝乙歸妹與周文王的目標在於攏絡日漸強大的周國，「周本是專與姜姓通婚姻的，而在這一段『翦商』的期間卻常娶東方民族的女子了。這在商是不得已的親善，而在周則以西夷高攀諸夏，正是他們民族沾沾自喜之事呢。」〔註35〕

顧頡剛曾說：「我們先把書籍上的材料考明，徐待考古學上的發見，這不是應當有的事情嗎？」〔註36〕這句話用來說明這一考核的貢獻，頗爲適切。

〔註35〕《古史辨》第三冊，頁14。
〔註36〕顧頡剛：《古史辨》第二冊，〈自序〉，頁5。

　　1977 年，陝西岐山縣鳳雛村出土的周原甲骨，文王時期的刻辭有祭祀成湯、太甲、天戊等殷先王，而且有文丁神宮、帝乙宗廟。這批甲骨究竟屬於殷人或周人，引發學者種種討論。文丁乃殺害周文王父親季歷的仇人，祭祀之甚不合理；帝乙又無顯赫功績，不知祭之何意。然而主張周原甲骨應屬於周人者，大多引述顧頡剛所證「帝乙歸妹於文王」一事，加以申論：

> 周人將帝乙列入祀典，有點奇怪。帝乙的功烈不能與上述幾位商室祖先相比。惟帝乙是帝辛的父親，與文王同時。祭文武帝乙的記載也許是文王時的卜辭。文王祭祀新故的封主君王，也未必不可能。《詩經‧大明》……這一段文王娶於「商」（大邦）的事，顧頡剛以即是《周易》卦爻辭的「帝乙歸妹」的故事（傅斯年，1952 卷 4, 222）。此說如果確實，帝乙與周人關係異常密切，周人求他庇佑，自然也很可能。商周關係，遂同甥舅。〔註37〕

> 我們利用季歷、文王與商人王族通婚的關係，解決了周原甲骨刻辭中聚訟不已的屬性問題：這些周原甲骨確是周人的。從母系看，商族先祖也是周人的先祖，是周文王的外祖父、岳父等先祖。文王、武王也是商族先王——「上帝」的后裔，與商王族王室有血緣關係，因此也可以在岐周建立文丁神宮與帝乙宗廟。這樣就可以揭示一個周人革命的大祕密：周文王代暴虐的紂王而興只是「帝改厥元子」的結果。〔註38〕

這兩種觀點不盡相同，周原甲骨究竟屬商屬周？尚待進一步發現，然而就此可以得見顧頡剛此一論證，確實給後來的學者許多啟發。

四、箕子明夷的故事

　　顧頡剛藉由肯定「箕子之明夷」的「箕子」，乃商人箕子，以否定文王作卦爻辭的傳說。關於〈明夷‧六五〉：「箕子之明夷，利貞」這條爻辭，歷來易學家常解「箕子」二字不是人名。如《漢書‧儒林傳》記載，蜀人趙賓訓「箕」為「荄」，詁「子」為「茲」。惠棟《周易述》訓「箕」為「亥」，以「箕子」二字為十二辰之名。焦循《易通釋》以「箕子」，即「其子」。都是因為〈繫辭〉：「易之興也，其當殷之末世、周之盛德邪？當文王與紂之事邪」。

〔註37〕許倬雲：《西周史》（台北：聯經出版社，第三版 1990），頁 64。
〔註38〕王暉：《商周文化比較研究》（北京：人民出版社，2000 年），頁 284。

卦爻辭的作者若定爲文王，箕子明夷的事卻在武王之世，以故有種種解說。但較早的〈象〉：「內文明而外柔順，以蒙大難，文王以之。……內難而能正其志，箕子以之。」已將文王和箕子對舉。這至少可以證明在作〈象傳〉的時候，《周易》的本子上已寫作「箕子」，解作箕子。

五、康侯用錫馬蕃庶的故事

另一個證明卦爻辭非文王所作的證據，是康侯的故事：

〈晉〉卦辭：康侯用錫馬蕃庶，晝日三接。

顧頡剛認爲康侯，即衛康叔：因爲他封於康，故曰「康侯」，但以往都不這麼解，王弼和孔穎達都說「康，美之名也。」孔更說，「侯，謂昇進之臣也」。至朱熹則直云「康侯，安國之侯也。」「康叔」一名，《書》上屢屢說到，而「康侯」之名則但見於彝器中，故於此兩名有生熟的不同。〔註 39〕顧頡剛引用清代劉心源《奇觚室吉金文述》對康侯鼎的銘辭「康侯丰作寶尊」的考證，說明康叔在未徙衛的時候是稱康侯的。

顧頡剛認爲《康誥》篇首有一段錯簡說周公作洛邑，於是康叔的監殷移到了成王時去。「王若曰：孟侯，朕其弟，小子封」一句話，除了武王具備說這話的資格之外再沒有第二人。不過也有學者認爲「《康誥》的王，也無疑是周公。《康誥》既說：『周公咸勤，乃洪大誥治』，接著就是『王若曰：孟侯，朕其弟，小子封，惟乃丕顯考文王』。又說：『乃寡兄勖，肆女小子封在滋東土。』這樣把康叔封稱爲『弟』，把武王稱爲『寡兄』，只能出於周公之口」。〔註40〕但這又涉及到周公是否曾經稱王的問題，此非本文重點，故略而不論。但總之，康侯指的是康叔是肯定的。〔註41〕

〔註39〕李學勤也說：「『康侯』的本義，是由與金文的比較而得確定的。《三代吉金文存》3，3，4 方鼎，現在台灣故宮博物院，作器者名『康侯丰』，即文獻中的康叔封。1931 年在河南浚縣辛村發現的簋，銘文有：『王來伐商邑，誕命康侯鄙于衛…』『鄙』訓爲『國』，與康叔受封於衛也是相符的。……在文獻中屢見康叔、衛叔、衛侯等稱，除《周易》外沒有稱『康侯』的，可見『康侯』一詞的意義久已湮沒。」李學勤：《周易溯源》（成都，巴蜀書社，2006 年），頁 17。

〔註40〕楊寬：《西周史》（上海：人民出版社，1999 年）頁 140。

〔註41〕平心的〈周易史事索隱〉認爲康侯指的是唐叔虞，此爻說的是「晉的開國祖唐叔虞征用狄馬，動員蕃族的軍隊，征伐畔周的唐人，在極短期間獲得了很多勝利」。張立文的《周易帛書今注今譯》則認爲是康侯參加由周公旦所率領的，平定蔡叔、管叔聯合殷遺民武庚、祿義的反叛戰爭。黃忠天認爲平心之

至於康侯用錫馬蕃庶的故事久已失傳，顧頡剛認爲難以詳考，李學勤對於此有進一步說明：

> 不過周人重視馬政，在金文中已有證據可尋。1955 年在陝西眉縣李家村出土的駒尊，係西周中期器，銘文記「執駒」之禮，有不少學者作過討論。近年，在陝西長安灃西又出土銘文內容類似的青銅器，張長壽先生作了很好研究，指出與《史紀‧秦本紀》所載周孝王使秦的祖先非子「主馬於汧、渭之間，馬大蕃息」可以互相印證。康侯用錫馬蕃庶，應爲將周王所賜良馬作爲種馬，也是馬政的一端。〔註42〕

顧頡剛早年的風格向來是破多於立，本文除了以上五事建立眞古史之外，亦質疑歷來說法，如：

> 〈升‧六四〉：王用亨于岐山，吉，无咎。
>
> 〈隨‧上六〉：拘係之，乃從維之，王用亨于西山。
>
> 〈既濟‧九五〉：東鄰殺牛，不如西鄰之禴祭，實受其福。

以上三爻向來被認爲和文王的事蹟有關，顧頡剛認爲未必如此：前二爻以古時諸侯稱王並非不可，非待克殷之後方稱王，不欲將周易中的「王」都解成文王〔註43〕；後一爻則以東西二國接鄰皆可言之，不需必指商周，故書之以誌疑。這表明顧頡剛並不把《周易》卦爻辭視爲周人占筮結果的編纂集成，而認爲是運用當時流傳的「故事」作成的，這和李鏡池後來的研究方向並不同。

顧頡剛勾沉《周易》中隱沒的故事，能明確建立信史，實屬難得的貢獻，對「易中有史」的研究道路有不可磨滅的開創之功，顧氏編次《周易》研究篇目時標明：「以性質屬於破壞的居前，屬於建設的居後。」〔註44〕又曾說「我們所以有破壞，正因求建設。破壞和建設，只是一事的兩面，不是根本的歧

說頗有疑點，在解說〈晉〉卦卦辭上，仍以承襲顧頡剛而加以補充修訂的張立文之說爲可信。見黃忠天：《宋代史事易學研究‧附錄：周易與上古史的關係》（高雄師大國文研究所博士論文，1994 年），頁 443～474。

〔註42〕 李學勤：《周易溯源》（成都，巴蜀書社，2006 年），頁 18。

〔註43〕 顧頡剛認爲：「周之居岐，從古公亶父起，到文王時已好幾代了。周之稱王，從太王起，到文王時已三傳了。這條爻辭只可證明周王有祭于岐山的事，至於哪一個周王去祭，或是每一個周王都應去祭，這一條爻辭是說的一件故事，或是說的一個典禮，我們都無從知道。」《古史辨》第三冊，頁 20。

〔註44〕 《古史辨》第三冊，〈自序〉，頁 1。

異。」〔註45〕就居第三冊首篇的〈周易卦爻辭中的故事〉，確實同時達成破壞與建設的目的，也是顧氏個人早期非常傑出的作品，學者對其學術成就稱譽頗多，即近年提倡「走出疑古時代」的李學勤，亦予以肯定：

> 顧頡剛先生作〈周易卦爻辭中的故事〉，詳細考述了《易經》王亥喪牛於于易，高宗伐鬼方，帝乙歸妹，箕子之明夷，康侯用錫馬蕃庶等事迹，推定經文卦爻辭「著作年代當在西周初葉」。顧氏此文徵引宏博，論證詳密，為學者所遵信，可以說基本確定了《周易》卦爻辭年代的範圍，是極有貢獻的。後來有些論著沿著顧文的方向有所補充，但其結論終不能超過顧先生的論斷。〔註46〕

顧頡剛作〈周易卦爻辭中的故事〉原本具有「破壞」目的，欲說明《易經》與〈易傳〉為完全不同的兩種書，〈易傳〉晚出，並且對《周易》的詮解有甚不妥之處。不過顧氏此文卻難得的產生了建設的作用：

> 顧頡剛闡述了許多偽材料置之於偽作的時代仍是絕好史料的「移置說」。所說「移置」主要是通過挖掘其中的後世羼雜的部分而將這些經典「時代移後」，但是對待《易經》問題上，顧頡剛的態度則是將這部書「移前」，上推到了西周的初葉。按照「東周以前無史」的標準，這是很特殊的。因而此文雖然做的是反題，結果卻包含了積極肯定的一面。〔註47〕

顧頡剛曾經說過，「東周以前無史」，其實意思是「東周以前無信史」，然而本文卻考出了信史，因此就顧氏的大概念來說，本文確實是「移前」了。但是若依《周易》卦爻辭傳統說法作者是文王而言，顧氏一文還是將之稍稍移後，定為周初的巫史所編。

顧頡剛此文系統性考核《周易》卦爻辭信史，在稱賞其成就的同時，應回過頭來問，這五件事和《周易》的關係何在？它暗示著《周易》表現出怎樣的性質？若我們認同李鏡池的看法，把《周易》視為周民族所專有的卜筮之書，甚至是其筮辭的集成，則高宗伐鬼方一事，我們可找到當時周民族確實和殷商有密切往來的卜辭證據，則其事入於卦爻辭可稱合理。帝乙歸妹、箕子明夷、康侯用錫馬蕃庶都是商末周初之事，和周民族的關係也都能從上

〔註45〕顧頡剛：《古史辨》第四冊，〈自序〉，頁19。
〔註46〕李學勤：《周易溯源》（成都，巴蜀書社，2006年），頁2。
〔註47〕吳少珉、趙金昭主編，《二十世紀疑古思潮》（北京：學苑出版社，2003年），頁306～307。

文推論得知。惟獨王亥喪牛羊于有易一事，和周民族有何關係卻難以直接闡明，而且和其他故事不同的是，王亥之名並未出現在卦爻辭之中。李鏡池因此認為，「易」即是「狄」，是鬼方之一族。喪羊牛于易，以屬於周人之故事為當，不必附會於王亥。〔註48〕若以《周易》一書實為周民族所專有的觀點來看，筆者大膽假設，王亥因有服牛之功，其事流傳於畜牧社會之中，然久則湮沒其名，周民族在不窋之後亦曾奔於戎狄，過了一段畜牧生活，而《周易》中卦爻辭所反應的，亦多畜牧漁獵之事，因此，商先祖王亥之事若隨畜牧生活的影響，進入卦爻辭，是有可能的，而且〈大壯‧六五〉：「喪羊于易」能叶於韻，而〈旅‧上九〉：「喪牛于易」卻不叶於韻〔註49〕，這是否表示前者屬於歌謠而後者屬於後加的記事？筆者未能論定，聊存之以待方家斧正。

第三節　余永梁與《周易》古社會史

　　余永梁的〈易卦爻辭的時代及其作者〉，發表於1928年10月中央研究院歷史語言研究所集刊第一本，收入《古史辨》第三冊上編。其中「從史實上證卦爻辭為周初作」一節，提出「易不是史書，然而無論那一種書，必不免帶有時代的背景，只有成分多少的差別。把易卦爻辭作歷史的考查，不能算全無所得」、「卦爻辭本是日常所用，故取日常之事」〔註50〕正把《周易》卦爻辭視為上古民俗史料，以考究其風俗制度，同時也認為其中載有史實。

　　就風俗制度而言，余氏提出四點說明：

一、掠婚

　　余氏認為〈屯〉卦表現當時掠婚的情狀，如六二：「屯如邅如，乘馬班如，匪寇婚媾。女子貞不字，十年乃字。」六三：「即鹿無虞，惟入于林中，君子幾不入舍往，吝。」六四：「乘馬班如，求婚媾，往吉，无不利。」上六：「乘馬班如，泣血漣如。」。又引〈睽‧上九〉：「睽孤，見豕負塗，載鬼一車，先張之弧，後說之弧，匪寇婚媾，往遇雨，則吉」，認為也是掠婚的情形。

　　余氏以為：「掠奪婚姻在社會進化史上的篇幅，很明白的；就是中國西南

〔註48〕見1947年〈周易筮辭續考〉，收於李鏡池：《周易探源》（北京：中華書局，1978年），頁97。
〔註49〕見黃玉順：《易經古歌考釋》（四川：巴蜀，1995年），頁162、257。
〔註50〕《古史辨》第三冊，頁157。

民族如猺、獞、苗等，都　還有這種遺風。雖然商周距今幾千年，然而在社會進化上，這種民族還與周時的文化在一條線上。」〔註51〕又舉《東川府志》所載爨蠻的婚俗爲例證。不過有許多學者不認爲這屬於掠婚之俗。〔註52〕

二、臣妾

余氏說明奴隸制度在卜辭中很常見，奴隸的來源有二：一爲對外獲得的俘虜，一爲對內有罪的百姓，而「臣」最初的意義當是對外族而言〔註53〕，〈微子〉：「我罔爲臣僕」、〈禮記・少儀〉：「臣則左之」皆是其義。〈遯・九三〉：「畜臣妾」，〈損・上九〉：「得臣无家」正可與盂鼎「錫汝臣十家」互證。

余氏以爲「臣有家竟與後來的部曲舉家相從同，大約是當時奴隸成一種階級，爲主人統治而作種種生產的勞動。這在後來少見，而臣的意義轉爲『君臣』之臣。」〔註54〕

三、用貝

余氏說明最古的貨幣制度是珠、玉、貝一類，殷墟亦有骨貨。就文獻來看，〈盤庚〉：「具乃貝玉」、〈世俘解〉：「凡武王俘商舊玉億有百萬」，是商用貝玉的記載。周初用貝的情形，則可從公中彝「貝五朋」、撫叔敦蓋「貝十朋」查見。〔註55〕〈震・六二〉：「震來厲，億！喪貝，躋于九陵，勿逐，七日得」正是言貝。〈損〉〈益〉二卦的「或益之十朋之龜」亦用「十朋」這東周前的常語。

〔註51〕同上，頁158。

〔註52〕如聞一多認爲「婚媾」爲今「親戚」之意，「匪寇婚媾」猶言「其親非仇」，「舊謂婚媾爲嫁娶，寇爲劫掠，省動詞，近人遂據以說爲搶婚之俗，疏矣。」氏著《周易與莊子研究》（成都：巴；蜀書社，2002年），頁29。又黃慶萱亦不以爲掠婚，見氏著《周易讀本》（台北：三民書局，1980年），頁77。

〔註53〕卜辭中「臣」之意，現今學者和余氏認知或有不同。「商代的臣是一種較官的官名，和侯或伯一樣。卜辭常在臣這一官名之下記其私名，如「臣沚」、「臣舌」。卜辭無大臣，只有小臣。可見，甲骨文的小臣與後世之小臣不同。從卜辭來看，商代的小臣，有的地位很高，僅次於王，近似於後代之大臣。商代各方國也有小臣，有的地位也僅次於方國的首領。」見趙誠：《甲骨文簡明詞典——卜辭分類讀本》（北京：中華書局，1988年），頁59。

〔註54〕《古史辨》第三冊，頁159。

〔註55〕公中彝不知所指爲何，然周初金文中言「貝五朋」者，可見小臣蘆鼎、遣卣等。撫叔敦蓋疑指西周晚期的戜叔殷蓋。見中研院殷周青銅器資料庫。

四、禮制

余氏引張惠言《虞氏易禮》之辨明周制，如〈益〉：「王用亨於帝吉」爲郊祀禮。他如喪禮，聘禮、朝禮、賓禮、時祭、宗廟，均足參知爲周代禮俗。余氏認爲又能明宗法制度，如〈同人・六二〉：「同人於宗」即是。又〈鼎・初六〉：「得妾以其子无咎」是周長子雖卒，不立嫡孫之制；〈鼎・九二〉：「鼎有食，我仇有疾，不能我即」是周妾子爲君，不得尊其母之制。

余永梁也認爲《周易》卦辭中載有史事，其說和顧頡剛或有不同，他認爲有四事是卜官記文王之事，分別爲：一、「帝乙歸妹」乃指商王帝乙嫁女與文王。二、「王用亨于西山」是指文王享於岐山之事。三、「震驚百里，不喪匕鬯」是文王開國。四、「東鄰殺牛，不如西鄰之禴祭，實受其福」，正是指紂不能修德。又認爲以卜官語氣而知其爲周初事的有五事：

一、〈師・上六〉：「大君有命，開國承家，小人勿用」，與〈書・無逸〉周公戒用小人的意思全同，大君疑是周公。〔註56〕

二、〈蠱・上九〉：「不事王侯，高尚其事」，疑伯夷叔齊不仕的事。

三、〈明夷・六五〉：「箕子之明夷，利貞」，當從〈象〉傳與文王對舉之箕子。

四、〈觀〉卦的「觀我生」〔註57〕，生當作「姓」解，宗周之制。

五、〈屯〉卦辭：「勿用有攸往，利建侯」，則是卜官卜建侯之事。武王滅商後才大封宗族、功臣、謀士。成王時也有，成王以後就少見，故可說這是周初封建的事。〔註58〕

〔註56〕《周書・無逸》中，以周公口吻告誡嗣王不可逸樂，當知民眾之痛。文中的「小人」，多指民眾，「相小人，厥父母勤勞稼穡，厥子乃不知稼穡之艱難，乃逸、乃諺、既誕。」亦有指年幼之人，如「其在祖甲，不義惟王，舊爲小人。作其即位，爰知小人之依。」見屈萬里：《尚書集釋》（台北：聯經出版社，1983年），頁197～202。余永梁所謂「戒用小人」之意，不知從何而來。按今《尚書》中所言「小人」，除〈無逸〉外，尚有〈盤庚〉：「無或敢伏小人之攸箴」（同前，頁83）、〈康誥〉：「小人難保；往盡乃心，無康好逸豫」（同前，頁148）、〈旅獒〉：「狎侮君子，罔以盡人心；狎侮小人，罔以盡其力。」（同前，頁322）、〈大禹謨〉：「君子在野，小人在位，民棄不保，天降之咎」（同前，頁309）。前兩篇「小人」皆意指「民眾」，後兩篇屬僞古文尚書，然〈旅獒〉所指仍爲「民眾」，〈大禹謨〉之句乃襲用《詩經・小雅・隰桑》序之句，雖應解爲德鄙之人，可見時代之後。

〔註57〕〈觀〉卦六三：「觀我生，進退。」九五：「觀我生，君子無咎。」上九：「觀其生，君子無咎。」

〔註58〕顧頡剛在〈周易卦爻辭中的故事〉亦說：「《周易》中，〈屯〉言『利建侯』者

余永梁在《周易》史實考究上的成就,顯然不及於顧頡剛析論入理,然而從風俗制度的角度思考《周易》中所蘊含的民俗史料,又舉邊疆民族生活以證,這也顯示出民俗學對古史辨《周易》研究的影響。同時期郭沫若的〈周易的時代背景與精神生產〉一文,創獲更大〔註59〕,其中亦談及卦爻辭的史事〔註60〕,郭文影響重大之處,更在於對將《周易》卦爻辭內容,以社會生活史料的觀點剖析,分爲「生活的基礎」、「社會的結構」、「精神的生產」三大節論述之〔註61〕,更加強調卦爻辭的社會文化面向:

> 這些文句除強半是極抽象、極簡單的觀念文字之外,大抵是一些現實社會的生活。這些生活在當時一定是現存著的。所以如果把這些表示現實生活的文句分門別類地劃分出它們的主從出來,我們可以得到當時的一個社會生活的狀況和一切精神生產的模型。讓《易經》自己來講《易經》,揭去後人所加上的一切神祕的衣裳,我們可以看出那是怎樣的一個原始人在作裸體跳舞。〔註62〕

二,〈豫〉言『利建侯』者一,〈師‧上六〉言『大君有命:開國承家,小人弗用』,足徵作《周易》卦爻辭之時,封建親戚以爲王屏藩者已多。倘卦爻辭爲文王作而文王時尚無封建之制,則自不當有此等言語。」(《古史辨》第三冊,頁 18~19。)顧頡剛亦已注意到這幾個卦爻辭和周初封建制度之間的關係。

〔註59〕此文原載於《東方雜誌》25 卷 21、22 號(1928 年 11 月),原題爲〈周易的時代背景與精神生產〉,郭沫若以杜衎的筆名發表,其後改題爲〈周易時代的社會生活〉,並以此名收入文集之中,較爲通行。本文引自蔡尚思主編:《十家論易》(上海:上海人民出版社,2006 年),頁 5~29。關於本文的年代,許多引用者皆標明爲作於 1927 年,如楊慶中:〈二十世紀中國易學史〉(北京:人民出版社,2000 年),頁 99;蔡尚思的〈郭沫若周易論著序〉見蔡尚思主編:《十家論易》(上海:上海人民出版社,2006 年),頁 2。不知所據爲何?如果誠爲 1927 年,不僅早於余永梁之文,更早於顧頡剛 1928 年 8 月摘要編入中山大學上古史講義的〈周易卦爻辭中的故事〉。

〔註60〕認爲有四件史實:「帝乙歸妹」、「高宗伐鬼方」、「王用亨于岐山」、「箕子之明夷」,不過寥寥數語述之而已,並非此文重點。

〔註61〕「生活的基礎」分爲「漁獵」、「牧畜」、「商旅(交通)」、「耕種」、「工藝(器用)」五類。「社會的結構」分爲一、「家族關係」(男子出嫁、女酋長的存在);二、「政治組織」(天子、王公——大君——國君、侯、武人——師、臣官、史巫);三、「行政事項」(享祀、戰爭、賞罰);四、階級。「精神的生產」則從「宗教」、「藝術」、「思想」三方面論述,從架構就可以明確看出郭沫若此文,比之余永梁,對《周易》與社會史料的關係闡明,更有企圖心。

〔註62〕郭沫若:〈周易時代的社會生活〉,蔡尚思主編:《十家論易》(上海:上海人民出版社,2006 年),頁 9。

雖然郭沫若屬史觀學派，和古史辨學者並不同路，而且此文的正確性和影響力並受褒貶〔註63〕，然而以社會生活的層面探討《周易》，又是不約而同。其後1941年聞一多的《周易義證類纂》，開宗明義寫道：

> 以鈎稽古代社會史料之目的解《周易》，不主象數，不涉義理，計可補苴舊注者百數十事。刪汰蕪雜，僅得九十。即依社會史料性質，分類錄出，幸並世通人匡其不逮云。〔註64〕

這也是明顯把《周易》當成古代社會史料的作法，在當時已蔚然成風。古史辨意欲拉下《周易》神聖地位，還原其史料面貌，於探究《周易》卦爻辭所反映的上古社會生活型態這一區塊，古史辨學者雖未能在學術上著成較有系統的論述，但至少尚未缺席。

第四節　李鏡池與《周易》古史

李鏡池是顧頡剛的弟子，也是古史辨學者中，唯一終身致力於易學研究者，其研學論述曾有轉折，早年持論或有修訂，今乃就相關著作以述，其個人轉變或可象徵《周易》古史研究的重大轉變，即由「易中有史」轉向「易即古史」。

一、〈周易筮辭考〉中的「易中有史」

李鏡池作1930年12月的《周易筮辭考》，「貞問及其範圍」一節，從社會史料的觀點看《周易》卦爻辭中出現的人物，簡單列出人物表後，下了斷語「可見當時用筮占的人實在很多；從貴族階級以至平民社會，都要靠這『神物』來指導他們生活的途徑。」〔註65〕

〔註63〕詳見魏曉麗：〈成就與不足——淺議郭沫若的《周易》研究〉，《史學研究》2002年第2期，頁28～32。

〔註64〕聞一多著，李定凱編校：聞一多學術文鈔，《周易與莊子研究》（成都：巴蜀書社，2002年），頁1。

〔註65〕見《古史辨》第三冊，頁205。筆者於此心中有疑，根據文獻記載，上古有顓頊絕地天通的傳言，人神分界，巫卜有司，占筮是否人人皆可自行施用？若然，則占筮記錄何從一致？若否，占筮乃專權於卜官，從「王」一至於「小人」，尊卑差異何等之大，其間又有「侯」、「大人」、「君子」、「武人」等等，何以並入卦爻辭之中？除非當時社會分化尚未鮮明，自王以至於小人皆同卜官，是以《周易》成書時能同入卦爻辭。然不敢妄自臆斷，故簡記於此，以求指正。

在《周易》屬「眾人皆知皆用」的認知基礎上，將卦爻辭所述當時生活情狀，概括分爲十二類：一、行旅。二、戰爭。三、享祀。四、飲食。五、漁獵。六、牧畜。七、農業。八、婚媾。九、居處及家庭生活。十、婦女孕育。十一、疾病。十二、賞罰訟獄。李鏡池認爲這些筮辭反應出寫作時周民族的生活型態：

> 從這個統計看來，這些筮辭，多半是周民族尚在岐山向東徙，過遊牧生活時的材料。〔註66〕他們一方面要向外發展，一方面又對于行旅覺得非常危懼。行旅遷徙，自然是很可怕的；好在是「不耕穫，不菑畬，則利有攸往。」（〈无妄・六二〉）那時酋長是一意主張向富原進發，「大君有命，開國承家」（〈師・上六〉）結果是這個命令實行了，「利用爲依遷國。」（〈益・六四〉）」〔註67〕

從上段就能見出，李鏡池不僅只是揣想《周易》中的社會生活，更將之和周民族的發展史結合解釋，從「鮮少言及農業」、「遷徙」、「開國」三方面特點大膽推測，值得注意的是，李氏並不以開國之事爲「封建」。又補充道：「卦爻辭的材料，大部分是周民族還在遊牧時代的記錄，西周初葉的材料比較的少。從甲骨文上『黍年』『有年』『其雨』等話看，殷民族已進到農業時代。但卦爻辭沒有農業的痕跡，反而說『不耕穫，不菑畬』，可見這些材料的年代頗早。」〔註68〕

這一觀點至今未被忽視，黃忠天認爲《周易》蘊含史事紀錄外，也充份地反映了先民的社會生活與時代環境，所記載的與當時現實生活密切結合。文中並從「經濟生活」、「日用器物」兩大方面分析。經濟生活方面，歸納卦爻辭所載，亦認爲《周易》中所記錄的，應是一個漁獵、畜牧極爲發展，而農業方興未艾的時代。認爲「《周易》所描述的時代背景，似著重在西周以前。因爲從《詩經・豳風・七月》以及〈公劉〉、〈生民〉諸詩來看，周民族在農

〔註66〕「由文獻上記載的周人祖先活動的傳說，可以有三個階段，后稷時代周人已發展農業，不窋以後周人奔於戎狄，以及公劉以後又以農業爲主要的生產方式。若配合考古學的資料來說，農業在中原早在七、八千年前即已發端，周人若在后稷時代始有農業，在中國的新石器文化中，應算是後起的。不窋以後又有數百年不再務農，也說明了周人的農業文化還不夠穩定。不窋所『奔』的戎狄，已在農業文化圈外，由后稷開始以至古公的遷徙到岐下，周人大約只能是徘徊於農業文化圈邊緣的一個集團。」許倬雲：《西周史》（台北：聯經出版社，第三版1990年），頁34。

〔註67〕《古史辨》第三冊，頁206。

〔註68〕同上，頁211。

業方面，早在西周初年之前，便已獲致極大的成就，也脫離了以漁獵、畜牧
爲主體的經濟型態。」即便是生產工具，「農業雖已有之，但似乎仍未成爲主
流，以致經文中未見農具的名稱。在漁獵的工具中，尤以狩獵的弓矢最爲常
見。」〔註69〕能注意到以農立國的周民族，其卜筮之書竟絕少涉及農業，反
而是漁獵畜牧等多入於卦爻辭，這讓我們聯想文獻所載，周人在不窋之後奔
於戎狄之事，實是相當敏銳的觀察。

二、《周易通義》的傾向「易即古史」

「易即古史」的觀念，上推到干寶的易注可以見其端倪，若要說及把《易
經》視爲一部史書，眞正落實的初祖，應數及胡樸安的1942年完稿的《周易
古史觀》。〔註70〕李鏡池作《周易通義》時雖未必見得到胡氏之書，且胡安樸
也稱不上是古史辨學派的信從者，然而二書的觀點或有相似處，正可見出古
史辨的《周易》古史研究，從「易中有史」，邁向「易即古史」的影響。

（一）胡樸安的《周易古史觀》

胡氏並不以古史辨「周易爲卜筮之書」之說爲然，曾言：「以卜筮說《易》，
如宋之朱熹《易本義》，甚且如日本之高島《易斷》，于我心終覺不然也。」
〔註71〕古史辨主張「經觀分觀」，胡氏則力主「經觀合觀」，其作《周易古史
觀》，深受〈序卦〉影響，以〈乾〉〈坤〉兩卦爲《易》之緒論，〈既濟〉〈未
濟〉兩卦爲《易》之餘論，其餘六十卦的卦辭、爻辭、〈彖〉、〈象〉，皆視爲
歷史記載：自〈屯〉卦至〈離〉卦是原始時代至商末之史，自〈咸〉卦至〈小
過〉卦爲周初文、武、成時代之史，六十卦反映六十件大事。然此所謂大事，
《周易》上經多人類社會生活發展，並非歷史事件；下經則多附會殷商之間
史事。〔註72〕如此系統性的詮釋，乃開天闢地創出易學新世界。然而胡氏釋

〔註69〕 黃忠天：《宋代史事易學研究・附錄：周易與上古史的關係》（高雄師大國文
　　　　研究所博士論文，1994年），頁443～474。
〔註70〕 陳桐生認爲「將《周易》視爲一部古史，始於本世紀20年代的沈竹礽和章太
　　　　炎。」見陳桐生：〈20世紀的《周易》古史研究〉，《周易研究》1999年第1
　　　　期，頁23～30。然而「六經皆史」之說可推至章學誠，又沈氏的《周易說餘》
　　　　只解〈履〉、〈家人〉、〈暌〉三卦，章太炎只略解前十二卦之義，若以「證全
　　　　經」的標準視之，當以胡安樸爲先。且胡氏自云寫作之前並未得見此二人之
　　　　說，乃知胡氏苦心孤詣所得。
〔註71〕 胡樸安：《周易古史觀》（上海：上海古籍出版社，2006年），頁3。
〔註72〕 如上經〈屯〉是草昧時代建立酋長之事，〈蒙〉是酋長領導民眾而教誨之之事。

《易》全數棄置「象數」、「圖書」、「義理」，又與古史辨同，若說全未受到古史辨風潮的影響，未免切割太過。

胡樸安的《周易古史觀》一書，於 1942 年完稿後，曾自印 200 本，其子弟包敬第說「我曾得到樸安師送我的經他親自修改過的一部，可惜在十年浩劫中被劫去了。」〔註73〕胡道靜亦歎：「當年先伯自印之本，才二百部，幾經刀火之災，存者今有幾何？」〔註74〕遲至 1986 年才由上海古籍出版社正式出版。此書對於李鏡池出版於 1981 年的《周易通義》有多少影響，實不得而知，李氏在前言只提及郭沫若〈周易的社會背景與精神生活〉、聞一多《周易義證類纂》和高亨《周易古經今注》。然而胡樸安爲知名學者，著述達二百六十種之多，其影響不可小覷。〔註75〕

（二）李鏡池的《周易通義》

李鏡池的《周易通義》完整串講《周易》六十四卦，持論與早年或有不同，不過，仍同樣持有「《周易》是卜筮之書」的前提，《周易》是當時筮辭纂輯而成，因此含蘊當時的史料，認爲「《周易》廣泛地紀錄了西周的社會生活，反映了周民族從太王遷於岐山，中經武王克商、周公東征，到王室東遷之前這一奴隸社會由極盛而衰落的變化史迹，甚至還保存了文獻上罕見的原始社會遺風。」〔註76〕並且把寫定《周易》的時間改爲西周晚年，卦爻辭中寄託編纂的卜官拯濟周室的思想，書名《周易》是取「周室即將變易」的意思，認爲可以看見「當時階級鬥爭激烈，貴族內部矛盾尖銳，作者同情被排擠的王臣和隱遁者，怒斥結黨營私者爲匪人，主張列國要和好相處，擁護王室，這些都不似周初成康之世的太平景象……這倒與《詩經》中的一些『變雅』在內容、情調上相近。」〔註77〕

下經〈明夷〉是文王蒙難的事，〈家人〉是組織家庭的事，〈睽〉是一夫多妻之家庭乖睽的事，〈蹇〉是諸侯皆來決平的事，〈解〉是文王決平諸侯訟獄之事，〈損〉是文王節儉自損之事，〈益〉是損己益人、文王得民心之事。略舉數例，可見一斑。
〔註73〕包敬第於《周易古史觀》1986 年版〈前言〉，見胡樸安：《周易古史觀》（上海：上海古籍出版社，2006 年），頁 190。
〔註74〕同上，頁 192。
〔註75〕詳細考證見沈慧心：《胡樸安生平及其易學、小學研究》（東吳大學中文研究所博士論文，2002 年）。
〔註76〕李鏡池：《周易通義・前言》（北京：中華書局，1981 年），頁 3。
〔註77〕李鏡池：《周易通義・前言》（北京：中華書局，1981 年），頁 1～2。

胡樸安以〈序卦傳〉爲主，一卦說一事，兩不重覆。李鏡池不同於此，只認定大多數的卦是有一個中心想法，而各卦所道可重覆，如以〈小畜〉、〈大畜〉、〈大有〉、〈頤〉、〈蒙〉等爲農業卦；〈需〉、〈睽〉、〈豐〉、〈復〉、〈明夷〉、〈旅〉、〈蹇〉等爲行旅、商旅卦；〈師〉、〈同人〉、〈離〉、〈晉〉是戰爭卦；〈賁〉、〈歸妹〉是婚姻卦。可以得見李氏所欲表現的《周易》古史，乃在於社會生活層面，並非認定其中按序列出朝代興衰史事。其中將《周易》卦爻辭認定爲史事紀錄者共有十二卦十九處，茲羅列如下：

〈泰・六五〉：「帝乙歸妹，以祉。元吉。」注：帝乙曾把女兒嫁給周文王。《詩・大明》歌詠其事。（見《周易通義》頁 27，以下所引僅注頁碼）

〈隨・九五〉：「孚于嘉。吉。」注：嘉：即〈離・上九〉的「有嘉」。古代對於國家民族的名稱，多加「有」字於前，如「有夏」、「有殷」等。有嘉曾侵周，周人反擊，俘虜了不少嘉人。可能嘉國從此滅亡。（頁 38）

〈隨・上六〉：「拘係之，乃從維之，王用亨于西山。」注：王：指周文王。亨：享神，指戰後之祭。西山：岐山。因周文王東遷於豐，岐山豐以西。抓住俘虜之後，馬上用說服或優待來使他們甘心當奴隸。也有個別俘虜被作爲人牲，文王戰後用來祭於岐山。（頁 38）

〈離・上九〉：「王用出征，有嘉折首，獲匪其醜，无咎。」注：在王的帶領下反擊敵人，把有嘉國的國君斬首，抓到了許多俘虜。經周人的這次反擊，有嘉國當是滅亡了。（頁 62）

〈大壯・六五〉：「喪羊于易，無悔。」注：這是因飼羊而聯繫到周人的一件歷史大事。周人居豳時，被狄人侵迫，太王以皮巾、犬馬、珠玉送給狄人而求和。但狄人不肯，一定要占領周人的土地。太王只好帶領周人遷居岐山。在避狄遷居中，狄人搶掠了大量牛羊。无悔，屬貞兆辭，也說明雖然喪失了許多羊，但遷岐後生產更加發展了，彌補了損失。〈旅・上九〉和《詩・緜》都說到這一歷史事件。（頁 68～69）

〈晉〉卦辭：「康侯用錫馬蕃庶，晝日三接。」注：康侯用成王賜給他的良種馬來繁殖馬匹，一天多次配種。這當是周人在西北時的經

驗，康侯把它傳到中原。（頁 69）

〈晉·六二〉：「晉如愁如，貞吉。受茲介福于其王母。」注：這裡說的似是武王克商事。進攻迫使商人投降之後，武王祭王母，說這是得王母的福祐。武王的祖母及母親都是商女，所以克商後要對王母特祭。（頁 70）

〈明夷·六五〉：「箕子之明夷。利貞。」注：這說的是殷亡後的故事：紂王的哥哥到明夷國去。「利貞」，指利於出門。（頁 73）

〈益·初九〉：「利用爲大作。元吉。无咎。」注：聯繫下文及周人的歷史看，這個「大作」，似指太王遷岐後作廟築城、文王作豐周公營建洛邑。（頁 83）

〈益·六二〉：「或益之十朋之龜，弗克違。永貞吉。王用享于帝。吉。」注：這件事是有歷史背景的。《書·大誥》：「予不敢閉于天降威，用寧王遺我大寶龜，紹天明。」〈大誥〉是周公奉命東征所作，誥是命龜之辭，是說文王遺給我們大寶龜，叫我們繼承天命。「十朋之龜」即大寶龜。「弗克違」是指武庚作亂，違背龜卜天命，是決不能成事的。「王用享于帝」是指武王克商，享祭上帝，接受天命，代殷有天下。（頁 83）

〈益·六三〉：「益之用凶事。无咎。有孚，中行告公用圭。」注：武王逝世，武庚煽動東方一些侯國作亂，於是周公東征。出師前要用人牲獻祭。開始沒抓到俘虜，後來抓到了，在路上報告周公舉行祭祀。（頁 84）

〈益·六四〉：「中行告公從，利用爲依遷國。」注：這是說東征勝利後，在班師回來的路上，報告周公成王有命，說把殷民處理好是有利的。周公把殷宗室微子啓封於商丘，國號宋；把一些部落分給同姓國做奴隸，如分給魯殷民六族，分給衛殷民七族；把殷貴族集中洛邑，直接統治。這就是「爲依遷國」。（頁 84）

〈益·九五〉：「有孚，惠心勿問。元吉。有孚，惠我德。」注：武王克商，俘虜了殷紂大量的奴隸兵，周公東征，征服了五十餘國，兩次得的俘虜很多。這裡說對俘虜的辦法有兩種：一是用好言好語進行安撫而無須用物質優待；一是用物質優待而使俘虜對我感激。

〈益·上九〉：「莫益之，或擊之。立心勿恆，凶。」注：這是作者回

顧歷史，又看到當時周室由盛而衰，行將危亡，有感而發的。(頁85)

〈升〉卦辭：「元亨。利見大人。勿恤。南征吉。」注：可以肯定不是指昭王南征而不復之事。究竟是指穆王征楚，還是宣王征淮徐，不能確指。以穆王大興九師征楚為可能。(頁91)

〈歸妹・六五〉：「帝乙歸妹，其君之袂不如其娣之袂良。月幾望。吉。」注：帝乙歸妹是指殷帝乙把女嫁給周文王。(頁108)

〈旅・上九〉：「鳥焚其巢，旅人先笑後號咷，喪牛于易，凶。」注：這是寫周人歷史上的一件大事。說大王被狄人侵迫，從邠遷於岐山周原。狄人侵犯時，燒殺搶掠，周人像鳥被燒了巢一樣，無家可歸，全族遷徙，成了旅人。他們原先生活過得很快樂，後來就夠悲慘了，呼號哭泣，不但家園被毀壞，連牛羊等牲畜也給狄人搶了去。這真是一次大災難。(頁113)

〈既濟・九三〉：「高宗伐鬼方，三年克之。小人勿用。」注：高宗武丁(盤庚後第三代)時，北方一個強族鬼方威脅了殷商，也威脅了周人。故殷周聯軍攻打鬼方。《竹書紀年》載武丁三十二年伐鬼方，三十四年王師克鬼方。即此所謂「三年克之」。〈未濟〉：「震用伐鬼方，三年，有賞于大國。」指的是同一件事。長期的戰爭，一定損失了很多人力財力。「小人勿用」，是不利于小人，指士卒傷亡不少。這裡說明濟中有不濟。(頁125)

〈未濟・九四〉：「貞吉。悔亡。震用伐鬼方，三年，有賞于大國。」注：爻辭所說的與〈既濟〉「高宗伐鬼方」同一件事。〈既濟〉從殷人說，此卦從周人說。周人這次出征動員了不少人，打了三年，勝利了，得到大國殷的賞賜。打勝仗是吉，從屬於大國是悔。(頁127)

李鏡池之說和早年頗有不同，如不以為有商先王王亥之事，箕子明夷亦別有說，其闡釋《周易》中的古代社會，亦多徵引恩格斯的說法，當是時代背景所致。以古史解《周易》的嘗試，呈現隨辭而入、不計先後的狀態，除了〈益〉卦六爻全以周室由興至衰的變遷作解，以及認為〈升〉卦談可能是概括從太王到武王以至周公東征，國力不斷上升，不斷強盛的歷史之外，顯然都是零碎的古史事件。

胡樸安解《周易》古史，「完全把卦爻撇開，蓋卦畫是未有文字以前之符

號。」〔註 78〕李鏡池則認爲「這些卦畫其實沒有什麼實際意義,與卦爻辭也沒有什麼必然的聯繫,只是一些符號,和抽籤的號碼差不多,是爲占筮時揲蓍數策而設的。」〔註 79〕這顯現出《周易》古史研究在轉向時,對卦畫的詮解是重要的瓶頸,而古史辨否定卦畫和卦爻辭有內在邏輯的論點(見本書第五章),成爲《周易》「易即古史」的研究路線,強而有力的後盾。

第五節　略論近代《周易》古史學的發展

「經」原是道德的、價值觀的判定,顧頡剛以史料看待《周易》,引發學者研究《周易》的新思潮,《古史辨》第三冊所收錄余永梁、李鏡池以史料解度《周易》的文章,同效其功。顧氏引領風潮,功不可沒,近年來《周易》古史研究更加發達,論者推其源流,大多肯定顧頡剛的貢獻:

> 顧頡剛古史辨的〈周易卦爻辭中的故事〉發其端緒以後,許多學者不約而同地集結成一支與傳統易學卓然不同的古史易學派,自《周易》經文中尋覓古跡史影。〔註80〕

> (顧頡剛和郭沫若)兩位大學者分別指出了《周易》與歷史關系的密切,於是一些易學專家進一步提出《周易》本身就是記載某一時期的歷史著作。對此問題存有兩種觀點:一種是『易中有史』,《周易》中包含著一些歷史紀錄,並且反映了古代社會生活現象;另一種是『以史說易』,即認爲《周易》本身就是記載某一時期的歷史著作,類同後來的《史記》、《漢書》。〔註81〕

關於近年將《周易》看成一部古史,完整串講的著作,陳桐生論之甚詳,列舉 1989 年出版,杭州大學的黎子耀所著《周易祕義》;1992 年出版,李大用的《周易新探》;1995 年出版,香港學者謝寶笙的《易經之謎是如何打開的》;1995 年出版,黃凡的《周易——商周之交史事錄》。黃凡之書特別之處,在於意圖破解八卦記號。他認爲八卦原是上古紀年歷數符號,其中陽爻代表九天,陰爻代表六天,一個卦象記載四十五天左右的史事,八個卦象大約記載一年

〔註78〕 胡樸安:《周易古史觀》(上海:上海古籍出版社,2006 年),頁 5。

〔註79〕 李鏡池:《周易通義》(北京:中華書局,1981 年),頁 7。

〔註80〕 汪雙六:〈史學在《周易》中的份量與作用——兼與古史易學派商榷〉,《安徽史學》2005 年第 2 期,頁 108～111、59。

〔註81〕 劉寧,張新科:〈中國敘事傳統溯源——占卜與商周時代的占辭、卦爻辭〉,《社會科學家》2006 年 1 月,頁 178～181。

史事，《周易》六十四卦是周文王受命七年五月丁未日至周公攝政三年四月丙午日共 2880 天的編年日記體筮占記錄，其中包括商周之交的主要歷史。無論學者如何看待《周易》古史派的研究成果，追本溯源，都能看見古史辨對近代易學產生的深遠影響。

結　語

　　簡而言之，《周易》古史研究，流傳文獻中可從〈易傳〉窺見端倪，新出土的馬王堆帛書易傳，則填補〈易傳〉時期更詳細的「引史證易」之文獻空白。漢代學者「引史證易」者為數不少，然尚處於萌芽期，不過間歇為之。南北朝時干寶《易》注，專取殷周之間史事以釋《易》，曖昧於「引史證易」與「易中有史」之間，就《周易》古史研究源流視之，實有獨特地位。宋代時「引史證易」的易學史事宗正式發展完備，李光、楊萬里始以史事證全本《周易》，影響及於元、明、清。民國以後，《古史辨》第三冊中，顧頡剛的〈周易卦爻辭中的故事〉，結合文獻與出土文物，打破古史「考信於六藝」的準則，將《周易》回歸其史料價值，詳細考訂出王亥喪牛羊于有易、高宗伐鬼方、帝乙歸妹、箕子明夷、康侯用錫馬蕃庶五件信史，至今猶為學者所稱道，確立了「易中有史」研究方向的地位。余永梁〈易卦爻辭的時代及其作者〉略述《周易》所反映的風俗制度，則以社會史的角度論之。李鏡池〈周易筮辭考〉又進一步梳理卦爻辭，以為其所反映者，乃周民族早期曾經歷的游牧漁獵生活形態。1981 年出版的《周易通義》，李氏又試圖以社會史角度與歷史事件通解《周易》，是「易即古史」的嘗試，雖未早於胡樸安 1942 年完稿的《周易古史觀》，然而李氏個人研究方向的轉變，正可象徵著《周易》古史研究，因為古史辨的影響，由「易中有史」轉向「易即古史」，至近年而蔚為大觀。

第四章　古史辨對「商文化和 《周易》關係」之探討

前　言

　　王國維 1917 年發表的〈殷周制度論〉〔註1〕，是總結上古倫理、政治文化研究的鉅著，此後專家們關於殷周制度文化的比較研究，無論是擁護或是反對，大都圍繞在這基礎上進行。〔註2〕又著〈說契至于成湯八遷〉、〈說商〉、

〔註1〕 王國維在這篇文章中開宗明義寫道：「中國政治與文化之變革，莫劇於殷周之際」「周人制度之大異於商者，一曰立子立嫡之制。由是而生宗法及喪服之制，並由是而有封建子弟之制、君天子臣諸侯之制。二曰廟數之制。三曰同姓不婚之制。」見王國維，《觀堂集林・卷十・殷周制度論》（石家莊：河北教育出版社，2001 年），頁 287～303。

〔註2〕 關於商周文化的比較研究，學術界有完全不同的兩種論點。一種認為商周文化迥然不同；另一種則認為商周文化前後相因，大同而小異。前者可稱為「迥異」說，後者可稱為「微殊」說。「迥異」說的代表人物有王國維、郭沫若、鄒衡、許倬雲等人。郭沫若曾分別從社會制度和思想文化方面指出了商周之際的大變化。鄒衡則從考古文物的角度進行了比較，認為先周與晚商是屬於完全不同的文化。許倬雲則從世界文化比較研究的角度，指出殷周之是個大變局。在「迥異」說之中，最早而且影響最大的莫過於從政治制度方面進行比較的王國維。他指出「中國政治與文化之變革，莫劇於殷周之際」，認為這場大變革導致的結果是「舊制度廢而新制度興，舊文化廢而新文化興。」「微殊」說的代表人物有徐中舒、嚴一萍、張光直等學著。徐中舒通過考古文物和古文字資料進行了比較，認為殷周文化是相因襲的。嚴一萍比較夏商周三代文化，認為三者是大同而小異。張光直雖然承認三代在地域及傳說的禮制方面是有區別的，但從考古所見的物質文化上比較，認為三代文化是「雖有小異，實屬大同」。見王暉：《商周文化比較研究》（北京：人民出版社，2000年 5 月），頁 1～2。

〈說亳〉等〔註3〕，力排司馬遷、許慎、鄭玄、皇甫謐、徐廣等人之舊說，明確指出商族早期的居留地商和亳兩地絕不在關中，而商是河南的商丘，亳則位于今山東的曹縣。這些論證都給古史辨學者相當多的啓發，在民初史學興盛的時期，學者們據此和典籍考訂結合，欲爲上古史勾勒出更明確的輪廓，此波上古史的熱潮，殷周關係的背景知識顯然十分重要。

其次，甲骨文的發現，更是激勵學界研究上古史的一件大事，如本書第二章所述，王國維〈殷卜辭中所見先公先王考〉啓示顧頡剛鈎沉出《周易》中有先商時期王亥的故事，甲骨文可以增強信史建立的基礎。在發現甲骨文之前，人們對於古書所載龜卜儀式、實物一無所悉，甲骨文出土之後，其占卜形式、使用文詞等，啓示人們上古可能有的占筮方式，進而將之引入《周易》研究，也對《周易》的解讀產生重大影響。古史辨的學者們運用此新穎資料，在同屬卜筮的性質上，比較與推測商周占卜的實情，以及龜卜和《周易》的關係。同時探討古籍所謂夏易《連山》、殷易《歸藏》的眞實性。近年文物出土之多，是古史辨學者難以想像的。從張政烺辨視出數字卦引發的學術新解、王家台秦簡《歸藏》、周原甲骨的出現……等等，這些古史辨學者所不及見的出土資料，是否能找出不一樣的結論？當時所下的評論，如今應重新評判。

第一節　商周兩民族文化的探討

余永梁〈易卦爻辭的時代及其作者〉初刊於 1928 年十月中央研究院歷史語言研究所集刊第一冊，因應當時上古史研究熱潮，將商代文化研究的成果帶入《周易》研究，余氏由兩民族的生活型態、文化交流、文字承襲與分化三點討論商和周的關係，並推源《周易》之所由來：

一、畜牧和農耕的生活型態

商和周不同之處，從發源地和生活型態說起，二者非同一民族。依古籍記載，商從成湯到紂有二十八世〔註4〕，周自后稷算起到文王也不過十五世，周

〔註3〕王國維：《觀堂集林・卷十二》（石家莊：河北教育出版社，2001 年），頁 326
　　　〜331。

〔註4〕殷商「從公元前 17 世紀商湯滅夏后建立國家，至公元前 14 世紀中葉盤庚遷
　　　都殷，及公元前 11 世紀商王紂被周武王帶同西南各族攻滅，共傳十七世，三

民族當爲後起。關於商民族的發源地，自司馬遷「作事者必于東南，收功實者
常于西北」，標明「湯起於亳」亦居西方以來，學者多主商亦興於西方。近代學
者自王國維始，有商民族興於東方之說。余永梁承襲王國維，認爲商民族發祥
於山東〔註 5〕，其後漸由東方向中部移動，後更渡河而居。盤庚以後不遷徙，
乃中葉後由游牧進步爲農業社會。而周民族以農爲主，后稷爲其民族之祖、古
公亶父在岐山下擇周地沃壤耕居。余永梁認爲，畜牧和農耕的兩種生活型態，
亦影響商和周的社會制度。商代多採兄終弟及是因爲「商還是牧畜兼耕種的社
會，是一個部落，酋長似領袖，自然要壯年的弟弟，才能統治一個部落與其他
部落的爭鬥。」〔註6〕而周則因農業開國，父子相傳之制是周所固有。

　　如此判然劃分商和周的生活型態與制度，當然略嫌粗糙，近代學者對於
商、周的生活型態和制度，依據新出土資料，有較詳細的考訂，自然後出轉
精，所資益多。余氏於此亦不過略事簡述而已，非重點所在，故不詳列。

十一王，歷時 600 年左右。」胡厚宣、胡振宇：《殷商史》（上海：上海人民
出版社，2003 年），頁 11。若后稷以後，周的世系未有遺佚，則周當興於成
湯之後，比之商民族尚有先商諸王，確實爲後起民族。

〔註 5〕 關於商族最早的地望，司馬遷在《史記‧殷本紀》中說，商始祖契被封在商。
鄭玄說這個商「在太華之陽」。皇甫謐謂即「上洛商是也」（均見裴駰的《史
記‧殷本紀集解》所引）。這就是說，商族的始居地在今陝西。〈殷本紀〉又
說商湯「始居亳，從先王居」，可見亳也是商族最早的居地。司馬遷還說過：
「或曰：東方物所始生，西方物之成熟。夫作事者必于東南，收功實者常于
西北。故禹興於西羌；湯起于亳；周之王也以豐鎬伐殷；秦之帝用雍州興；
漢之興自蜀漢。」（《史記‧六國年表序》）這幾句話明確指出湯所居之亳在西
方。此後，許慎的《說文》稱：「亳，京兆杜陵亭也。」《史記‧六國年表》
集解引徐廣之說：「京兆杜縣有亳亭。」總之，司馬遷、許慎、鄭玄、皇甫謐、
徐廣等人，無一不說商族的興起地商和亳在西土。近代史學界則對商族來源
有四種不同說法：王國維的東土說。又丁山認爲商地「當在漳水流域，決非
兩周時代宋人所居之商丘」，又謂：「我敢論定商人發祥地決在今永定河與滹
沱河之間。」徐中舒從 1930 年起就堅決地打破商族西來說，而謂：「古代環渤
海而居之民族即爲中國文化之創始者，而商民族即起于此。史稱商代建都之
地，前八而後五。就其遷徙之跡觀之，似有由東而西漸之勢，與周人之由西
而東漸者，適處於相反之地位。」王丁徐三家雖各不相同，但均主商族起于
東方。金景芳又提出商人起源於北方，謂商遠祖昭明所居之砥石在遼水發源
處，今內蒙古昭烏達盟（赤峰市）克什克騰旗的白岔山。鄒衡則說：「商文化
是來自黃河西邊的冀州之域，是沿著太行山東麓逐步南下的。」商族起源於
何地，是西方，東方，還是北方，或是來自冀州？揆之於文獻與考古兩方面
的材料，王玉哲認爲東方說最合理。見王玉哲：《中華遠古史》（上海：上海
人民出版社，2003 年），頁 164～188。

〔註 6〕 《古史辨》第三冊，頁 145～146。

二、文化交流的狀況

余永梁略述商和周的交流狀況,大約在太王的時候,已與商民族接觸,「至文王更銳意維新,史記所說的太顛閎夭,散宜生,鬻子,都是異族往歸;辛甲大夫大約是商人。這時接受吸取商的文代已經很成熟。」〔註7〕

把商周之間的交流概定在大王的時候,當然是囿於文獻短缺,只能從周人在王季時與商通婚而知。若〈既濟·九三〉爻辭:「高宗伐鬼方,三年克之」一事和周人有關係,並輔以武丁時的卜辭,則商周之間的交流伊始甚早,只是後來又不見記載,遲至大王時又較頻繁。詳見本書第三章,此不重覆。

若要補充商和周的文化交流狀況,可借由許倬雲的說明:

> 太王避戎狄的壓力,又遷移到渭水流域的岐下,在這一個階段,先周文化又與隴右的羌人文化融合。同時,優勢的商文化在每一個階段都對周人有相當的影響。岐下先周文化也自然與土著的陝西龍山(客省莊二期)有文化交融的過程,而商文化的強烈影響在岐下時代更爲顯著。但是周人對商文化仍是有選擇的接受。銅器的鑄作,由模仿商器而逐漸發展周器的特色;陶器的製作則逐步脫離了地方色彩,與商器因交流而融合爲同一傳統。〔註8〕

考古上的發現證明商文化對周影響,在太王時避居岐下時尤爲顯著,這一段時期以至於周初文王、武王翦商滅商,周和商都保持了密切的交流。

三、文字的承襲與分化

商文化較高,周征服商之後,承襲其文字。就古文字系統而言,余氏認同王國維之「東西二土文字說」〔註9〕,更進一步推衍「東方諸器文字,雖然

〔註7〕《古史辨》第三冊,頁 145。

〔註8〕許倬雲:《西周史》(台北:聯經,第三版 1990 年),頁 69。

〔註9〕即王國維於 1916 年〈史籀篇證序〉、〈戰國時秦用籀文六國用古文說〉所言,收於氏著《觀堂集林》(石家莊:河北教育出版社,2001 年),頁 151~155,頁 186~187。錢玄同曾經在 1923 年和 1925 年批抨許慎《說文》中所收古文乃是劉歆僞造,和鍾鼎、甲文極不相合。王國維又在 1926 年時作〈桐鄉徐氏印譜序〉,證明近世出土的六國遺器文字和孔壁古文血脈相通,並非出於僞造,「其上不合殷周古文,下不合秦篆者,時不同也;中不合秦文者,地不同也。其訛別草率,亦如北朝文字,上與魏晉、下與隋唐、中與江左不同。」(《觀堂集林》,頁 183)余永梁在此不採信錢玄同的說法,贊同王國維之說。不過余氏進一步認爲「東方諸器文字,雖然距商已數百年,然其字體結構往往直接與甲骨文」之說,與王氏不合。

距商已數百年，然其字體結構往往直接與甲骨文同，譬如以字體而論，齊國器及田齊器，陳國器，**邾**國器，以及楚國器與甲骨文體同一個脈絡下來。」余永梁認為這樣情形乃肇因於西周武力封建，對於各地的教化不同而產生。殷民族原來發祥地在東方，所以東方諸族大約都與商同文化。伯禽封魯要「變其俗，革其禮」是想以周的禮俗代商的禮俗，所以「三年然後報政」。齊太公封齊則「簡其君臣禮，從其俗」，所以「五月而報政」。因此認為「齊的文字近殷，魯就有些不同，也是受齊魯二國文化政策不同的影響」。〔註10〕余氏的說法雖能從齊魯教化不同的歷史背景推測六國文字何以與西土不同，但近代戰國文字研究發達，學者認為六國文字對金文和甲文的承襲未有明顯分判，未採此說。〔註11〕

第二節　商代「龜卜」與「易」的探討

　　卦畫的起源是學者討論的熱點，早期錢玄同曾經主張乾坤二卦即是兩性的生殖器的符號〔註12〕，郭沫若也說：「八卦的根柢我們很鮮明地可以看出是古代生殖器崇拜的孑遺。畫一以象男根，分而為二以象女陰，所以由此而演出男女、父母、陰陽、剛柔、天地的觀念。」〔註13〕李鏡池則認為：「或許是用蓍草做占卜時偶然的發明，蓍草之由一根而析為兩段，或合數根而構成一個方式，是很自然的事。」〔註14〕余永梁從商對周有所影響的觀點，提出新的看法。

〔註10〕　《古史辨》第三冊，頁146。

〔註11〕　關於戰國文字的地域特性以及與商周古文的關係，湯余惠認為，文字從殷商時走到戰國，已歷一千多年，自身會簡化、表音化；又戰國時化物質生活、社會關係發展急速，舊時的文字已不敷使用，而當時諸國各自為政、各行其事，文字為適應新需要而生時，自然異采紛呈。另外，造成文字異形的原因還有：一、戰國時用以書寫文字的材料比以往任何時候都豐富得多。二、「物勒工名，以考其誠」的制度實施後，官方、俗用文字因而同時流傳。縱使如此，六國文字和商周文字的淵源是無可懷疑的，「秦與六國文字和商周古文的關係，由於種種原因，不能沒有遠近親疏之別，但兩者無一不是商周古文的云仍」。見湯余惠：〈略論戰國文字形體研究中的幾個問題〉《古文字研究》第十五輯（北京：中華書局，1986年），頁9～100。

〔註12〕　錢玄同1923年6月的〈答顧頡剛先生書〉，收於《古史辨》第一冊，頁77。

〔註13〕　郭沫若1928年11月的〈周易時代的社會生活〉。見蔡尚思：《十家論易》（上海：上海人民出版社，2006年），頁5。

〔註14〕　李鏡池：〈周易筮辭考〉，《古史辨》第三冊上編，頁243。

一、「卦畫起於龜契」之說

余永梁認為卦畫起於龜契。余氏並不認同《易》出於河圖洛書，但卻認為其中蘊含《周易》由來的線索：「易河圖洛書都是漢人的一派話，這個傳說適足以知八卦與龜甲刻辭有相當關係，是傳說者無意留下來的徽識。銅器文字多是作圓筆，甲骨文則為方筆。因為契刀能方難圓，所以八卦的 ━ ╼╼ 正是龜甲刻文的標識。周人從文字標識的演進，而有數學的參伍排比，遂成六十四卦，三百八十四爻」。〔註15〕

余氏單純由易的陰爻、陽爻之形推斷，其由來必然與商之甲骨契刻有關，不同於周代金文的圓筆，是非常直觀的聯想。同樣具有占卜性質的殷墟甲骨大量出土並廣受學者注意後，八卦起於龜契之說便順應而生。不過余永梁只提及卦畫陰爻陽爻可能的由來，對於卦象的來源並沒有直接說明，雖曾提及「卦爻等於龜卜的頌，六十四卦等於龜卜的兆象」，這只是一種譬喻的說法，用以解釋「卦爻仿自兆而數有一定，繇辭也有一定的附麗」，蓍法比卜法簡便。余永梁並沒有說八卦是如何形成的，文中所言「周人從文字標識的演進，而有數學的參伍排比，遂成六十四卦，三百八十四爻」，似乎更近似於直接有六十四卦，但線索不多，不宜定論。馮友蘭在 30 年代寫作《中國哲學史》時曾引余說，後來在新著中指出「八卦就是摹仿兆的。八卦和六十四卦就是標準化的兆。」〔註16〕語意上會使人以為八卦出於龜兆，但他的意思可能和余永梁的差不多，是方式上的簡便，而非狀貌上的源流。

二、「商無蓍法」、「《歸藏》乃漢人偽作」之說

余永梁認為可以從五方面推論商沒有八卦：

（一）從文字上論，甲骨就沒有卦字、筮字、蓍字。卦字從圭卜，可見先有「卜」字才有「卦」這個後起字。而周人往往卜筮連舉，或先卜後筮或先筮後卜。若商有筮法，甲骨卜辭不應一次都沒有連舉的。〈商書〉也只有卜而無筮，一直到〈周書‧君奭〉才有「若卜筮，罔不是孚」二句。」（二）甲骨卜辭範圍無所不包，若有筮法，龜卜的範圍也許縮小一些。（三）卜法的起源於商民族的生活物質條件。商是畜牧故有充足獸骨，周是農業故無獸骨，乃用蓍草，筮法是社會進到農業社會，脫離了牧畜時代，有許多獸骨來刻辭，

〔註15〕《古史辨》第三冊，頁 147～148。
〔註16〕馮友蘭：《中國哲學史新編》上冊（北京：人民出版社，1998 年），頁 84。

才有它來適應救濟這種缺乏而產生。(四)據古書所載,都是先卜後筮,從卜筮次序的先後,似也可以證卜筮發明的先後。(五)從民族制度發展來看,西南的民族也多用雞骨卜法。可知卜筮的發生,有它自然的程序,好像世界各民族一切制度的進步循著自然的程序一樣。

　　既不認同商代有八卦、蓍法,對於《連山》、《歸藏》也一概斥為漢人偽作。並引今文家廖平《易凡例》之說以為佐證,又對〈禮運〉:「吾欲觀殷道,是故之宋,而不足徵焉,吾得坤乾焉。」一語不以為然,認為這是出自《論語》:「夏禮,吾能言之,杞不足徵也;殷禮,吾能言之,宋不足徵也,文獻不足故也。」蓋漢人所加以偽造《歸藏》、《坤乾》之證。余永梁以為〈禮運〉多有漢人之語,如「宗祝在廟,三公在朝,三老在學」三公三老更都是秦漢時才有的制度。桓譚《新論》:「連山八萬言,歸藏四千三百言,夏易詳而殷易簡,未知所據。」《連山》反比《歸藏》、《周易》多,可以推其作偽之迹。

三、「筮法起於卜法」之說

　　余永梁認為,易卦辭爻辭和商人的甲骨卜辭的文句相近,而「筮法也是從卜法蛻變出來的」,是為了解決龜卜的繁難而起的。在〈易卦爻辭的時代及其作者〉一文之末,余氏附注道:

> 本文作成後,承顧頡剛兄替我閱訂一過,非常感謝。他並說「洪範云「擇建立卜筮人,乃命卜筮。曰雨曰霽曰圉曰霧曰克曰貞曰悔凡七,卜五占用二衍忒。卜兆有雨霽圉霧克五種,而占兆(此占當即筮)僅有貞悔二種,此亦筮簡於卜之證。

甲骨文上的刻辭並未記載其視兆的占辭,只能從《左傳》中的記載略知一二。如《左傳》襄公十年:「孫文子卜追之,獻兆于定姜,姜氏問繇曰:『兆如出陵;有夫出征,而喪其雄。』」這種繇辭視兆而作,出於臨時;占辭出於新造。亦多有沿用舊辭;如有從前相同的兆所發生的事與占辭,則沿用其舊。如前無此兆,則須新造。《周禮》:「太卜掌三兆之法,其經兆之體百有二十,其頌皆千有二百」,兆象繁難,不易辨識。余氏認為卦數有一定,則於卦爻之下繫以有定之辭,筮時遇何卦何爻,即可依卦爻辭引申推論;比龜卜的辨別兆象更加簡易。

四、「卦爻辭乃卜史記錄」之說

余永梁認爲從「句法的比較」和「成語的比較」兩方面可以得知「易之仿自卜辭」。〔註17〕李鏡池認爲「卦爻辭乃卜史的卜筮記錄」〔註18〕，綜觀卦爻辭記敘之例，歸爲六類：（一）純粹的定吉凶的占詞。（二）單敘事而不示吉凶。（三）先敘述而後吉凶。（四）先吉凶而後敘述。（五）敘事，吉凶；又敘事，吉凶。（六）混合的：或先吉凶，敘事；又吉凶。

李氏認爲以上六種體例，前三種比較單純，大概是一次筮占的記錄，又取證於甲骨卜辭，《周易》筮辭恰好與之相同，因此認爲：（一）卦爻辭是筮占的筮辭，與甲骨卜辭同類；《周易》是卜筮之書。（二）卦爻辭中其著作體例與卜辭相同的，爲一次的筮辭；其繁複異于卜辭者，爲兩次以上的筮辭的併合。〔註19〕

屈萬里曾著〈易卦源於龜卜考〉〔註20〕一文，對於余永梁之說並無著墨，但引石璋如之語：「由今陝西諸周代遺址觀之，文王以前之遺址中，未見有龜卜之痕跡。是知周人用龜卜，乃學自殷人者。又因卜龜之來源不易，不得不過『克難』生活，遂乃發明著策之法也。」而屈氏的論據對於《易》和龜卜相關性的闡釋，有更重大影響。

屈氏從「卦畫上下的順序和甲骨刻辭的順序」、「易卦反對的順序和甲骨刻辭的左右對貞」、「易卦爻位的陽奇陰偶和甲骨刻辭的相間爲文」、「易卦九六之數和龜紋」四點，證明易卦和龜卜的意境雷同，絕不會是偶合；又列舉八條證據表明必然是易卦因襲龜卜。卦畫由下往上，違反一般的書寫習慣，屈氏以爲這和甲骨文愈到晚期，由下而上的習慣愈顯著，到第五期幾乎成爲通例的狀況，可說是不謀而合。

關於卦爻由下往上的狀況，顧頡剛有一短札記其想法，認爲「《易》與《詩》狀物均自下而上」：

> 《易》爻由下而上，故其狀物亦由下而上。〈乾〉初九爲「潛龍」，九二爲「見龍在田」，九四爲「躍淵」，九五爲「在天」，上九爲「亢龍」。〈咸〉初六爲「咸其拇」，六二爲「咸其腓」，九三爲「咸其股」，

〔註17〕《古史辨》第三冊，頁157。
〔註18〕同上，頁189。
〔註19〕同上，見頁198。
〔註20〕原載於中央研究院歷史語言研究所集刊第27本，1956年4月出版。收於屈萬里：《書傭論學集》（台北：開明書店，1969年），頁48～69。

九五爲「咸其脢」，上六爲「咸其輔頰舌」。皆可見也。惟《詩》亦然。〈周南・麟趾〉，首章曰「麟之趾」，次章曰「麟之定」，定者題也、額也。三章曰「麟之角」。此可見周人說話方式。若在後世，則小說、樂府中所描寫者，無不先頭而後足也。又〈衛風・有狐〉，先言「之子無裳」，次言「之子無帶」，末言「之子無服」，同此。〈王・黍離〉先言「稷之苗」，次言「稷之穗」，末言「稷之實」，同此。〈小雅・菁莪〉先言「中阿」，次言「中沚」，後言「中陵」，亦自下而高。
〔註21〕

顧氏之說亦甚有所發，故補記於此。屈萬里又提出易卦有五十六卦都是以反對爲順序，又和甲骨刻辭左右對貞的情態相合，龜殼的板盾和龜甲又可說明乾坤陽陰九六之理。腹甲的外層有一層薄而柔軟的外皮，叫做盾板；盾板裡面的骨殼叫做龜甲。依圖所示，盾板的花紋，六排平列，近似坤卦。《周書・武順》說：「人有中曰參，無中曰兩……男生而成三，女生而成兩。」這是說：有中的是陽性，無中的是陰性。龜甲有中，其數爲九；盾板無中，而其數爲六，和易卦代表陰陽的九六之數合。又盾板是膠皮的、柔軟的，龜甲是骨質的、剛硬的，也合於陽剛陰柔之道。〔註22〕（見圖一）

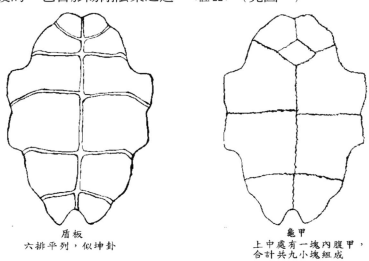

盾板　　　　　　　　　　龜甲
六排平列，似坤卦　　　　上中處有一塊內腹甲，
　　　　　　　　　　　　合計共九小塊組成

圖一　　盾板和龜甲　引自屈萬里〈易卦源於龜卜考〉

〔註21〕見顧洪編：《顧頡剛學術文化隨筆》（北京：中國青年出版社，1998 年），頁
　　　　183。
〔註22〕見屈萬里：《書傭論學集》（台北：開明書店，1969 年），頁 64～65。

第三節　從出土文物再看商代「龜卜」與「易」的探討

　　上一節古史辨學者的論述過程，於今時言之，當然有許多可議之處，然而在新觀念草創之初、出土資料不可同日可語的狀況，不需太過苛責。若不細究其結論，這些議題也是近來學者所關注的：卦畫的來源是什麼？商代有沒有八卦？卜和筮的關係如何？以下略論近年研究成果，可以發現，即使是今日，這些問題雖有新線索，卻也很難有斬釘截鐵的答案。

一、卜與筮的關係

　　《左傳·僖公十五年》：「龜，象也；筮，數也。」卜乃使用龜骨，觀察其灼燒後呈現的「象」；筮用蓍草，使用之法不能確知，但和揲蓍得「數」有關。卜和筮，是兩種得知吉凶的方式，應無承襲的關聯。

　　近年在甲骨上發現由數字組成的辭，學者多認為是蓍數。至於為何會刻於甲骨之上，應如《周禮》所記：「凡國之大事，先筮而後卜」。卜、筮並用在先秦時期十分發達，如侯馬盟書、楚占卜竹簡都曾卜筮並提，「這些發現說明，直到戰國時期，卜、筮仍然是結合在一起，商代和兩周時期，龜卜一直很發達。」〔註23〕李學勤亦斷言：

> 估計西周甲骨上的數字符號，都是卜前所行關於同一事項揲筮的結
> 果，與卜兆有參照的聯繫，卻不是由兆象得出來的。〔註24〕

這是探討卜和筮的關係的重要大前提，卜和筮之間於此當有清楚的分水嶺，所有以數字組成的辭都應歸於對筮的討論，而非因其載於甲骨之上，而成為卜法的討論材料。卜法和筮法雖然常並用，所得結果不被平等看待，即「筮輕龜重」、「筮短龜長」，卜法由於材料難得，手續繁雜，被認為更為重要。人的身分越尊貴，所卜問的事越重大，便更多使用卜法。

　　卜法起源甚早，尤其是骨卜可以上溯至5300～3500年前〔註25〕，至商代龜卜才盛行，筮法的興起約和龜卜同時，如李零所言：「從目前的考古發現看，這種占卜方法比骨卜出現要晚，而與龜卜約略同時，都是從商代就已存在，肯定是在《周易》產生之前。」〔註26〕卜與筮各用象數之法，早期許多骨卜

〔註23〕李零：《中國方術考修訂本·第四章早期卜筮的新發現》（北京：東方出版社，2001年），頁238。

〔註24〕李學勤：《周易溯源》（成都：巴蜀書社，2006年），頁189。

〔註25〕李零：《中國方術考修訂本》（北京：東方出版社，2001年），頁233。

〔註26〕李零：《中國方術考修訂本》（北京：東方出版社，2001年），頁251。

都無文字記錄。當甲骨文字語法成熟之後，筮法的文字記載使用方式，可能會受到甲骨文的影響。是以屈萬里所論〈易卦源於龜卜考〉，可以從文字載記、思維情境的方式而言，闡明易卦受龜卜影響，但是二者的施術的方法依舊是不同的。

二、數字卦和卦畫

論卦畫的起源，大致有較重要的三種說法：（一）文字說；（二）龜卜說；（三）筮數說。〔註27〕數字卦的發現，是使筮數說較佔勝場的考古成就新突破。

曾經被認為是「氏族徽號」、「特殊形式的文字」、「奇字」的數字卦，真正被破譯出來，是在 1978 年 12 月張政烺在第一屆古文字會議上，因應徐錫台先生鳳雛甲骨的奇字問題，即興發表〈古代筮法與文王演周易〉，明確指出：這種奇字是由五、六、七、八構成，即由老陰、少陽、老陽、少陰四爻構成的「卦」，並且屬於六爻組成的「重卦」。張先生發現數字卦的存在，是十分驚人而光耀的成就，其後又發表三篇文章，全面闡述他的看法。〔註28〕其後學者亦加入討論熱潮〔註29〕，新發掘的出土文物及對舊有文物的釋文重新認識，都促進對數字卦的認識。

目前對數字卦有一些共同認識：卦爻的表示是由數字組成，使用的數字有一、五、六、七、八、九、十。截至目前為止，尚未發現有以二、三、四記卦者。張政烺認為這是因為二三四容易相混。三爻卦、六爻卦居多數，四爻卦的例子較少。出土文物大多為殷商晚期至西周時之物，材質則甲骨、金文、日常應用器物皆有。就目前出土資料而言，李學勤認為可以反映出周人較多使用筮法的跡象：

> 已知筮數實例以殷墟出土的幾件為最早。有些見於應用器物，如陶器、石器、鑄器用的陶範等，有些見於甲骨，可能是周人在當地使用的，和殷人的很不一樣。這些例子都不早於殷墟中期〔註30〕，即

〔註27〕見楊慶中：《周易經傳研究》（北京：商務，2005 年），頁 3～8。

〔註28〕這三篇文章是：一、1980 年的〈試釋周初青銅器銘文中的易卦〉；二、1985 年的〈殷墟甲骨文中所見的一種筮卦〉；三、1986 年的〈易辨〉。皆收於《張政烺文史論集》（北京：中華書局，2004 年）。

〔註29〕見李宗焜：〈數字卦與陰陽卦〉，《中央研究院歷史語言研究所集刊》2006 年 6 月，頁 279～318。

〔註30〕李零認為現已發現的數字卦，尚未有早於商代晚期的材料，學者所說屬於新

殷王武乙、文丁時代。在陝西等地的商末周初遺存中，筮數的例子大為增多。這說明周人可能比殷人更廣泛地運用筮法，並用筮數記錄下來。〔註31〕

為了更便利的討論數字卦的問題，今依濮茅左所輯資料〔註32〕，簡單羅列出土的數字卦資料（見表格一，附於本章之末）。若釋文無誤，皆為數字卦，可以很直接的感受到，殷周時定然存有不同的筮法，因為：（一）並存著三爻卦、四爻卦、六爻卦，一個時代並未單一存在某爻數的卦。（二）使用的數字出現次數不一〔註33〕、繁簡不同。李學勤亦曾提出應有甲乙兩種著法存在的看法：「淳化陶罐、扶風和灃西卜骨數所代表的揲著法，最容易出現一，其次六、八，少見五、九，沒有七，可暫稱為揲著法乙；殷墟甲骨、陶器、岐山卜甲和西周金文筮數所代表的揲著法最容易出現六，其次七、八，少見一、五、九，可暫稱為揲著法甲。有沒有『七』，是區別甲、乙兩種揲著法的標志，這大約是在揲著法乙中『七』極難或不能產生之故。」〔註34〕這和文獻上「太卜掌三易」的說法相近。

筮法以數為主，現今發現的數字卦，使用數字有七種，實在難以推論究竟如何筮得，更遑論與今傳〈繫辭〉大衍之數章的只會產生六、七、八、九等四個數字的筮法並不相同，除非是後人對此章的釋讀有誤。關於卦畫來源，學者有如下討論：

關於今本《周易》卦爻的來源，過去有兩種看法，一種認為它的原形是數字，前身是上面說的「數字卦」（張政烺先生和多數學者的看法）；

石器時代的材料都有問題，如張政烺曾舉 1979 年江蘇安青墩遺址出土的兩卦，李零說「承張先生告，是據錯誤信息，他已放棄此例；饒宗頤先生所舉辛店陶器上的數字卦其實全是紋飾。」見氏著《中國方術考修訂本》（北京：東方出版社，2001 年），頁 256～257。又饒宗頤曾提出一武丁時的數字卦，見〈殷代易卦及有關占卜諸問題〉，《文史》20 輯。後以為誤，見饒宗頤〈法京吉美博物館甲骨（708 號）釋文正誤〉，《文史》29 輯，中華書局，1988 年。

〔註31〕李學勤：《走出疑古時代修訂本・關於《周易》的幾個問題》（瀋陽：遼寧大學出版社，1997 年），頁 72～78。

〔註32〕見濮茅左：《楚竹書周易研究——兼述先秦兩漢出土與傳世易學文獻資料》下冊（上海：上海古籍出版社，2006 年），頁 435～510。濮氏用力甚勤，所錄大多附有圖版，甚為翔實。

〔註33〕即使是現存的著法，所著得的各個數字，出現機率依舊不一，見董光璧《易學科學史綱》、張曉明《周易筮法通解》。吳勇：〈從竹簡看所謂數字卦問題〉，《周易研究》2006 年第 4 期，頁 43～48。

〔註34〕見李學勤：《周易溯源》（成都：巴蜀書社，2006 年），頁 231。

一種認爲它的原形和今本一樣，陰爻作八分式樣，乃是因爲竹簡或帛
書行欄狹窄，如作中間斷開的直線，易於模糊混淆，從而有所變通，
和數字恐無聯繫（金景芳先生和李學勤先生的看法）。〔註35〕

王新春進一步解釋數字卦的存在原因，及其無妨卦畫先有的理由，是因爲其
乃筮數的記載：

> 符號化的卦爻畫形式在《周易》古經於西周時期誕生的同時實際即
> 必業已存在……而張政烺先生所釋讀的數字卦，則只會在具體卜筮
> 操作中出現，它們當分別是當時具體筮占所得數字尚未予以向陰陽
> 爻轉換的原始記錄。〔註36〕

李學勤申明卦畫和筮數並不相襲：

> 迄今已發現的筮數的時代限於商代晚期到西周中葉；卦畫在出土文
> 物中的出現，則只能追溯至戰國中晚期，和筮數並不相接，也沒有
> 傳襲的關係。這樣說，當然不能否定卦畫有更遠古的起源，進一步
> 的探討有待於新的考古發現。〔註37〕

李零認爲應把數字卦和《易經》的關係劃分開來：

> 現已發現的「數字卦」，商代西周似乎是以十數爲占者爲主體。戰國
> 時期，這種「十位數字卦」仍在使用（見於楚占卜簡），但與同時的
> 「三易」似有所區別。……我們不能簡單說在「十位數字卦」中，「一」
> 與「五」、「七」、「九」無別，「六」、「八」也是一樣（否則何必還要
> 不辭憚煩地把這麼多的數字全都寫出來呢）。況且按通常理解的「大
> 衍之數」，我們也不可能得到「十位數字卦」。所以，就目前能夠掌
> 握的材料而言，我們認爲，最好還是按直觀特徵把它們分爲兩大類，
> 一類是「十位數字卦」（是否可以稱「易」還有待證明），一類是「兩
> 位數字卦」（三易）。〔註38〕

現在學者大多認爲楚簡上的應是卦畫而非數字，若要肯定戰國楚簡上的記號
是卦畫而非數字，其實還有文獻資料可以證明，就晉太康二年所盜發的汲郡

〔註35〕 李零：《中國方術續考》（北京：東方出版社，2001 年），頁 312。
〔註36〕 王新春：〈哲學視域中戰國楚竹書周易的文獻價值〉，《周易研究》2005 年 5
　　　　月，頁 20～29。
〔註37〕 李學勤：《周易溯源》（成都：巴蜀書社，2006 年），頁 279。
〔註38〕 李零：《中國方術續考・跳出周易看周易》（北京：東方出版社，2001 年），頁
　　　　319。

魏襄王墓，當時記載就稱「得《易經》二篇與《周易》上下經同。」足以證明在戰國中期魏王墓出土的《易經》已與今本《周易》相同，記號當已成爲卦畫。但數字卦確實沿續很長一段時間，目前時代最晚的文物當數四川理縣版岩墓出土的陶制双耳罐，斷代於西漢。〔註39〕

　　卦畫和筮數在出土文物上沒有相襲，該如何有個合理的解釋？在出土資料未有進一步發現前，較合理的看法，可能是卦畫並非由今日所見筮數演化而來，或許尚有我們未見的考古遺物。至於刻筮數而不刻卦畫，可能是存留筮數的功用，如《左傳》所見，春秋時存在不同筮書，或者占人筮得一卦後，可依循不同筮書解釋，取其所利，故留存筮數而不存卦畫。

　　卦畫在周初寫定《周易》時當已出現，否則卦序無法依「非覆即變」的形式編次，而且在卦辭和爻辭都繫有商周史事，如高宗伐鬼方（《既濟》、《未濟》爻辭）和康侯用錫馬蕃庶（〈晉〉卦辭），這兩件史事已相距將近二百年（見本書第三章），足見在周初時，《周易》當已是一個有完整形式的著作，才能於卦爻之下再各自增添史事入書。卦畫的存在應該不會太遲，出土文物有斷代於西周昭王的「中方鼎」，內容載昭王賜褔人給中，中欲筮褔人能不能臣服的記錄〔註40〕，鼎上有數字卦「七八六六六六，八七六六六六」。從武王到昭王，歷時有 80~121 年之久〔註41〕，若以中方鼎的數字卦，認爲此時《周易》的卦畫尚不存在，在東周時卻能廣泛流傳，恐怕不盡合理。春秋時代有個重要的記錄：

> 左傳昭公二年，春，晉侯使韓宣子來聘，且告爲政，而來見，禮也。
> 觀書於大史氏，見《易·象》與魯《春秋》，曰：「周禮盡在魯矣，
> 吾乃今知周公之德與周之所以王也。」

筮法本是數，「易」是由數得來，何以言及「易象」？「象」之所得，應當是由數而來，如李零所言：

> 從根本上講，我們要想理解古代易學，有兩點必須抓住，一是「數」，

〔註39〕李學勤引張政烺之釋文「一八七一八九」，認爲第一個「一」可能是「九」。見氏著《周易溯源》（成都：巴蜀書社，2006 年），頁 243。濮茅左則說：版岩葬文化中所出現的數字應爲「八八八十一八八」，因印刷質量低劣而被誤讀。氏著《楚竹書周易研究——兼述先秦兩漢出土與傳世易學文獻資料》下冊（上海：上海古籍出版社，2006 年），頁 437。
〔註40〕見李學勤：《周易溯源》（成都：巴蜀書社，2006 年），頁 210～219。
〔註41〕見楊寬整理各家說法的「厲王以前西周諸王在位年數表」。氏著《西周史》（上海：人民出版社，1999 年），頁 14。

即卦如何由數而變成，這是筮法的關鍵；二是「象」，即上述由數而
變成的卦，作爲占斷依據，只有象徵意義，後面有特定的理解和解
釋系統。〔註42〕

從這個觀點再審視韓宣子觀「易象」一事，遲至春秋末至戰國，具有「易象」
的《周易》已流傳各國，這使我們肯定，《周易》在春秋時，定不會只是數字
卦形式存在。但《周易》的卦畫是否由數字卦簡化而來，恐怕要發現商中期
以前的數字卦資料才能進一步探討，除本章末表格一所列敍的數字卦資料之
外，2006 年 5 月在河南平糧台發現了刻符的陶紡輪，此紡輪直徑 4.7、孔徑
0.5、厚 1.1 厘米。其上一面有陰刻符號，李學勤認爲框線中的「不」形符號
可以理解爲八卦中的離卦，如圖二：

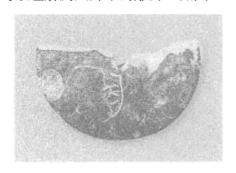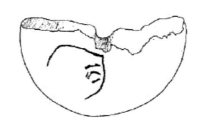

圖二　　河南平糧臺龍山文化城址　刻符陶紡輪

引自《文物》2007年03期 頁48

並認爲在平糧台發現與八卦有關的文字，確是一個重大發現，因爲當
地是傳說中畫卦的伏羲的都城「太昊之墟」。〔註43〕如果這確實是一個卦，
那眞是現今最早的發現，將筮法的使用往上推至龍山文化，但是因爲只有
這麼一件，實在無法判定是數字卦或者卦畫，只能等待更多的考古文物出
現。

三、商代的筮──論〈洪範〉之可信與《歸藏》之有疑

關於商朝的占著，傳統經學最早的記錄當屬《尚書‧洪範》所載箕子之
言：「七、稽疑：擇建立卜筮人，乃命卜筮，曰雨，曰霽，曰蒙，曰驛，曰克，

〔註42〕 李零：《中國方術考修訂本》（北京：東方出版社，2001 年），頁 260。
〔註43〕 張志華、梁長海、張体鴿：〈河南平糧台龍山文化城址發現刻符陶紡輪〉，《文
　　　　物》2007 年 5 月，頁 48～49。

曰貞，曰悔。凡七，卜五，占用二，衍忒。」〈洪範〉所載之事，學者提出證據認爲是周武王時實有。〔註 44〕就現今出土文物來看，晚商存在筮數也是不爭的事實，余永梁認爲商代沒有著法，顯然不正確。

近年受到矚目的，就是對《歸藏》的討論。《周禮・春官宗伯》，言太卜「掌三易之法，一曰連山，二曰歸藏，三曰周易。其經卦皆八，其別皆六十有四。」又說「簭人掌三易以辨九簭之名，一曰連山，二曰歸藏，三曰周易。」孔穎達《周易正義》則概記注解：「杜子春云：連山，伏犧；歸藏，黃帝。鄭玄《易贊》及《易論》云：夏曰連山，殷曰歸藏，周曰周易。鄭玄又釋云：連山者，象山之出雲，連連不絕。歸藏者，萬物莫不歸藏於其中。周易者，言易道周普，无所不備。」

《歸藏》的眞僞歷來學者爭議已久〔註 45〕，余永梁認爲《歸藏》是僞作。在 1993 年王家台秦簡具甲乙兩種底本《歸藏》的出土後，與今之輯本《歸藏》有許多相似之處，此一議題再度掀起討論熱潮〔註 46〕，有學者認爲王家台秦簡證明傳本《歸藏》並非漢人僞造，而且《歸藏》早於《周易》，可能屬於殷《易》；也有學者認爲《歸藏》並非殷《易》，成書時代也很晚。如李家浩認爲「秦簡《歸藏》有可能是戰國晚期秦人的抄本」；李零認爲「現在發現的王家台秦簡《歸藏》和前人所輯《歸藏》佚文，其繇辭提到周武王和周穆王，當然不會是商代的內容。」王明欽認爲：「《歸藏》的成書年代，當在西周末

〔註44〕 李學勤曾有詳細論述「從〈書序〉、〈尚書大傳〉、〈史記〉以至王國維，都認爲〈洪範〉所載是周武王時實有之事。」又贊同金景芳論〈洪範〉是西周作品，理由是：一、春秋戰國時的作品都曾引用〈洪範〉的詞句。二、《詩・小旻》引用〈洪範〉五事，《書・呂刑》引用〈洪範〉三德。見李學勤：《周易溯源・第一章第二節洪範卜筮考》（成都：巴蜀書社，2006 年），頁 19～35。屈萬里認爲〈洪範〉之著成，蓋約當戰國初葉至中葉時。以劉節〈洪範疏證〉一文，言及「皇」字之用法，金文及詩經之用例，皆無君王之義，而〈洪範〉的皇字，已作此解。見屈萬里：《尚書集釋》（臺北：聯經出版社，1983 年），頁 114～116。陳蒲清引劉起釪〈洪範成書時代考〉，系統論證了《洪範》是商朝傳下來的思想，且「皇極」在〈尚書大傳〉中作「王極」，「皇」字之用應是傳抄所致。陳氏一文又從「尚書流傳的歷史」、「洪範的語言特點」、「思想的發展軌跡」、「卜與筮的地位變遷」論〈洪範〉作於周初。見陳浦清：〈《尚書・洪範》作於周朝初年考〉，湖南師範大學社會科學學報 2003 年第 32 卷第 1 期，頁 90～96。

〔註45〕 從古至於近代，對《歸藏》眞僞的討論，可見林忠軍：〈王家台秦簡《歸藏》出土的易學價值〉，《周易研究》2001 年第 2 期，頁 3～12。

〔註46〕 詳見黃海嘯：〈《周易研究》之出土易學文獻研究綜述〉，《周易研究》2006 年第 4 期，頁 49～53。

年到春秋初期，這與《周易》經年代也相差不遠。」林忠軍則認為《歸藏》的成書早於《周易》。〔註47〕

分而論之，《歸藏》的卦名和《周易》大致相同，不同之處有些可能比《周易》更原始，如竹簡《歸藏》〈散〉、輯本《歸藏》作〈散家人〉，《周易》作〈家人〉；竹簡《歸藏》〈毋亡〉，《周易》作〈无妄〉等等，因此學者推斷是《周易》襲自《歸藏》。就卦辭而言，竹簡《歸藏》皆用「卜」字，帶有濃厚龜卜的痕跡。但是卦辭內容有周穆王、平公、宋君之事，而且大部分內容又有許多傳說中的人物：如黃帝、炎帝、蚩尤、后羿等等，兩種對立的證據結合於王家台秦簡《歸藏》中，自然造成眾說紛紜。

據目前所知，商代存有蓍法，因此無法斷然否定商代存有蓍書的可能，《周易》也不太可能劈空而創、完備終始，這和一般對古書流傳的認知不太吻合，因此，所謂的《歸藏》是否就一定是殷《易》？殷《易》不可能是其他未見的蓍書嗎？這是目前學者謹慎討論的。

任俊華和梁敢雄另闢蹊徑，從文獻流傳的角度考證，認為目前所見《歸藏》著作年代遠遠晚於《周易》，只能追本溯源到孔子之宋所見的《坤乾》，可能是《歸藏》的前身，戰國時魏襄王墓的《易繇陰陽卦》是子夏師徒改編所傳，晉代掘出後，歷代《歸藏》的版本均出自汲塚書《易繇陰陽卦》，而王家台秦簡，當稱為《歸藏64卦占》為宜，因其抄錄各有所據，才會有甲乙兩種版本。〔註48〕李學勤認為「王家台簡《歸藏》是流行於戰國末的一種筮書，並在後世傳流增廣，直到宋朝還有篇章保存。目前無法論證的是這種《歸藏》與《周禮》所記的《歸藏》、孔子所見的《坤乾》等有多少關係，但其卜例繇辭文氣不能與《周易》相比，不會很古是肯定的。」〔註49〕

綜上所述，《歸藏》是否真屬於殷《易》仍然有所疑義，難以達成定論。雖不至於如余永梁等古史辨學者所認定為漢人偽作，卻也無法肯定確實是殷《易》，只能暫時置於戰國時期，以待來者。

〔註47〕林忠軍：〈王家台秦簡《歸藏》出土的易學價值〉，《周易研究》2001 年第 2 期，頁 3～12。

〔註48〕任俊華、梁敢雄：〈《歸藏》、《坤乾》源流考——兼論秦簡《歸藏》兩種摘抄本的由來與命名〉，《周易研究》2002 年第 6 期，頁 14～23。

〔註49〕李學勤：《周易溯源》（成都：巴蜀書社，2006 年），頁 296。

第四節　李鏡池的《周易》「貞」字解

　　李鏡池作於 1930 年 12 月的〈周易筮辭考〉，重申「貞」為「卜問」之意，乃是因為殷墟甲骨的啓發，這個說法至今仍被大多數學者認同。李氏認為自從〈文言〉襲取《左傳》所載穆姜之言，〈乾卦〉就有了「四德」──元亨利貞。〈乾〉「四德」說流行之後，「貞」字之本義因此沉寂，即使許慎的《說文解字》明記「貞，卜問也」，仍不被注《周易》的學著採用，〈師‧象〉：「貞，正也」的解釋，貫澈二千年。直到大批的殷墟甲骨發現，卜辭中幾乎每條都用這個「貞」字，於是「貞」的本義才恢復。所以羅振玉《殷虛書契考釋》於「貞」字條下特別贊美許慎的《說文》道：「古經注貞皆訓正，惟許書有卜問之訓。古誼古說，賴許書而僅存者，此其一也。」

　　李鏡池對於「貞」字的辨正，使用的方式是顧頡剛曾提示的「文法的比較」。在 1930 年 3 月的時候，顧頡剛致書李鏡池，後題為〈論易經的比較研究及象傳與象傳的關係書〉，和李鏡池同月的〈答書〉一同收在《古史辨》第三冊中。〔註50〕顧氏的信中談及：

　　　　我對於標點《易經》的意見，以為「文法的比較」最為重要。因為
　　　　《易經》中所說的話，不但我們不懂，即做〈易傳〉的人也不懂（看
　　　　象傳的只會敷衍字句可知）。那麼，我們要標點它，只有從文法上去
　　　　求出它的成語（縱不能知道它的意義，也須知道哪幾個字是可以聯
　　　　綴在一起的），我們的標點不致把那時的成語打碎，已算盡了我們的
　　　　職責。〔註51〕

顧頡剛並舉了一例，將易經中的「厲」字做了整理，得出「厲不是好字」的結論，則乾卦的「厲无咎」應該不是「能惕厲則无咎」。並希望李鏡池能依此將卦爻辭一一鈔出比較。李鏡池的〈答書〉中寫到「『文法的比較』研究，極好，當勉為之」，而同年 12 月即寫作〈周易筮辭考〉，可說是受到顧頡剛研究方法的啓示。

　　李鏡池將《易》卦爻辭中用「貞」的地方分為數項列舉於下：

　　一、貞吉
　　二、貞凶
　　三、貞厲

〔註50〕《古史辨》第三冊，頁 134～142。
〔註51〕同上，頁 134～135。

四、貞吝

五、利貞

六、可貞

七、不可貞

八、蔑貞

九、貞——如貞疾恒不死（〈豫‧六五〉）

李氏認爲從上面這些占詞看來，可知貞之爲「卜問」而非「正」。若說是正，則「貞凶」、「貞厲」、「貞吝」這些話怎麼樣說呢？「正」之一字，是一個絕對的「好」名詞，何以會「正」而致「凶」，「正」而致「厲」致「吝」呢？

李鏡池由此認爲「元亨利貞」四字應該是「元亨，利貞」，而不是「元，亨，利，貞。」「利貞」二字，可以獨立成爲一種占詞，如〈蒙〉、〈大壯〉等卦辭。「利貞」並不是甚麼「德」。「利」字不能獨立；「貞」字亦要與他詞連結而成文；「利」本來可以說是獨存的，因爲「利」與「无不利」是相對待的；但《周易》中沒有單用個「利」字。我們只見「利有攸往」、「利用爲大作」、「利于不息之貞」等與他詞連結的「利」字的用法。「貞」字更沒有單用的，它也要連結他詞而成義。「貞」字在卦爻辭中是動詞，不是形容詞。「利貞」聯合起來方有意義；「利」「貞」分了家就要飄搖。

李鏡池斷定「貞」的本義是「問」的意思。甲骨卜辭中的貞是貞之於龜。《周易》卦爻辭的貞，是貞之於蓍。綜觀卦爻辭所載，大概有下列幾種結果：

一、貞問而吉的。如「貞吉」，「貞吉亨」，「利貞」，「元亨，利貞」，「利永貞」，「可貞」之類是。二、貞而不全吉的。如「貞吉，悔亡，无不利，无初有初」，「貞厲，終吉」，「貞厲；无咎」，「厲吉，无咎，貞吝」，「元亨，利貞，悔亡」之類是。三、指定一種範圍的貞問。如「貞大人吉」是貞大人；「貞婦人吉，夫子凶」是貞婦人及夫子；「小貞吉，大貞凶」有大小事之分；「居貞吉」限于居；「不可疾貞」及「貞疾恆不死」專指疾病之貞而說。四、貞問而凶的。如「貞凶」，「貞厲」，「貞吝」，「不可貞」之類是。

李鏡池認爲卦爻辭的「貞吉」而又「悔亡」，「厲」而又「吉」，「吉」而又「无咎」，「无咎」而又「貞吝」，簡直是反覆不定、難于捉摸。可能是因爲幾次筮占的結果的併合。

高亨在《周易古經通說》的第五篇〈元亨利貞解〉中，詳細的將《周易》中的「貞」字條分縷析，最後結論爲：「綜計《周易》卦辭、爻辭中，有元亨

利貞四字者凡一百八十八條。元皆大義，亨皆享祀之享，利皆利益之利，貞皆貞卜之貞，殆無疑義。而〈文言〉、《左傳》妄以四德釋之，千載學者爲其所蔽，致《周易》古經之初旨晦翳不明，甚可慨也。」〔註52〕

　　將《周易》「貞」字等同卜辭中的「貞」，幾已成定論，然而近年學者對甲骨文的「貞」字又有不同的想法，張玉金統合整理出以下說法：

　　　　饒宗頤認爲，有些「貞」應訓爲「卜問」，而有些「貞」應訓爲「當值」或「正」或「定」；舒萊認爲正確的解釋應是「人們爲了探求應該遵循的正確道路而測驗」；倪德衛認爲應解釋爲「正式認定占卜結果的正確性」；拉夫布萊認爲可譯爲「主禮占儀」；高島謙一認應訓爲「正」，意思是「正命辭」。〔註53〕

張玉金則認爲《周易》中的「貞」字應該都釋爲「卜問」，又認爲「卜辭前辭中的『貞』跟古文獻中的有些『貞』應該是同一個意思。不過，從詞性上看，古文獻中意義爲卜問的『貞』有名詞和動詞兩種用法，而卜辭前辭中的『貞』則只有動詞用法。」〔註54〕針對《周易》的「貞」字，學者們也開始提出異議：

　　　　饒宗頤堅持「正」的舊訓；曹福敬則認爲「貞」大部份還得訓「正」，

　　　　少部份應訓爲「定」。吳辛丑對《周易》經文的「貞」字進行語法分

　　　　析，認爲都得解爲「占問」，不能有「正」或「問」之解。〔註55〕

廖名春則認爲《周易》「這些『貞』字，都應該訓爲定，或正」、「貞字基本意義是定，引申義是正。由定的堅定不移，固守不變而抽象引申爲堅持原則、堅持爲正。」又解釋「所謂『貞凶』，就是說固守不變則凶；所謂『貞厲』，就是說固守不變則有危險；所謂『貞吝』，就是說固守不變則有吝惜。」〔註56〕

　　在西周甲骨出土之後，「貞」字亦受到討論。李學勤認爲洪洞坊堆出土的卜骨屬於西周甲骨，釋文可能爲「疒（仆），囟（斯）疒（仆），三止（趾）又（有）疾，貞。」並說明「『貞』置於辭末，當訓爲正，在《周易》中常見，殷墟卜辭未見此例。」〔註57〕朱歧祥研究周原甲骨的貞字則認爲「殷卜辭貞

〔註52〕高亨：《周易古經通說》（香港：中華書局，1963年），頁99。

〔註53〕張玉金：〈甲骨文中的「貞」和《易經》中的「貞」〉，《古籍整理研究學刊》2000年第2期，頁6～11。更詳細的論述，可參見張玉金：《甲骨卜辭語法研究》（廣州：廣東高等教育出版社，2002年）

〔註54〕同上。

〔註55〕廖名春：〈周易乾卦新釋〉（演講稿，尚未發表）

〔註56〕廖名春：《周易經傳十五講》（北京：北京大學出版社，2004年），頁170～171。

〔註57〕李學勤：《周易溯源》（成都：巴蜀書社，2006年），頁182。

字……與周原甲骨同，二者作為占問的用法亦一致。」〔註 58〕由以上資料得見，「貞」字原本就有許多意思，若要專主一義，恐怕窒礙難行，目前尚缺學者將「正」或「定」之義釋完《周易》全部的卦爻辭，這或許是「卜問」之意尚略勝一籌、影響猶深的緣故。

結　語

　　余永梁以商周之史為背景，討論卜和筮的關係，我們應當贊同如此的治學方法，將歷史知識與文獻結合討論，雖然其論證與今時所知所見不盡相契，不當以草創之襤褸而抹煞其功。肇於甲骨文的啟發，余永梁提出「卦畫起於龜契」、「商無蓍法」、「《歸藏》乃漢人偽作」、「筮法起於卜法」等等意見。商代有蓍法可證余氏之誤，《歸藏》至晚已出現在戰國，亦非漢人偽作，這些都是出土文物給我們的新觀念。然而，我們對於「卦畫起源」不過向前進一步假設可能和數字卦有關，《歸藏》的卦名可能有一些古老的淵源，都無法給一個斬釘截鐵的答案。

　　李鏡池也因為甲骨文的啟示，認為卦爻辭和卜辭有高度相似，應該是結集占筮結果而成；又提出《周易》中的「貞」字應當解為「卜問」，此一觀點提出，影響至今，近年學者雖然異議，認為應循舊訓為「正」或「定」，但未能根本搖撼此說的地位。從上述的論證可知，即使時至今日，我們仍然試圖解答古史辨學者提出的問題，不論是否定、靠近或超越，都不能避開他們開闢的道路。

〔註 58〕朱歧祥：《周原甲骨研究》（台北：臺灣學生書局，1997 年），頁 89。

附表一

一、甲骨文中的數字卦

出土地點	商	西　周	東　周	數字釋文	備　註
河南安陽小屯村卜骨	商晚期			六六六 六七七六（倒書）	四爻
河南安陽四盤磨村卜骨	商晚期			七五七六六六 七八七六七六 八六六五八七	
河南安陽小屯南地卜骨	商晚期			十六五（倒書）	張政烺〈殷墟甲骨所見的一種筮卦〉所附拓本模糊，釋爲「八七六五」的四爻卦，濮氏版本稍清晰，只釋爲三爻
河南安陽殷墟卜甲	商晚期			六七一六七九 六七八九六八 七七六七六六	下有「貞吉」一詞
陝西岐山鳳雛村卜甲　11：7 　　　　　　　　11：81 　　　　　　　　11：85 　　　　　　　　11：90 　　　　　　　　11：91 　　　　　　　　11：177		周初		八七八七八五 七六六七六六 七六六七一八 □□□八六七 六六七七五□ 七六六六七六	
陝西扶風縣齊家村卜骨		西周		（正面） 一六一六六八 （反面） 六八一一一八 八八六六六六 一八六八五五 六八一一一一	
陝西長安張家坡卜骨 　　　　T313：2：3 　　　　T4⑤ 　　02QZ II A3H90：79		西周		一六六六六一 六六八一一六 一一六一一一 （直、倒書） 六八一一五一 （橫） 五一一六八一 八七五六八七 八六七六八八 八七六六八六七	
北京房山鎮江營卜骨		西周中期		六六六六七七 七六八六五八	

二、金文中的數字卦

器名與出土地點	商	西　周	東　周	數字釋文	備　註
五五五爵（河南安陽殷墟出土）	商晚期			五五五	
五五五卣	商晚期			五五五	
五五五瓿（山東滕縣出土）	商晚期			五五五	
五五五盉	商晚期			五五五	
五五五匕辛爵	商晚期			五五五	
又史父乙五五五角	商晚期			五五五	
五五五父己爵	商晚期			五五五	
見五五五瓿	商晚期			五五五	
五五五且丁斝	商晚期			五五五	
六六六父戊卣	商晚期			六六六	
八一六盤	商晚期			八一六	
爵	商晚期			八六七六一七	
小臣𫵷乍且乙卣	商晚期			五五五	
父乙五五五鼎	商晚期	西周早期		五五五	
五五五作彝瓶		西周早期		五五五	
五五五父乙簋		西周早期		五五五	
五五五母辛卣		西周早期		五五五	
五五五父乙方鼎（陝西扶風雲塘村出土）		西周早期		五五五	
一六一戈（河南洛陽北窑村西龐家溝出土）		西周早期		一六一	
效父簋		西周早期		五八六	
伯簋		西周早期		八五一	
中游父鼎		西周早期		七五八	
八八六八鼎		西周早期		八八六八	張政烺〈殷墟甲骨所見的一種筮卦〉所附拓本為清晰四爻卦，濮氏所引版本模糊，只釋為三爻
六一七六一六◇方鼎（陝西岐山縣京當鄉雙庵村出土）		西周早期		六一七六一六	
者◇鼎		西周早期		七六八六七五	
六六一一六一盤		西周早期		六六一一六一	
大保卣		西周早期		五一七八一□	
召卣		西周早期		六一八六一一	（倒書）
父乙盉		西周早期		七六七六七六	
召中卣		西周早期		七五六六六七	
中方鼎		西周早期		七八六六六六 八七六六六六	
六六一六六一瓶（陝西岐山賀家村出土）		西周中期		六六一六六一	
子𥝩戈			東周	一一六 一一六	

三、其他器物中所見數字卦

出土地點	商	西　周	東　周	數字釋文	備　註
河南安陽曲圃北地遺址磨石	商晚期			（正面） 七六七六六七 七六八七六七 六六五七六八 （側面） 六六七六六八 （反面） 八一一一六六 八一一一一六	
河南安陽殷墟陶片一 　　　　　　　二	商晚期			七七八六六七 六六七六六八 六六七六七五	
河南安陽殷墟陶爵範	商晚期			五七六八七七 一七六七八六	
河南安陽殷墟孝民屯村陶範一 　　　　　　　　　　二 　　　　　　　　　　三 　　　　　　　　　　四	商晚期			五八七 八六一六六六 □□六六六七 □□七六七六 六一一六□□ 一一六六一六	
山東平陰朱家橋陶罐	商晚期			一八八六一一	
陝西長安張家坡西周居址陶紡輪		西周早期		六六五六六八	
陝西長安張家坡西周居址骨角鏃一 　　　　　　　　　　　　二 　　　　　　　　　　　　三		西周初期		五一一 一五□ 一六一	
淳化石橋鎮西周陶罐		西周		六一一五一一 一六一一一一 一一一六八八 一一六一一一 一一六一八五 一八一六一一 八一一八一六 六八五六一八 一八八一一一 一一六八八一 一一一一一一	「八一一八一六」與 「六八五六一八」共 刻一格
陝西長安西仁村陶拍 CHX 采集：1 　　　　　　　　CHX 采集：2		西周		六一六一六一 一六一六一六 八八六八一八 八一六六六六 一一六一一一 一一一六一一	（既濟） （未濟） （師） （比） （小畜） （履）

周琥		西周晚期		六七七一一一	
陝西周原博物館陶罍（周原出土）		西周		一一一一八一	未見拓本
陝西周原博物館陶瓮（周原出土）		西周		一一一一八一	未見拓本
陝西周原博物館陶殘圈足（周原出土）		西周		六六六 一一八 一六六	未見拓本
四川理縣版岩墓陶制双耳罐		西漢前期		八八十一八八	濮氏釋文

四、竹簡所見數字卦

出土地點	商	西　周	東　周	數字釋文	備　註
湖北荊門包山楚簡			戰國中晚期		或爲卦畫
河南新蔡葛陵楚墓			戰國中期		或爲卦畫
湖北荊州天星觀卜筮竹簡			戰國中期		或爲卦畫

第五章　古史辨對《周易》經文的析論

前　言

　　古史辨在《周易》研究中最特出之處，便是將《周易》還原為史料，即是由經學導向史學，就經文本身直接分析其內蘊，並對《周易》的來源、構成詳加考明。在唐代經學統一時期，孔穎達《周易正義》的八論〔註1〕總結歷代之說，稱引論述《周易》的相關背景問題，已經注意到〈易傳〉和傳統說法的矛盾之處，追本溯源，影響甚鉅。但古史辨並未亦步亦趨追隨其後，乃承襲清末疑古之風，推翻舊說，不循〈易傳〉，直取根本，以破代立，著力於將《周易》與聖王聖人的關係切割，以回復其卜筮之面目。傳統經學家的易學研究，其易學史學觀，大多認同「人更三聖，世歷三古」的之說，視《周易》為聖人之書。易學觀則強調《周易》包含聖人之道，人們可以領悟和發揮其中的思想，但不能有所懷疑。易學研究方法，雖有象數、義理之別，但一般都認定《周易》卦爻辭與卦爻象之間存在著內在的邏輯關係，並比較側重於探求或打通這種關係。〔註2〕而不循舊說是古史辨鮮明的立論態度，如李鏡池1961年所寫的〈關於周易幾條爻辭的再解釋〉中所道：

> 我也作過《易》目，三千之多，真可汗牛充棟。可惜學識淺陋，我
> 立的「新解」，前人有沒有說過，我也不可得而知。至於要駁倒舊說，

〔註1〕 此八論為：第一論易之三名；第一論易之三名；第二論重卦之人；第三論三代易名；第四論卦辭爻辭誰作；第五論分上下二篇；第六論夫子十翼；第七論傳易之人；第八論誰加經字。

〔註2〕 見楊慶中：《二十世紀中國易學史》（北京：人民出版社，2000年），頁3～4。

固然沒有這個學力和時間，也沒有這個必要。據淺見所及，易學舊說，有兩種現象：一是陳陳相因，雷同頗多。……二是託古改制，各自立義。講的是各人自己的哲學思想，「皆可援易以爲說」，「而實則非也」。〔註3〕

古史辨學者治《易》並不從古籍資料中條分縷析、彼此牽合，而是著重經文本身的分析和提出假設，對種種舊說以破壞爲主。在《古史辨》第三冊上編中，所涉及的問題，從二十世紀至今仍引發熱烈討論、深受重視，易學家可以不認同古史辨的結論，卻無法迴避古史辨所提出的這些主題，無論是哪一面向的易學家，都將回答《周易》的作者爲誰、著作年代爲何、卦爻辭與卦象爻象的關聯等等問題。尤其近年考古成就愈高，學者們對古史辨所提出問題回應得愈加熾熱，而人們也秉持學術求眞的態度追尋眞相。或許古史辨某些結論已被推翻，然而回溯古史辨對《周易》經文的析論，總結其成果，或許可以有鑑往知今之效。

第一節　《周易》的著成時代背景及編者

一、顧頡剛、余永梁以爲周初卜官所作

卦爻辭的作者古說有「卦辭爲文王作，爻辭爲周公作」「周公作卦爻辭」、「孔子作卦爻辭」等說法。古史辨則正視其中矛盾，提出新說。顧頡剛和余永梁大致上意見相同，都認爲《周易》的卦爻辭是周初卜官所作，否定文王作爻辭的傳統說法，其所根據的證據都是對卦爻辭本身內容的分析：

（一）卦爻辭編成時代為周初

顧頡剛〈周易卦爻辭中的故事〉分析卦爻辭中有王亥喪牛羊于有易、高宗伐鬼方、帝乙歸妹、箕子明夷、康侯用錫馬蕃庶等五件故事，兩件是商的，三件是商末周初的，因此認定它的著作時代當在西周的初葉，顧頡剛認爲這些故事在〈易傳〉寫作時已不明所以，更顯現出其年代久遠，因此卦爻辭的著作時代當在周初。顧氏另外從《周易》卦爻辭的涉及周初封建之事，否定卦爻辭作於文王。通常我們只能依憑文獻上所載史事斷定其「上限」，而非其「下限」，但《周易》爻辭內容所及，甚至近乎較原始的畜牧時代，所以這些

〔註3〕李鏡池：《周易探源》（北京：中華書局，1978年），頁189～190。

史事反而成了著作時代的「上限」（見本書第三章）。余永梁〈易卦爻辭的時代及其作者〉則因〈晉〉卦「康侯用錫馬蕃庶，晝夜三接」，認爲康侯還沒有封衛，此在武庚管叔未叛之前，因此推論卦爻辭作於成王時。

（二）作者當為周地卜官

顧頡剛認爲《周易》的著作者已無法明確考知，當出於那時掌卜筮的官，即〈巽〉爻辭所謂「用史巫紛若」的史巫。並推論著作地點當在西周的都邑中，一來是卜筮之官當居於都邑中之，二來因經文中言及「岐山」、「缶」，此二者都是西方色彩，如〈離〉九三「不鼓缶而歌」。而李斯〈諫逐客書〉曰：「擊甕扣缶而呼嗚嗚快耳者，眞秦之聲也」，楊惲〈報孫會宗書〉曰：「家本秦也，能爲秦聲，……酒後耳熱，仰天撫缶而呼嗚嗚」，可見缶是秦地的主要樂器，秦地於西周時則爲周王室的王畿。至於卦爻辭的內容，顧頡剛認爲其形制類同籤訣，是人們耳熟能詳的故事，只是因爲古史失傳，因此不能得知其內容。余永梁則認爲卦爻辭中有卜官記文王四事，也有以卜官語氣記周初事者（見本書第四章）。

二、李鏡池的編纂說及年代考

（一）筮辭編纂說

《周易》卦爻辭的作者爲誰，余永梁在稍早的〈易卦爻辭的時代及其作者〉中就提出編纂說，認爲「卦爻辭在當時一卦一爻之下，儘有不同的繇辭，後來才刪削成爲定本。所以卦爻辭有同樣的事實而分隸於不同的卦爻之下，如『帝乙歸妹』的事兩見，『高宗伐鬼方』的事兩見。可知卦爻辭是逐漸增益，到後來才完整。」李鏡池也認爲是卜官[註4]編纂，〈周易筮辭考〉中具體說明「筮辭編纂說」：

> 我對於《周易》卦爻辭的成因有這樣的一個推測，就是卦爻辭乃卜史的記錄。《周禮·春官》說「占人……凡卜筮，既事則繫幣以比其命，歲終則計其占之中否。」所占一定有一爻數占的，因而有數種記錄。到了歲終，就把所占的各種記錄彙集比對，而計其占之中否。

〔註4〕李氏在1963年爲《周易探源》寫的序中說得更明確：「編著者是卜史，卜史是貴族中的僧侶階層，是政治顧問，是當時的高等知識分子。他們掌握了政府的文獻資料，學問廣博，如後來的老聃爲周柱下史，司馬遷爲太史公，都是這一類人。」氏著《周易探源》（北京：中華書局，1978年），頁4。

所以卦爻辭中，很有些不相連屬的詞句，這不相連屬的詞句，我們
要把它分別解釋；若硬要把它附會成一種相連貫的意義，那就非大
加穿鑿不可。」〔註5〕

意即《周易》的卦爻辭材料來源，乃是舊筮辭，是編者將占筮的時間、占人
去掉，並加以整理，就能把個別的變為普遍性質。這樣的觀察體現在稍早的
〈左國中易筮之研究〉中，李鏡池注意到《左傳》、《國語》所載的占筮事例，
有一種特別的現象，就是卜官占筮時臨時撰成之辭：

閔公二年傳：成季之將生也，桓公使卜楚丘之父卜之，……又筮之，
遇〈大有〉之〈乾〉，曰：「同復於父，敬如君所」

昭公五年傳：初，穆子之生也，莊叔以《周易》筮之，遇〈明夷〉
之〈謙〉，以示卜楚邱，曰「是將行而歸為子祀，以讒人入。其名曰
牛，卒以餒死。」

《左傳》的這兩則易例所載筮辭均不見於今本《周易》，如〈大有〉之〈乾〉，
當是〈大有〉六五：「厥孚交如，威如，吉」，但《左傳》此筮辭為「同復於
父，敬如君所」。筮穆子之生一事，雖明言以《周易》筮之，但「是將行而歸
為子祀，以讒人入。其名曰牛，卒以餒死」之辭，是闡釋〈明夷〉初九：「明
夷于飛，垂其翼；君子于行，三日不食。有攸往，主人有言」，並從卦象上推
斷而出〔註6〕，非《周易》本身的筮辭。

　　李鏡池認為，《左傳》此二例，若只載筮者之辭而不及故事的背景，則這
些筮辭，恐怕永遠沒有人理解其意。而《周易》的卦爻辭，就是卜官所記載
的，其辭難以理解，就是因為只見筮辭而不知背景。在〈周易筮辭考〉中，
李氏認為前人卦爻辭歸之於兩位聖人的名下：文王作卦辭、周公作爻辭，那
不過是一種偶像的崇拜，「是一種箭垛式的把戲」，而這個傳說也暗示卦爻辭
有一個或一個以上的作者，一方面是編集舊有的筮辭，一方面是有意為文。

〔註5〕《古史辨》第三冊，頁189。
〔註6〕卜楚丘推斷的依據是：「明夷，日也。日之數十，故有十時，亦當十位。自王
　　　已下，其二為公、其三為卿。日上其中，食日為二，旦日為三。明夷之謙，
　　　明而未融，其當旦乎，故曰『為子祀』。日之謙，當鳥，故曰『明夷于飛』。
　　　明而未融，故曰『垂其翼』。象日之動，故曰『君子于行』。當三在旦，故曰
　　　『三日不食』。離，火也；艮，山也。離為火，火焚山，山敗。於人為言。敗
　　　言為讒，故曰『有攸往。主人有言』。言必讒也。純離為牛，世亂讒勝，勝將
　　　適離，故曰『其名曰牛。』謙不足，飛不翔；垂不峻，翼不廣。故曰『其為
　　　子後乎』。吾子，亞卿也；抑少不終。」足見是依據〈明夷〉初九的卦辭並輔
　　　以〈明夷〉和〈謙〉的卦象，再行口占。

李氏的筮辭編纂說，很能夠解釋卦爻辭中何以有似不相連之事同置一爻之下的情形〔註7〕，而《左傳》中卜筮人臨時占成的筮辭，又頗似《周易》經文的風格。此說提出以來，從者翕然，對20世紀以來的《周易》作者研究，影響甚鉅。

　　關於編纂說，李鏡池在後來的〈周易的編纂和編者的思想〉〔註8〕中尚有補充，就形式方面來論證今傳《周易》是編纂而成：

　　1. 貞兆詞的重迭和相反：即卦爻辭中斷定吉凶的貞兆詞有重覆的現象，如〈恆〉卦辭：亨，无咎。利貞。利有攸往。卦爻辭中又有吉凶矛盾的現象，如〈晉〉上九：晉其角，維用伐邑。厲。吉。无咎。貞吝。

　　2. 編者對占筮者的提示。此有二例：〈蒙〉卦辭：初筮告，再三瀆；瀆則不告。〈比〉卦辭：吉。原筮，元永貞，无咎。

　　3. 爻辭的對襯式和階升式的編排。李鏡池認為的「對襯」，是初與上、二與五、三與四爻對襯，所舉的例子是〈乾〉、〈大過〉。〔註9〕階升式則以〈艮〉、〈漸〉兩卦為例。

楊慶中認為，認定卦爻辭是根據已有筮辭加工、整理、編纂而成的說法，所持理由大概有三點：1.筮辭包含著比周初更古老的歷史資料。2.古代有卜筮資料存檔制度。3.《易經》中的部分卦爻辭，有明顯的加工、編創特徵。〔註10〕

〔註 7〕李鏡池在〈周易筮辭考〉中將卦爻辭記敘之例，分為六種，認為其中三種有參差，意義亦每每不貫連，很像是幾次記錄的併合。此三種為：一、先吉凶而後敘述。如〈小畜〉「亨，密雲不雨，自我西郊」。二、敘事，吉凶；又敘事，吉凶。如〈訟〉六三「食舊德，貞厲，終吉。或從王事，无成。」〈隨〉九四「隨有獲，貞凶。有孚在道，以明，何咎。」三、、混合的：或先吉凶，敘事；又吉凶。或先敘事，吉凶；又敘事。例如〈坤〉：「元亨，利牝馬之貞。君子有攸往，先迷後得主。利西南得朋；東北喪朋。安貞吉。」〈復〉：「亨，出入无疾，朋來无咎。反復其道，七日來復。利有攸往。」

〔註 8〕李鏡池：《周易探源》（北京：中華書局，1978年），頁191～228。

〔註 9〕如〈乾〉卦，初九「潛龍勿用」與上九「亢龍有悔」；九二「見龍在田，利見大人」與九五「飛龍在天，利見大人」；九三「君子終日乾乾，夕惕若，厲無咎」與九四「或躍在淵，無咎」。在文字使用上的類似度極高。又〈大過〉卦，初六「藉用白茅，無咎」與上六「過涉滅頂，凶，無咎」；九二「枯楊生稊，老夫得其女妻，無不利」與九五「枯楊生華，老婦得其士夫，無咎無譽」；九三「棟橈，凶」與九四「棟隆，吉，有它吝」。李氏所觀察到的「對襯」，和一般所認為的上下卦對應是不同的，言之有據，故特此誌之。

〔註10〕楊慶中：《周易經傳研究》（北京：商務印書館，2005年），頁24。

黃沛榮在〈周易爻辭釋例〉〔註11〕中指出,卦爻辭之主體應是成於一人一時之手,作辭者雖或採用若干前代之材料及故事,絕非長時間積聚的複雜的材料。證據有六:

1. 諸卦以反對相次。
2. 爻辭多繫以卦名。
3. 通卦諸爻每自下而上取象。
4. 爻辭用字類與爻位相應。
5. 諸爻吉凶每與爻位有關。
6. 卦爻辭用韻例。

楊慶中肯定此說,並認為所謂的「一人」,也可以理解為一個編輯群體。

筆者以為,黃氏之說可以證明的,是《周易》卦爻辭主體成於一個卜官集團,此集團受有相同之文明養成,故著作體例大致相同,乃順理成章,然而若言其成於「一時」,或有窒礙之處。

就形式上而言,承李鏡池所說,「貞兆詞的重迭和相反」是難以否認的矛盾,另一個鮮明的特徵,即是有些卦爻辭呈現對襯式、階升式的編排,或爻辭內容和卦名有高度重覆,有的卻沒有,如〈大有〉和〈中孚〉:

〈大有〉:元亨。

初九,無交害。匪咎,艱則無咎。

九二,大車以載,有攸往,無咎。

九三,公用亨于天子,小人弗克。

九四,匪其彭,無咎。

六五,厥孚交如,威如吉。

上九,自天祐之,吉無不利。

〈中孚〉:豚魚吉。利涉大川,利貞。

初九,虞吉,有它不燕。

九二,鳴鶴在陰,其子和之;我有好爵,吾與爾靡之。

六三,得敵,或鼓或罷,或泣或歌。

六四,月幾望,馬匹亡,無咎。

九五,有孚攣如,無咎。

上九,翰音登于天,貞凶。

〔註11〕黃沛榮:《易學乾坤》(台北:大安出版社,1998年),頁123～156。

若是成於一時一人之手，何以不全面齊一？許多卦爻內容難以解釋，也正由於文例不齊。若要解釋這樣的狀況，歸之於前後編纂者的貢獻不同，是較能符合實際情形的。

（二）著作時代——前以為周初，後以為西周末

李鏡池早年在〈周易筮辭考〉中贊同顧頡剛的說法，以《周易》編纂的時期是在西周初葉。其後在 1947 年的〈周易筮辭續考〉[註12] 則重新主張《周易》的寫定時期，是在西周末年。論斷的主要依據是文體和文法比較，以《詩經》為參考點，把〈明夷〉初九和〈小雅·鴻雁〉比較（見本章第四節），認為「〈鴻雁〉篇，詩序謂『美宣王也』。小雅多西周末年之詩，所以我們假定《周易》的寫定時期，是在西周末年，不算太早，也不算太後吧。」李氏認為《周易》經文多押韻，依照韻文的發展，寫定時間不能太早，並以金文用韻為證：

> 一、西周初年的金文，用韻的很少，用韻的多在西周末年，東周列國，與《詩經》的演進軌跡相同；二，用韻的金文，都是有意的製作，用韻即全篇用韻，縱或不全篇，如齊侯叔夷鐘，前半無韻，後半用韻，也是很清楚很整齊的。這兩點關係頗重大，它告訴我們，文學演進的歷史，應用的文學，早于美化的文學，而美化的文學，又影響了應用的文學，趨於美化。

另外，李氏在 1962 年又補記，認為《周易》的思想內容也反應了西周晚期的社會。一是康侯用錫馬蕃庶的故事，李氏認為「康侯」或許只代表「衛侯」，不一定指「康侯」本人，1963 年為《周易探源》寫的序也點明了「康侯封於衛，是成王時事，『用錫馬蕃庶』，當然更在其後一個時間」；二是認為爻辭反映統治階級內部矛盾鬥爭，是衰世之音，不會是成康治世；三是編著有隱遁思想，是時代沒落的反應。

筆者以為《周易》經文當是周初時寫定，「康侯」一事，說可見本書第三章，此不再重覆。至於思想內容是否如李氏所言，人言言殊，在此不能詳談，若韻文演化進程之說，待本章末結語處再總論。

〔註12〕李鏡池：《周易探源》（北京：中華書局，1978 年），頁 72～150。

第二節　八卦與重卦

一、「卦」與「蓍」發生的先後

　　李鏡池〈周易筮辭考〉中已注意到，文獻中對於蓍法發生在前或八卦發生在前的看法是不一致的。如孔穎達依〈繫辭〉論用蓍之法「四營而成易，十有八變而成卦」，則是用蓍是在八卦相疊之後的六爻卦，所以較八卦晚，但〈說卦〉又言：「昔者聖人之作易也：幽贊於神明而生蓍，參天兩地而倚數，觀變於陰陽而立卦，發揮於剛柔而生爻。」歐陽脩則據此說「則卦又出於蓍矣。」李氏在結論說：「卦的發明及卦與蓍的關係，我們假定，是蓍先于卦；卦由蓍作。」自數字卦被確認以後，學者多肯定卦由蓍數而來，然而《周易》的卦是否由現今所見之數字卦而來，則又存在許多爭議（見本書第四章）。

二、先有八卦後有重卦說

　　李鏡池在〈周易筮辭考〉中認同八卦之說，對傳統「文王演易」之說勾勒出兩條線索，一是八卦的創作，與六十四卦的演成，是經過兩個階段的。不論重卦的是伏羲是文王，總是承認先有八卦，後有重卦，不是一個簡短的時間所能夠成功的，傳說合於事物自然進化的則例。二是「西伯拘羑里，演《周易》」，這個傳說透露山六十四卦的完成的時間地點與其作者的環境的消息來。《周易》以周民族爲名，表示《周易》卦爻辭與周民族有密切關係，而周民族的代表人物，以文王最有聖德；在他以前的，如公劉、古公，年代綿遠，不大爲人所熟識；在他以後，如武王周公，又是國務繁冗，無暇及此；而且演卦之事又不應太後，所以重卦之人，據情勢說來，放在文王的主名之下是最合適的。

　　其後李鏡池在 1948 年〈周易卦名考釋〉又補充道：

> 八卦，可說是另一體系的文字，或者是先文字時期產生的輔助記憶的「表憶符號」（memonic）。……〈繫辭傳〉說的書契，正是八卦的契刻，而不是甲骨的契刻。八卦或許是周民族最早的文字符號。後來與殷民族接觸，才改用殷民族那一套文字符號，而保留自己的那一套在《周易》。〔註13〕

〔註13〕李鏡池：《周易探源》（北京：中華書局，1978 年），頁 262。

二說都以八卦爲先。近年馬王堆帛書《周易》不同於今傳的卦序，引發另一個議題，即是《周易》是否曾有「重卦」一事？占著是否一開始即是六爻卦，而非先有三爻卦？韓仲民曾舉出六條證據〔註14〕，說明六十四卦先於八卦，主要便是一種反向思考，即《周易》成書時若已先有八卦的概念，則編排時當如帛書《周易》的卦序，而非今本非覆即變的卦序，此說有個大前提，即今本卦序早於帛書本卦序，如李學勤所言：「如果《周易》經文本來就有像帛書這樣有嚴整規律的卦序，誰也不會打亂它，再改編傳世本那樣沒有規律的次第，而〈序卦〉傳也用不著撰寫了。」〔註15〕

　　楊慶中整合了屈萬里與黃沛榮之說，認爲《周易》在編纂時，即已有重卦的觀念，大致可分爲以下七點：〔註16〕

　　（一）《易經》中二、五之爻多系以「中」字，二爻有 4 例，五爻有 1 例，共 5 例

　　（二）二五之爻居中，故二五之爻多用「包」字，共有 6 例；「幽隱深藏」，亦有「包」義，有 2 例

　　（三）陰爻居於二五之位，又多繫以「黃」字，共有 6 例

　　（四）爻位以五爲最尊，天、帝、君、王等辭，多見於五爻

　　（五）二、五兩爻，吉辭最多，合計占 47.06%，幾達總數之半；其凶辭最少，合計僅占 13.94%。

　　（六）三、上兩爻的用字，常繫以「終」，三爻有 7 例，上爻有 5 例，共 12 例。

　　（七）三、四兩爻，意義每每相通，經文多疑而不定之辭。

　　楊慶中認爲「由上述屈、黃二氏的觀點，雖或不能得出《易經》六十四卦係由八卦兩兩相重而成的結論，但《易經》編纂者已有八卦的觀念，並已在六畫卦中運用八卦的觀念設計卦爻辭，應該是不成問題的。」又說「近年來的數字卦的研究表明，早在文王之前，六畫卦就已經存在了。如有學者指出，在文王之前或同時，從商王的都城到邊遠的地區都廣泛地流行著由六個數字組成的重卦的占筮方法。如果說重卦是文王發明的，顯然有背於事實。但這並不意味著文王不可以對過去的筮法進行新的研究和解釋，也不意味著

〔註14〕韓仲民：《帛書說略》（北京：北京師範大學出版社，1992 年），頁 93～97。
〔註15〕李學勤：《周易溯源》（成都：巴蜀書社，2006 年），頁 305。
〔註16〕楊慶中：《周易經傳研究》（北京：商務印書館，2005 年），頁 8～14。

文王不可以對已有的六畫卦的結構作出新的安排。」〔註17〕

筆者以爲「《易經》編纂者已有八卦的觀念」一說尚待檢視，關於第一點，以二、五之爻多繫以「中」字，二爻有 4 例，五爻有 1 例，共 5 例，若仔細考察全本《易經》爻辭，非二五爻而有「中」字的有 6 例，三爻和四爻各 3 例：

〈屯〉六三：即鹿無虞，惟入于林中

〈益〉六三：有孚，中行，告公用圭

〈豐〉九三，豐其沛，日中見沫

〈豐〉九四，豐其蔀，日中見斗

〈益〉六四：中行，告公從

〈復〉六四：中行獨復

雖不如二爻有 4 例之多，然而差距實小，且總數又超過。其中〈豐〉六二、九三、九四爻有中字，實在難以見出其差別何在，不能見出卦中有重卦的思維。

關於第二點「包蒙」、「包荒」、「包承」、「繫於苞桑」、「包有魚」、「以杞包瓜」是否皆有「包覆」或「被包覆」之意，則是筆者所不能知的。而第三點，爻辭使用「黃」字者在《周易》中共有 8 例。其中 5 例確實是陰爻且處於二或五之位。只有〈革〉初九：「鞏用黃牛之革」、〈坤〉上六：「龍戰于野，其血玄黃」例外。以「黃」爲中色，在《左傳》、《國語》皆有言及〔註 18〕，不過，在《周易》寫成的周初時代，黃色是否已有中色的象徵，是筆者不能知的。

第四點「爻位以五爲最尊，天、帝、君、王等辭，多見於五爻」之說，除了「帝」字在爻辭中只 3 見，2 見於五爻、1 見於二爻，其他未必如此。「天」在爻辭中 8 見，以上爻最多，三爻和五爻次數相同：

〈中孚〉上九：翰音登于天

〈大畜〉上九：何天之衢

〈明夷〉上六：初登于天

〈大有〉上九：自天祐之

〔註17〕楊慶中：《周易經傳研究》（北京：商務印書館，2005 年），頁 12～13。

〔註18〕《左傳》昭公十二年，惠伯解「黃裳元吉」即曰：「黃，中之色也」；《國語·周語》，伶州鳩言樂律曰：「夫六，中之色也，故名之曰黃鐘。」

〈大有〉九三：公用亨于天子

〈睽〉六三：其人天且劓

〈姤〉九五：有隕自天

〈乾〉九五：飛龍在天

「王」在爻辭中 15 見，以二爻次數最多，三、五、上爻皆 3 見，四爻最少。

〈師〉九二：王三錫命。

〈晉〉六二：受茲介福于其王母

〈蹇〉六二：王臣蹇蹇

〈益〉六二：王用享于帝

〈井〉九三：王明並受其福	〈隨〉上六：王用亨于西山
〈坤〉六三：或從王事	〈蠱〉上九：不事王侯
〈訟〉六三：或從王事	〈離〉上九：王用出征
〈家人〉九五：王假有家	〈觀〉六四：利用賓于王
〈渙〉九五：渙王居	〈升〉六四：王用亨于岐山
〈比〉九五：王用三驅	

「君」字在爻辭中凡 21 見，以三、上爻各 6 例爲最多，二爻只有 1 例最少：

〈屯〉六三：君子幾	〈觀〉上九：君子無咎
〈履〉六三：武人爲于大君	〈剝〉上九：君子得輿
〈大壯〉九三：君子用罔	〈革〉上六：君子豹變
〈謙〉九三：君子有終	〈復〉上六：以其國君凶
〈夬〉九三：君子夬夬獨行	〈師〉上六：大君有命
〈乾〉九三：君子終日乾乾	〈小畜〉上九：君子征凶
〈觀〉九五：君子無咎	
〈臨〉六五：大君之宜	
〈解〉六五：君子維有解	
〈未濟〉六五：君子之光	
〈歸妹〉六五：其君之袂，不如其娣之袂良	
〈觀〉初六：君子客	〈遯〉九四：君子吉
〈謙〉初六：謙謙君子	〈小過〉六二：不及其君

第六點認為三、上兩爻的用字，常繫以「終」，三爻有 7 例，上爻有 5 例，共 12 例。則初、四、五爻皆有 4 例，二爻有 2 例，雖皆不及三、上爻，但總數 14 例亦過之：

〈蠱〉初六：屬終吉　　　　　〈履〉九四：愬愬終吉

〈萃〉初六：有孚不終　　　　〈坎〉六四：終無咎

〈訟〉初六：終吉　　　　　　〈困〉九四：有終

〈比〉初六：終來有他吉　　　〈既濟〉六四：終日戒

〈賁〉六五：終吉

〈漸〉九五：終莫之勝　　　　〈需〉九二：終吉

〈旅〉六五：終以譽命　　　　〈豫〉六二：不終日

〈巽〉九五：無初有終

〈訟〉卦初六、六三、上九和〈需〉卦上六、九二都兼有終字，同一卦之中也不見所謂重卦的思維。第七點「三、四兩爻，意義每每相通，經文多疑而不定之辭」，而事實上就整卦而言，三四爻居中，若以占事，正是一事發展的中間情形，用以認定其為六爻卦的特徵亦無不可。拜現今檢索技術發達，能夠再次省視《周易》爻辭中使用的字詞，整體看來，只有「終」字較明顯，多出現於三、上爻，其他說法恐怕難以成立，以此欲認定編纂《周易》時就有重卦的意識，應未可行。唯第五點「二、五兩爻，吉辭最多，合計占 47.06%，幾達總數之半；其凶辭最少，合計僅占 13.94%」，黃氏在書中對各卦吉辭、凶辭、凶中求吉的比例有詳細計算，然綜觀《周易》經文中，許多爻辭並未有占斷吉凶意味，如〈復〉六四「中行獨復」、〈需〉六四「需于血，出自穴」一類〔註 19〕，以及有時爻辭吉凶並呈，如〈觀〉初六「童觀，小人无咎，君子吝」、〈訟〉六三「食舊德，貞屬，終吉。或從王事，无成。」一類，如何斷定比例是筆者目前無法重新計算的。〔註 20〕即使是二爻和五爻較吉，也能

〔註 19〕《周易》經文中，沒有占驗辭的並不少，黃覺弘曾分析《周易》中，有七十四條卦爻辭沒有占驗辭，大致分為四種狀況：一、似為歌謠，廣為傳誦，不需要明確的占驗辭而其吉凶自明，凡十條；二、似為格言警句，其辭內含吉凶之意，從而省略占驗辭，凡十五條；三、似為當時熟語習句，雖文辭不太整齊，與歌謠、格言警句有所不同，然吉凶之意亦在文中，從而省略占驗辭，凡十三條；四、既不像是歌謠、格言警句，又不像是熟語習句的，凡三十六條，疑其可能存在訛奪占驗之辭的情況。黃覺弘：〈周易經文著作體略論〉，《江漢大學學報》1999 年第 16 卷第 4 期，頁 114～118。

〔註 20〕黃沛榮在稍後的著作也提及統計占辭吉凶有三個局限處：一、一爻之占辭，

從六爻卦的思維重新解讀，假定為事之「已始」與「將終」為吉，未有不可。
為使閱讀方便，將計量表格簡列如下：

（一）二五爻多「中字」	二爻　　　　五爻　　　　（合計） 　4　　　　　　1　　　　　　5	三爻　　　　四爻　　　　（合計） 　3　　　　　　3　　　　　　6
（二）二五爻多「包」字 　　　　　「幽」字	二爻　　　　五爻　　　　（合計） 　　　　　　　　　　　　　　6 　　　　　　　　　　　　　　2	（字義是包覆或被包覆?）
（三）二五爻多「黃」字	二爻　　　　五爻　　　　（合計） 　　　　　　　　　　　　　　5	（黃在周初已是中色?）
（四）五爻多天 帝 君 王之辭	天　2	天　上爻　　　三爻 　　　4　　　　　2
	帝　2	帝　二爻 　　　1
	君　5	君　　　　三爻　上爻　二爻 　　　　　　6　　　6　　　1
	王　3	王　二爻　三爻　上爻　四爻 　　　4　　　3　　　3　　　2
（五）二五爻吉辭最多		
（六）三上爻多「終」字	三爻　　　　上爻　　　　（合計） 　7　　　　　　5　　　　　12	初　　二　　四　　五　　（合計） 4　　2　　4　　4　　　14
（七）三四爻多疑而不定之辭		居全卦之中，可用六爻卦思維重新詮釋

以此而言，《周易》編定時究竟是六爻卦的思維，還是三爻的八卦重疊的
思維，恐未能遽下論斷。再者，若一卦論一事，何以必須切成兩卦、兩階段
來說？其實亦可視為一體，從初至終。若從以經論經的內證觀點來說，黃沛
榮以為經文有重卦思維的論據〔註21〕，尚有兩點甚為有力：一是卦名。乾、
兌、離、震、巽、坎、艮、坤，既為六十四卦名，亦為八卦之名，並無變異，
這表示以八經卦自重者，其卦名亦正與經卦相同。二是坎卦卦名疑為「習坎」，
卦辭為「習坎：有孚，維心亨，行有尚」。以習為「重疊」之意。關於第一點，
依韓仲民之說，則可釋為創八卦之說者，將六十四卦簡約後，因以命名。至

　　　或吉或凶，亦有吉凶並舉者，驟視之，若相矛盾。二、今本《易經》占辭不
　　　無脫漏之可能。三、爻辭之解讀不同，統計結果亦容有差異。見氏著《周易
　　　象象傳義理探微》（台北：萬卷樓，2001 年），頁 202～203。
〔註21〕黃沛榮〈周易「重卦說」證辨〉，見氏著《易學乾坤》（台北：大安，1998 年），
　　　頁 59～87。

於第二點，從反面看，何以獨有坎卦有「習」字，而其他乾、兌、離、震、巽、艮、坤皆無類似的字？是否可解釋為，為使整理出來的八經卦整齊，故刪省為坎？再者，若坎卦確有重襲之意，何以初六即言「習坎，入于坎窞，凶。」而非在兩卦重襲的六三或六四？而《周易》經文中只有三處有「習」字，坎卦佔兩處，第三處則是〈坤〉六二：「直方大，不習無不利。」這似乎也見不出重襲之意。

更重要的是，重卦思維無法解釋今本卦序何以非覆即變，崔適在《史記探源》說過，《周易》分上經三十卦、下經三十四卦，是因為如此一來上下經正好各有十八個卦象〔註22〕，因為「覆」者可以兩卦共一簡，而「變」者只能單獨一簡。筆者嘗試繪之如下：

上經	乾	坤	屯	需	師	小畜	泰	同人	謙	隨	臨	噬嗑	剝	無妄	頤	大過	坎	離
	01	02	03	04	05	06	07	08	09	10	11	12	13	14	15	16	17	18

下經	咸	遯	晉	家人	蹇	損	夬	萃	困	革	震	漸	豐	巽	渙	中孚	小過	既濟

這也頗能解釋〈雜卦〉傳在釋卦義時所列順序，除其末的卦序錯亂之外，其餘仍是兩兩以覆為序。此一非覆即變的卦序，昭示著一個重要意義，即《周易》在寫定之時，即有卦畫，不會是數字卦的形式，數字卦無法呈現此一覆變的型態。

筆者要申明一點，八卦在先或六十四卦在先，以目前考古成就而言恐未有定論，雖平糧台曾發現龍山文化時期疑為離卦的陶紡輪（見本書第四章），然僅為孤證，未能有決斷性的影響。要解決此一問題有太多前提：首先，八卦是否是周民族所獨創？還是承襲其他民族而來，為華夏族的共同知識資產？其次，在商末周初，文王之前，考古已發現六爻的數字卦，也只能證明六爻卦不是文王創發，不能證明當時沒有八卦存在。第三，在先周時期至《周易》寫定時，《周易》是否經歷過由簡（八卦）而繁（六十四卦），又以簡（八

〔註22〕轉引李鏡池〈易傳探源〉，《古史辨》第三冊，頁119。此說可見於鄭樵《六經奧論》及俞琰《周易集說》，見黃沛榮：《易學乾坤》（台北：大安出版社，1998年），頁8～9。

卦卦象卦德）馭繁（解說六十四卦爻辭）的歷程？或是否曾接受過其他民族的影響而有演化或復古的狀況？即使在去西周未遠的春秋時期，都存在幾種不同的筮法，恐難斷定今傳所見的《周易》是「純粹」而未曾接受過其他影響的。因此，筆者只能推定，在今傳本《周易》編定時，因卦序非覆即變的形式，所遵循的是六爻卦的思維，而非八卦相疊。但是不排除另一可能，即周人當時雖有八卦觀念，卻因循古制卦序而不予變動。至於爻辭中是否能見到重卦的證據，筆者則尚未能肯定。

第三節　經文內容的分析

　　此處所言古史辨對《周易》經文的分析，著力於從內容分析其可能的形塑過程，或解析其內容來源，以及流傳之後是否有增減的可能。對卦名、卦畫、卦爻辭三者之間是否有明確關聯，都提出見解，這一點對後來的學者影響最大，備受重視。

一、卦爻辭內容涵蘊

（一）適用人物與事件

　　李鏡池〈周易筮辭考〉梳理卦爻辭所記，筮貞的人物約有下列幾種：

1. 君王　　2. 侯　　3. 大人
4. 君子　　5. 丈人　　6. 武人
7. 幽人　　8. 職官　　9. 婦女
10. 小人　　11. 丈夫　　12. 小子

這並非是一個完整的計數，如「童蒙」也可能屬於其中之一，或者要另立一類，而且其「正確性」大概也無人可知。這樣分析的意義，現在來看，是判定《周易》寫成時，社會結構已相當複雜，而且《周易》在累積過程中並非專屬於君王而已，它指導了整個社會的生活。在生活事跡的統計，李氏舉其大目，也可得知類似的線索：

1. 行旅　　2. 戰爭　　3. 享祀
4. 飲食　　5. 漁獵　　6. 牧畜
7. 農業　　8. 婚媾　　9. 居處及家庭生活
10. 婦女孕育　11. 疾病　　12. 賞罰訟獄

誠如李氏所言，卦爻辭中泛敘行旅的已近百條，這似乎呈現出的是遷徙游牧的生活，不似農業定居的型態。而且上自「王用享於帝」（〈益〉六二），下自「夫妻反目」（〈小畜〉九三），全都收入，更表彰出「他所用的是長時間積聚的複雜的材料，除了遊牧時代的筮辭之外；還有商末周初的故事，比興式的詩歌：這些都足明周易成書的年代，與其經由編纂而成的痕迹。」〔註23〕

（二）經文材料來源

最初，顧頡剛在〈周易卦爻辭的故事〉中提出，《周易》卦爻辭的性質等於現在的籤訣，引用的是當時人們所熟悉的故事，只是後來的人已不清楚其中意涵和故事背景。李鏡池早年同意此說，但在 1947 年的〈周易筮辭續考〉有所質疑，認爲引用熟典而占，大概要遲至春秋，《周易》時應當未有：

> 我們知道卜辭是沒有以古人爲貞兆的，但到了春秋時代已有「黃帝戰于阪泉之兆」了。這可以說是占卜史上一大演變。後代的占卜書，是從這個系統發展下去的。這種借重古人的辦法，不特表現出我國民族心理，崇拜古人；而且是一種表情達意，另一種表達方法。〔註24〕

因此認爲「筮辭所記，是周民族筮占時的事實，與卜辭同，並不假藉古人的故事，以代說明。」

余永梁〈易卦爻辭的時代及其作者〉則認爲卦爻辭類同卜辭，由於應用於日常生活，所以留有當時社會歷史記載。李鏡池在〈周易筮辭考〉中就直言「卦爻辭乃卜史的卜筮記錄」，「大部分是西周以前的筮辭，有一部分是殷周間的事情」，而其中帶有藝術成份的詩歌性質卦爻辭，則是編纂者加工後的成果，可能是「將舊材料加以潤色安排，或者另鑄新詞即興寫作」，否則原始的卜筮記錄不會出現如此整齊的形式。另外也可能運用當時的民諺成語，歌謠格言。

李鏡池在之後的〈古代的物占〉〔註25〕補充道：「我認爲《周易》卦、爻辭中也有不少關於物占的話，這是《周易》中最難解釋，附會最多的地方。」，認爲在古時候「卜筮原來與物占沒有衝突，一種是人爲的數術，一種是天啓，天啓與人爲的數術不特不衝突，而且是相輔而行。卜筮補天啓的不足，而天啓又增力人爲的靈力。初民之用數術，往往是兼用而不是單用一種」，將《周易》中的物占分爲兩類：

〔註23〕《古史辨》第三冊，頁 207。
〔註24〕李鏡池：《周易探源》（北京：中華書局，1978 年），頁 73～150。
〔註25〕此文 1932 年初稿、1948 年修訂，收於李鏡池：《周易探源》（北京：中華書局，1978 年），頁 379～397。

1. 因在日常生活上偶然發現不尋常的現象，用來推占未來的吉凶的。這一類像陸賈所謂「目瞤得酒食，燈華得錢財」之類。如：〈鼎〉九三：「鼎耳革，其行塞。雉膏不食。方雨，虧悔。終吉。」〈大壯〉初九：「壯于趾。征凶。有孚。」

2. 因所見聞之事物，從自然界鳥獸蟲魚以至於天象的變化，而來推究人事吉凶的。這一類便是陸賈所謂「乾鵲噪而行人至，蜘蛛集而百事喜」之類。如〈大過〉九二：「枯楊生稊，老夫得其女妻，无不利。」九五：「枯楊生華，老婦得其士夫，无咎无譽」。

李氏後來改「物占」為「象占」：

> 「象占」一詞，是我新定的，意思是指所有物象之變化或顯現，人們見了，以為跟他有密切關係，因而探究神旨，推斷吉凶的一種占驗。這物象也抱括天文星象及人事之變化在內，其範圍比《漢志》之雜占為廣。雜占以夢占為主，我改用「象占」一詞，或「物象之占」（我曾擬用「物占」，今改用「象占」）〔註26〕

認為「《周易》筮辭裡，有象占的材料，是雜占與著筮同時參用的紀錄。這種材料，占者當時，是使用雙重證驗的辦法，所謂『筮襲於夢』，『襲於休祥』。」〔註27〕這些物占也包含了星占和夢占的舊料料，因而編入《周易》，如〈乾〉卦的龍，〈豐〉卦的斗、沫，是星占；〈履〉卦的「履虎尾，不咥人」；六三的「眇能視，跛能履，履虎尾，咥人」是夢占。在在都顯示出李氏對《周易》經文探討的多元性和求真精神。

二、卦名、卦畫〔註28〕與繫辭

（一）卦名與爻辭的關係

最初李鏡池認為卦名是後起的，和爻辭沒有絕對的相關性，在〈周易筮辭考〉曾分析卦名和卦爻辭的關係有六：

〔註26〕李鏡池：《周易探源》（北京：中華書局，1978年），頁123。

〔註27〕見1947年〈周易筮辭續考〉，李鏡池：《周易探源》（北京：中華書局，1978年），頁112。

〔註28〕高亨曾定義「象數」，「象有兩種：一曰卦象，包括卦位，即八卦與六十四卦所象之事物及其位置關係。二曰爻象，即陰陽兩爻所象之事物。數有兩種：一曰陰陽數，如奇數為陽數，偶數為陰數等是。二曰爻數，即爻位，以爻之位次表明事物之位置關係。」見氏著《周易大傳今注》（濟南：齊魯書社，1983年）卷首，頁14。古史辨所論，兼及爻象與爻數，故以卦畫稱之，特此說明。

1. 卦名與卦爻辭意義上全有關係的。如〈師〉卦，卦名與卦辭、爻辭完全是說師旅之事。

2. 大部分言一事，只有小部分不同，然而與卦名也有意義的關連。如〈復〉卦都是說往而能復，只有上六末後附有一節講行師，大敗而能復。

3. 只小部分或一半與卦名的意義或字音有關連。如〈噬嗑〉一半言噬，一半言刑獄。

4. 卦中所說的不是一事，因為卦名有數義，或以同字或以假借而聚攏在一塊的。如〈需〉卦，需或借為濡、為儒、為濡染、濡溺、為畏嬬等。

5. 卦名與卦爻辭無關連的。如乾，為天，但卦爻辭之乾不訓天，亦不說天。

6. 〈漸〉卦是特別的一類，與上面五種都不同。漸說的是鴻之漸，與所言之事沒關連的，甚至簡直不言事只言鴻。

後來在 1948 年〈周易卦名考釋〉中對此分類的用意，有所補充：「我的意思是說，卦、爻辭是複雜的，一卦不一定講一事，卦名與卦、爻辭所說不一定相符。」並提出卦名可能是後出的，贊同高亨之說〔註 29〕，以為易本只有卦畫而無卦名；卦名之增添，由於卦畫之難畫而易訛，而且也難稱謂，不能不另給它一個文字的名目。但也認為六十四卦其中有一部分原來就有卦名的，例如〈乾〉、〈坤〉二卦。〈乾〉卦爻辭凡五言龍，依理應以龍為卦名，不名為龍而名為「乾」的緣故，因為〈乾〉卦的原始就叫「乾」。「乾」「坤」是八卦的系統，而不是六十四卦的系統。八卦創始在先，代表八種物象。由八卦而變為六十四卦，有六十四卦而後繫辭。

李鏡池對卦與爻辭的看法，後來改變，認為一卦有一中心意旨存在，1962年時於〈周易卦名考釋〉一文之後補記：

> 這篇文章寫作的目的，是試圖根據卦、爻辭來解釋卦名，而不采易傳之說。但這方面說得簡略了些，而且有些地方是說錯了。由於《易》文簡古，不易解釋，故對於卦名和卦、爻辭的聯系有許多沒有看出來，最近寫《周易通義》一書，才明白卦名和卦、爻辭全有關聯。

〔註29〕「周易六十四卦，卦各有名，先有卦名乎？先有筮辭乎？吾不敢確言也。但古人著書，率不名篇，篇名大都為後人所追題，如《書》與《詩》皆是也。《周易》之卦名，猶《書》《詩》之篇名，疑筮辭在先，卦名在後，其初僅有六十四卦形以為別，而無六十四卦名以為稱，依筮辭而題卦名，亦後人之所為也。」見高亨：《周易古經通說》（香港：中華書局，1963年），頁18。

其中多數，每卦有一個中心思想，卦名是它的標題。這就是說，它
有內容的聯系，如〈師〉講軍事，〈旅〉說商旅，〈大有〉義爲豐收，
〈大畜〉〈小畜〉說的是農業和牧畜。但有一部分只有文字形式的聯
系，本文所說的〈明夷〉就是這一類。但不管是內容或形式，在編
者編選材料時，他是盡可能給每卦以至兩卦作出有聯系的組織的。

總而言之，如李鏡池 1962 年〈周易的編纂和編者的思想〉所言：「固然有些
材料還保存了原來樣式，有些句子跟整個卦未必有有機的聯系，但它基本上
是有組織的有聯系的，或者是形式的聯系，或者是內容的貫通。我們要理解
它和引用它，先要從每個卦的整體系統來進行分析。」〔註30〕李鏡池認爲，
將一個卦視爲一個整體，而後闡釋之，是一個最基本的標準，否則任何斷章
取義都會割裂《周易》原本的意思，而枝蔓誤解。

關於卦名和爻辭關係，楊慶中整理黃沛榮之說，制表如下〔註31〕：

卦名與筮辭	卦　數	卦　　名
見於六爻者	14 （16）	比、履、臨、觀、賁、復、明夷、蹇、困、井、鼎、震、艮、漸、(蠱)、(革)
見於五爻者	12	蒙、需、師、謙、剝、頤、咸、遯、損、旅、兌、渙
見於四爻者	14	同人、豫、噬嗑、无妄、坎、恆、晉、家人、升、歸妹、豐、節、小過、革
見於三爻者	6	訟、否、大壯、益、萃、巽
見於二爻者	6	屯、隨、離、睽、解、夬
見於一爻者	6	乾、大有、大過、姤、中孚、未濟
六爻均不見者	5	坤、小畜、泰、大畜、既濟

黃沛榮據此認爲卦名與爻辭顯爲編撰者之刻意安排，絕非偶然。此論確
然！不過，從另一個角度來說，筆者以爲這個表格顯示出卦名的體例不齊，
可以從另一方面助成編纂說，詳如以下三點：

1. 爻辭偏取卦名其中一字或偏重卦名所無之字。前者如〈家人〉、〈小過〉、
〈大壯〉、〈噬嗑〉，後者如〈乾〉、〈大過〉。〈家人〉爻辭有「閑有家」、
「家人嗃嗃」、「富家」，「王假有家」，若是追題，當取「家」即可。〈小
過〉六二「過其祖」，九三，「弗過防之」，九四「弗過遇之」，上六「弗
遇過之」，卦名取爲「過」可能更適切，若說爲與〈大過〉有別而取名

〔註30〕 李鏡池：《周易探源》（北京：中華書局，1978 年），頁 193～194。
〔註31〕 見楊慶中：《周易經傳研究》（北京：商務，2005 年），頁 71。所據見黃沛榮
　　　　《易學乾坤》頁 128～132。〈蠱〉卦、〈革〉卦另有論述，今以引號補入。

〈小過〉，則〈大過〉依卦辭和爻辭來看，取名爲「棟橈」、「棟」、「枯楊」都較「過」字重覆率來得高〔註32〕，〈大壯〉爻辭也是重覆「壯」字而已，六十四卦中又無「小壯」，何以必命爲「大壯」？〈噬嗑〉爻辭亦有「噬」而已，〈乾〉卦更是「龍」字更適切卦名，追題說無法解釋這些卦名的由來。

2. 爻辭和卦名幾無關係，亦難以爲之命名者，除上表中「六爻均不見卦名」一欄的〈坤〉、〈小畜〉、〈泰〉、〈大畜〉、〈既濟〉之外，尚有〈大有〉、〈中孚〉兩卦〔註33〕，細讀其卦爻辭，要以今傳卦名命之，實在難乎其難，不知由何而來。若要另行用已知的古籍命名篇目的觀念改爲之，恐怕就如高亨所言，需在卦辭中多增卦名二字，如〈大有〉可能是〈大有〉：「大有，元亨」。且〈大畜〉、〈小畜〉的卦象僅一爻之差，爻辭中又全不見卦名，和《周易》整體的命卦方式相比，實在令人費解。

3. 較有關係的卦名組合，其中一卦名在爻辭中不常出現。如〈否〉與〈泰〉兩者卦象的關係既可是覆，又能是變，卦辭相似，〈泰〉是「小往大來」，〈否〉則「大往小來」；初爻皆有「拔茅茹，以其彙」；〈泰〉九二有「包荒」一詞，〈否〉六二「包承」、六三「包羞」。足見〈否〉〈泰〉兩卦相似度甚高，但〈泰〉卦卦名卻不見於卦爻辭，而〈否〉卦卦名在卦辭已出現。同樣的，〈既濟〉與〈未濟〉兩者卦象的關係既可是覆，又能是變，卦爻也有明顯的對應關係〔註34〕，而同樣的，〈未濟〉在卦辭已點出「濟」字，爻辭也有「未濟」二字，〈既濟〉卻是六爻中未見其名。然而，同樣也是有卦象的關係兼覆與變的〈隨〉和〈蠱〉，從卦名到爻辭，卻見不出任何似前兩組的相似點。這是否表明了編纂者體例不一？《周易》六十四卦中，只有三組能兼有覆變的卦象關係，其中

〔註32〕 〈大過〉：棟橈，利有攸往，亨。初六：藉用白茅，無咎。九二：枯楊生稊，老夫得其女妻，無不利。九三：棟橈，凶。九四：棟隆，吉，有它吝。九五：枯楊生華，老婦得其士夫，無咎無譽。上六：過涉滅頂，凶，無咎。

〔註33〕 上文已引卦辭，此不重覆。

〔註34〕 〈既濟〉：亨小，利貞。初吉終亂。初九，曳其輪，濡其尾，無咎。六二，婦喪其茀，勿逐，七日得。九三，高宗伐鬼方，三年克之，小人勿用。六四，繻有衣袽，終日戒。九五，東鄰殺牛，不如西鄰之禴祭，實受其福。上六，濡其首，厲。〈未濟〉：亨。小狐汔濟，濡其尾，無攸利。初六，濡其尾，吝。九二，曳其輪，貞吉。六三，未濟，征凶，利涉大川。九四，貞吉，悔亡；震用伐鬼方，三年有賞于大國。六五，貞吉，無悔；君子之光，有孚吉。上九，有孚于飲酒，無咎；濡其首，有孚失是。

兩組從卦象、卦辭、爻辭、卦名都有對應關係，另一組卻沒有，這是否是巧合？還是透露出前後編者的思維不一？且唯有〈損〉〈益〉這一組覆卦，既爻辭密切關係〔註35〕，又能卦名相關，且兩卦之卦名各在爻中，如此巧妙的對應關係，是否表示《周易》中可能有後加的成熟概念〔註36〕，而為它卦所未及？筆者不能確知，僅能於此聊備一說。

以上所述，都可以發現，要將卦名定為一時一人所作，恐怕難以圓其說，大約如李氏所言，有些是既有的，有些是後加的，當是不同時期編纂而成。

（二）卦畫與爻辭無關

〈周易筮辭考〉中，李鏡池否定了卦畫和爻辭內容的關係，認為卦爻不過是一種記號，它的有無，在原始的著筮是無關重要的。筮辭本來是否像現在的樣子一條一條繫在各卦各爻之下，是很可疑的。李鏡池早年既認為各卦的命名只不過是貪圖方便起見，乃省稱為一字兩字的名目，與作符號用的卦畫沒有關聯，因此以為卦畫有意義當是後起的附會，當然更不會談及陰陽、爻位對於爻辭吉凶之間有任何關係。

李鏡池認為卦畫既與卦爻辭沒有關係，而兩者相繫的原因，李鏡池認為這是編纂者為將散漫的筮辭整合為整套的《周易》的方法。編纂者大概發生一個「因往知來」的思想，所以想把以前所有的筮辭歸聚起來；但是歸聚起來而沒有一個系統還是不成：所以他就用了這套圖案來分配上去，彷彿後人編纂字典用子丑寅卯等干支字母一樣。這個想法，李氏到後來也沒有改變，《周易通義》中明確指出：「卦畫其實沒有什麼實際意義，與卦爻辭也沒有必然聯系，只是一

〔註35〕〈損〉：有孚，元吉，無咎，可貞，利有攸往。曷之用？二簋可用享。初九，已事遄往，無咎，酌損之。九二，利貞，征凶。弗損益之。六三，三人行則損一人，一人行則得其友。六四，損其疾，使遄有喜，無咎。六五，或益之十朋之龜，弗克違，元吉。上九，弗損益之，無咎，貞吉。利有攸往，得臣無家。〈益〉：利有攸往，利涉大川。初九，利用為大作，元吉，無咎。六二，或益之十朋之龜，弗克違，永貞吉。王用享于帝，吉。六三，益之用凶事，無咎。有孚，中行，告公用圭。六四，中行，告公從，利用為依遷國。九五，有孚惠心，勿問元吉，有孚惠我德。上九，莫益之，或擊之，立心勿恆，凶。

〔註36〕筆者不熟習古韻，在此借用黃玉順之說助成〈損〉〈益〉二卦可能為後起加工之說。從古歌的角度考之，〈損〉〈益〉二卦乃多後加的占筮、占斷之詞，又有不押韻的格言「三人行，則損一人；一人行，則得其友」，以及歷史記事的「王用享于帝」、「中行告公用圭」「中行公告從」，並對二卦合併評論，認為「〈損〉、〈益〉古歌引用似不完整，以致詩韻不全，詩意隱晦。但其韻也有明確處：『龜』古韻之部與微部『違』諧韻；『益』、『擊』用古韻錫部。」見氏著《易經古歌考釋》（四川：巴蜀書社，1995年），頁191～198。

些符號，和抽籤號碼差不多，是為占筮時揲蓍數策而設的。」〔註37〕

此說對新世紀《易》學研究影響重大，許多易家解爻辭時因此捨去卦畫陰陽爻位不談，直注爻辭。近代朱伯崑也肯定此說：「如果認為每一卦的卦爻辭同其卦爻象都存在著邏輯的聯係，則無法說明爻辭重覆的問題，也無法解釋其中的矛盾現象。近人的這種看法，比較符合《周易》的實際情況。」〔註38〕關於此議題，筆者認為楊慶中之說值得肯定：「即使《易》作者未能把二者之間的對應關係一一顯明出來，至少他是有意識地作出了這樣的努力。從這個意義上說，在編輯成書的《易經》中，象辭之間是存在著一定的內在邏輯關係的，盡管未必如後人所解釋的那樣複雜。」〔註 39〕無法了解的事物不代表不存在，只是尚待發現，筆者既無法找出絕無關係的證據，也難以他人有心予忖度之，蓋闕如也。

三、經的增減與訛誤

（一）爻題九、六的使用

李鏡池認為爻題「九」「六」在原始的《周易》是沒有的；它的插入，當戰國末，秦漢間，為的是便於應用，創作的人物，當是作〈象〉傳、〈文言〉等儒生。透過《左傳》、《國語》的記載，可見占法只寫某卦之某卦的話，全沒有「九」「六」的說法。並舉《左傳》昭公二十九年，蔡墨對獻子之問：

> 《周易》有之：在〈乾〉☰之〈姤〉☴曰『潛龍勿用』；其〈同人〉☲曰「見龍在田」；其〈大有〉☲曰「飛龍在天」；其〈夬〉☱曰「亢龍有悔」，其〈坤〉☷曰「見群龍無首，吉」；〈坤〉☷之〈剝〉☶曰「龍戰于野」。若不朝夕見，誰能物之？」

李鏡池認為今本「用九」之爻辭，在記載中也只言由〈乾〉之〈坤〉，並沒有說「用九」；而且「用九」的「九」與「初九」「九二」等「九」之用以指示陽爻的意義是不一樣的。李氏認為以此而言，《周易》也增添許多原先沒有的字詞。

（二）錯簡闕誤

李鏡池〈周易筮辭考〉中，認為《左傳》所載的筮辭，有與今《易》略有不同，有與今《易》完全不同，還有卜官筮時臨時撰辭。可見卦爻辭在秦火以

〔註37〕 李鏡池：《周易通義‧前言》（北京：中華書局，1981 年），頁 5。
〔註38〕 朱伯崑：《易學哲學史》第一卷（台北：藍燈出版社，1991 年），頁 12。
〔註39〕 楊慶中：《周易經傳研究》（北京：商務印書館，2005 年），頁 59。

前有遺佚，而且卦爻辭在漢興以後亦有脫略。如《漢書・藝文志》載劉向以中古文《易》經校施、孟、梁丘《經》，或脫去「無咎」「悔亡」，唯費氏經與古文同。又〈剝・六三〉「剝之无咎」，漢石經作「剝无咎」，雖無關宏旨，而易文之有增減，亦可知矣。惜漢石殘缺，無從比對。至漢以前之眞面目，則更難說了。

另外李氏認爲《周易》經文有錯簡，〈歸妹〉初九「歸妹以娣」，與「跛能履」句絕不相屬。若以〈履〉六三「眇能視，跛能履」之文視之，疑「跛能履」爲〈歸妹〉九二「眇能視」下之錯簡也。此外如〈困〉上六「困于葛藟，于臲卼」，「臲卼」爲形容詞，與「葛藟」不相類，漢石經作「劓劊」，與九五之「劓刖，困于赤紱」，京作「劓劊」（釋文）相類，這裏面有無錯簡或佚文，也是很可疑的。〈无妄〉的〈象〉傳「天下雷行，物與无妄」，若按照〈象〉傳的釋卦之例，先敘卦象，即出卦名，則「物與無妄」四字當爲卦名。後人爲方便起見，把「物與」二字省去，如「習坎」之簡稱「坎」一樣，也未可知。《周易》在流傳過程既有闕誤，則其經學「不刊之鴻教」的地位自然要稍受動搖，這也是古史辨所欲。

第四節　《詩經》對《周易》研究的影響

一、以《詩經》考《易》

李鏡池運用時代相近的《周易》和《詩經》，排列類似字詞，以求考訂歷來眾說紛紜的「明夷」之意。顧頡剛〈周易卦爻辭中的故事〉中解釋「明夷」之意：

> 這裏所說的「箕子之明夷」，明夷二字當是一個成語，故《周易》取以爲卦名，如「无妄」、「歸妹」之類。後來這個成語失傳了，使得我們沒法知道它的確實的意義。以前的人解「夷」爲「傷」，這是但見「夷于左股」而爲之說。說「闇主在上，明臣在下，不敢顯其明智」（孔疏），又是專就「箕子之明夷」立說。竊謂此卦離下坤上，明入地中，簡直就是暗晦之義；夷者滅也，明滅故暗晦。「箕子之明夷」這句話，髣髴現在人說的「某人的晦氣」而已，不必替這二字想出什麼大道理來。這個猜想不知對否？〔註40〕

〔註40〕《古史辨》第三冊，頁 15～16。

然則顧頡剛也是依傳統的卦象之說自釋新義，未如李鏡池以文獻比較考訂，更符合古史辨重視文獻互校的方式，由此也可以看出，古史辨學者雖欲推翻傳統，致力於創新，但是思維方式仍深深受到傳統經學的影響，並未一筆勾銷。

　　李鏡池列舉《詩經》中「于飛」的詩句：

1. 黃鳥于飛，集于灌木，其鳴喈喈（〈周南葛覃〉）
2. 燕燕于飛，差池其羽。之子于歸，遠送于野……（〈邶風燕燕〉）
3. 雄雉于飛，泄泄其羽。我之懷矣，自詒伊阻……（〈邶風雄雉〉）
4. 倉庚于飛，熠耀其羽。之子于歸，皇駁其馬……（〈豳風東山〉）
5. 鴻雁于飛，肅肅其羽。之子于征，劬勞于野……（〈小雅鴻雁〉）
6. 鴛鴦于飛，畢之羅之……鴛鴦在梁，戢其左翼……（〈小雅鴛鴦〉）
7. 鳳凰于飛，翽翽其羽，亦集爰止……（〈大雅卷阿〉）
8. 振鷺于飛，于彼西雝。我客戾止，亦有斯容……（〈周頌振鷺〉）

因此推論出「『于飛』二字之上，均為鳥名」；以及《詩經》中言鳥之飛，下句常言及其羽，「在八例之中有了六例是『飛』與『羽』『翼』相連而敘，可見這是一種很普通的說法。『明夷于飛，垂其翼』之言，當亦與此同類。」又從和詩文的比較之中，得知詩中一方面說「飛」，其後文亦常續言「集」「止」，如「黃鳥于飛，集于灌木」「鴻雁于飛，集于中澤」「鳳凰于飛……亦集爰止」「振鷺于飛，于彼西雝」，而「鴛鴦在梁，戢其左翼」更與「垂其翼」句相近，因此推知「垂其翼」是「集」「止」的意思。

　　李鏡池舉出最與〈明夷〉初九近似的是〈小雅・鴻鴈〉頭一節，兩者都是起興式的詩歌：

　　〈明夷〉初九：明夷于飛，垂其翼。君子于行，三日不食。

　　〈小雅・鴻鴈〉：鴻鴈于飛，肅肅其羽。之子于征，劬勞于野。

李氏認為「明夷」就是「鳴鵜」二字的假借。〔註41〕

〔註41〕關於「明夷」的看法，李鏡池在〈周易卦名考釋〉尚有長篇探討，總結〈明夷〉卦的「明夷」共有三個意思：（一）是初爻「明夷于飛」之明夷，借為鳴鵜，這是出於編者之手，因編集此卦之材料，偶因興之所至，把流行的一首詩，編入初九一爻，以與「有攸往，主人有言」互相發明。（二）六二、九三爻辭的「明夷」，是張弓以射的鳴夷，夷，大弓也。（三）六四、六五爻的「明夷」，是名詞，一、弓名，二、國、族名。見李鏡池：《周易探源》（北京：中華書局，1978 年），頁 275～276。

二、以詩歌說《易》

在 1928 年郭沫若的〈周易時代的社會生活〉中〔註42〕，即曾提過《周易》「經文的爻辭多半是韻文，而且有不少是很有詩意的」，他舉了〈屯〉六二、〈離〉九四、〈井〉九三、〈震〉卦辭、〈歸妹〉上六、〈中孚〉九二等六條經文，彰顯其具有詩歌的藝術性。如解釋〈歸妹〉上六：

> 「女承筐
>
> 　无實
>
> 　士刲羊，
>
> 　　无血。」

我覺得這是牧場上一對年輕的牧羊人夫婦在剪羊毛的情形，刲字怕是剪剔之類的意思，所以才會无血。（古人訓作刺字，實在講不通。）剪下的羊毛，女人用竹筐來承受著，是虛鬆的，所以才說无實。我想我這種解釋是合乎正軌的。那末我們看，這是一幅多麼優美的圖畫呢？假使你畫出一片碧綠的草原，草原上你畫出一群雪白的羊，在那前景的一端你畫出一對原始人的年輕夫婦，很和睦地一位剪著羊毛，一位承著籃子。

解〈中孚〉九二時則說：

> 同一是有閒階級的心理，由〈離〉九四的執著一變而為這兒的超脫。他們不可解救的悲哀暫時是在酒裡面得著解決了。「吾與爾」假如我們更大膽地解釋成一男一女，那會怎樣呢？——那也並不勉強，因為「其子」的子字如「之子于歸」之子，或「與子偕老」之子，可以解釋成雄鶴或雌鶴，——那是怎樣一首有趣的戀歌呢？

李鏡池在 1930 年 12 月寫作〈周易筮辭考〉時，可能沒有見到郭沫若此篇，他說：

> 「比」與「興」這兩種詩體，在《詩經》中是很多的，說詩的人自會依體解釋。但《周易》中也有這類的詩歌，卻從來沒有人知道，更沒有以說《詩》之法說《易》了。

足見李氏當時自信實有創見，首次道破了《詩》和《易》的直接關聯，並選擇二則爻辭，先釋韻再釋義，巧合的是，他也選擇〈中孚〉九二，李鏡池對

〔註42〕郭沫若：〈周易時代的社會生活〉，蔡尚思主編：《十家論易》（上海：上海人民出版社，2006 年），頁 26～27。

這爻的解釋是：

> 「鳴鶴在陰，其子和之。」「在陰」，類於《詩》「鶴鳴於九皋，聲聞
> 于天」之言。「其子」一定不是雛鶴，雛鶴大概不懂得怎樣「和」；
> 這定然是指一雌一雄的鶴。你聽，一對鶴兒在「陰」地裡藏著很和
> 諧的一唱一和。這是多麼有意思呵，尤其是聽在情人們的耳朵裡。
> 於是乎豪興勃發說，「我有好爵，吾與爾靡之。」繙成現代語是，「我
> 有很好的陳酒，咱們共醉一場罷！」──爵是酒杯，代表酒。靡者
> 共也（釋文引韓詩）。「吾與爾」，我們很可以想像出一對青年男女來。

李鏡池以民歌的性質、《詩經》的韻味解釋此二則爻辭，以達到「還原眞相」
的目的，並攻擊漢學家虞翻的穿鑿瑣碎和王弼的引申奧義。以詩歌說爻辭，
正在於破壞傳統釋易的舊道──不論是象數或義理，而獨闢蹊徑。而李鏡池
在分析〈明夷〉初九爻辭時，也認其爲詠行役之苦的詩歌，並提出一個重要
的觀念：

> 我很懷疑卦爻辭編者是把這首流行于民間的歌謠採入《易》筮辭中，
> 然後把筮辭「有攸往，主人有言」補上。即不然，這節詩歌就出于
> 他的寫作。……《周易》的卦爻辭，因爲是卜筮之辭，以記敘爲主，
> 質而不文，所以這種詩歌式的詞句很少，這個並不足怪。我們不因
> 爲這類的例證少而疑它不是詩歌，反而因爲它在質樸的筮辭中夾雜
> 這類的詩句，看出它的時代性及卦爻辭編者的作風來。〔註43〕

李鏡池主張卦爻辭已不似甲骨卜辭的質直無文，而具有進步的藝術技巧，如
〈隨〉九四、〈睽〉六五有「何咎」一辭，但在〈小畜〉初九就用「何其咎」，
以與「復自道」作整齊的句法；「枯楊生稊」與「枯楊生華」互相對照；「艮
其背，不獲其身；行其庭，不見其人」；及「女承筐无實；士刲羊无血」成對
偶之文；〈漸〉卦諸爻辭，整套爲韻文，而以「鴻漸于」起，簡直就是《詩經》
中的詩歌模式。卦爻辭的編著者能運用這樣的韻文，一定不是個人特創，當
是受時代潮流影響，《詩經》的雅、頌中，能看出類似的風格，這即是編纂卦
爻辭時的藝術背景。最後李鏡池提出重要的結論：

> 卦爻辭中有兩種體製不同的文字──散體的筮辭與韻文的詩歌──
> 可以看出《周易》是編纂而成的。

此後的不少學者重視《詩》和《易》的關係，並以《詩經》的研究成果來辨

─────────

〔註43〕《古史辨》第三冊，頁222～223。

析卦爻辭〔註44〕，近年最受矚目的，則是黃玉順的《易經古歌考釋》。黃玉順在序中亦稱道李鏡池之文對他的啓迪，可見此說的影響力：

> 在撰寫本書的過程中，唯有兩篇文章對我最有啓迪：李鏡池先生的〈周易筮辭考〉，高亨先生的〈周易卦爻辭的文學價值〉。李鏡池先生是現代最富於獨創性的易學家之一。他在〈周易筮辭考〉第四節「周易中的比興詩歌」裡，已經十分接近《易經》古歌的發現，或者毋寧說他已經發現一些《易經》古歌。〔註45〕

黃玉順在序文中提出十二點，證明《周易》引用古歌：

（一）韻的和諧。將占斷吉凶的術語略去不看，一卦之中的筮辭常就能見出其抽韻的情況。

（二）卜辭的啓示。卜辭與《周易》筮辭皆是占斷吉凶，獨《周易》筮辭押韻，乃是其徵引歌謠之故。

（三）句式的整飭。《周易》古歌不如《詩經》以四言爲主般整齊，時代應較早。

（四）風雅頌的體制。即《周易》中「風」最多，和《詩經》一致，而近似於雅、頌者亦有之。

（五）賦比興的藝術手法。

（六）命題的方式。《易經》的卦名方式與《詩》題一致，有1.摘自古歌的文字：一種是摘自首句，另一種是摘自首句以外的某句。2.得自古歌的詩意：即筮辭中不見卦名者，似《詩經》〈雨無正〉、〈巷伯〉、〈常武〉、〈酌〉、〈賚〉一類。3.類同詩題的分辨。《詩經》中有〈召旻〉〈小旻〉、〈小明〉〈大明〉相對應者，也有〈小宛〉、〈小毖〉一類，詩文中無「小」字，而又無其他與之對應的詩題，可見「小」乃後加，無其他對應的詩題則可能是刪詩不存的結果。是以《周易》中〈大有〉、〈大壯〉無對應的情形，可能與詩經同，是對應的古歌未錄的關係。

（七）「爻」的含義，應同「歌謠」之「謠」。

〔註44〕類似的考論有：高亨的〈周易卦爻辭的文學價值〉，王岑棟的〈談周易卦爻辭中的詩歌〉，黎子耀的〈易經與詩經的關係〉，趙儷生的〈試說詩小雅與易卦爻辭之間的關係〉，張善文的〈周易卦爻辭詩歌辨析〉等。見楊慶中：《周易經傳研究》（北京：商務印書館，2005年），頁31。

〔註45〕黃玉順：《易經古歌考釋·序》（四川：巴蜀書社，1995年），頁3。

（八）「繫辭」的含義，應是將卦畫符號「繫上」「歌辭」，即「引詩」之
意。

（九）謠占的傳統。

（十）後世占筮之書的體例。

（十一）引文和占辭的區別。

（十二）古歌與史記的區別。古歌與歷史記載都是形象具體的事物描敍，
其區別在於：1.古歌有韻，史記無韻；2.古歌以二言、三言、四
言主，句式較整齊，史記散文句式較參差，更與古歌句式不一致。
3.一般來說，史記與古歌內容不相干。

黃玉順的研究價值甚高，從最初的一爻辭叶韻，打破爻與爻之間的界限，
將一卦視爲整體，並尋找出押韻的規律和可能性，其說頗能解釋《周易》中
難解的現象，雖全書細部而論，或未能盡如人意〔註46〕，然而《周易》與《詩
經》的結合研究，確實能爲《周易》另闢天地。

結　語

古史辨對《周易》研究最顯著的成就，大概仍在於考定周易的著成時代背
景及編者。顧頡剛、余永梁、李鏡池以爲乃周初卜官所作，卦爻辭編成時代亦
爲周初，且在文王之後，此說在當時引發二十世紀第一波易學熱潮〔註47〕，現
今大致贊同此說。李鏡池其後提出時代應在西周末，乃是受《詩》《易》互考的
影響，此說雖不被認同，但其治學方向爲《周易》啓發了「以《詩》考易」「以
詩歌說《易》」的新界域。李氏長期在《易》學中耕耘，是古史辨《周易》研

〔註46〕 蒙口試委員孫劍秋老師的提醒，黃玉順所採古韻甚寬，恐未能據此斷定《周
易》經文本身是否押韻。筆者誠不能排除《周易》經文完全不押韻的可能性，
然借黃玉順此一研究視角，或者可以慢慢理解《周易》經文是否有增累增補
的痕跡，唯筆者需多習古韻方可再進一步深造，在此感謝孫老師的指點。

〔註47〕 「現代易學的發展，出現了四次熱潮。第一次是二十年代末、三十年代初學
術界關於《周易》作者和成書年代問題的討論。這次討論是由屬於『新史學』
的古史辨派諸學者發動的，其主要傾向是否定漢人的傳統說法。關於《周易》
經文的作者，顧頡剛、余永梁等人認爲非伏羲、文王所作，而是周初的作品；
李鏡池等人認爲《周易》編定於西周晚期，與《詩經》時代略同，作者亦非
一人；陸侃如爲《周易》卦爻辭經過數百年的口耳流傳，到東周中年方寫定；
郭沫若認爲《周易》之作決不能在春秋中葉以前，當在春秋以後，作者是孔
子的再傳弟子馯臂子弓」。廖名春、康學偉、梁偉弦：《周易研究史》（長沙：
湖南出版社，1991年），頁400。

究的代表人物，他的《周易》編纂說、卦名發生在後、先有蓍法而後有卦、卦畫與爻辭無關等說法，至今深具影響力。古史辨對《周易》編纂架構、經文材料來源、經文增減或訛誤流傳等問題，皆有涉獵，爲後代易學研究開創許多道路，披荊斬棘，拓荒《周易》在史料學、文獻學層面應得的重視，求眞的精神足爲典範，也使《易》學擁有另一種生命力。許多哲學面向的易學家，仍需回應古史辨提出的問題，又或者從古史辨出發，開創出新的觀點，這都能表現出古史辨的成就。

筆者整理古史辨諸說，似有一得之愚，不揣固陋，擬以「周民族襲用商文字」爲起點（見本書第四章），借由學者提出《周易》的種種面向，盡力描繪出一個粗略的而不相扞格的假說，若有不全之處，盼方家指正。

語言和文字是文明傳承的依據，借由賈德‧戴蒙（Jarde Diamond）的科普書《槍炮、病菌與鋼鐵：人類社會的命運》（Guns, germs, and steel: the fates of human societies），略述文字在文明演進上的概念，以此爲基準點進行假說推論，如「從零開始創造一種文字系統必定比從其他文字借用或改造要來得困難。最早開始造字的人必須先擬定基本原則。這些我們認爲理所當然的原則，在創造之初可不簡單，……造字的細節和原則很快就傳播出去了，其他地區的人得以省去幾百年或幾千年的時間做造字實驗」〔註48〕，以及「古代文字

〔註48〕「從零開始創造一種文字系統必定比從其他文字借用或改造要來得困難。最早開始造字的人必須先擬定基本原則。這些我們認爲理所當然的原則，在創造之初可不簡單，例如得先想辦法把一連串的聲音分解成幾個語音單位（如字、音節或音素）。還要能辨識相同的聲音或語音單位，而不受其他變素的影響，如音量大小、語調高低、速度、加強語氣、語群或個人發音的習性，然後設計出代表語音的符號。在沒有可以依樣畫葫蘆的情況下，最初造字的人還是解決了這些問題。造字這項任務極其艱鉅，要無中生有更是難上加難，因而歷史上的實例可說如鳳毛麟角。確實是自己發明文字的族群有略早於公元前三千年美索不達米亞的蘇美人，和公元前六百年的墨西哥印第安人。公元前三千年的埃及和公元前一千三百年的中國也許已獨立創造出文字。至於其他族群的文字，多半是借用或改造自其他文字，或者受到現成的文字系統的啓發而發展出自己的文字。……我們知道蘇美文字的發展至少要花幾百年時間，或許幾千年也說不定。文字發展的先決條件是：這個人類社群必須認爲文字有用，而且能支援造字專家。除了蘇美人和最早的墨西哥人，有這種條件的地區是古印度、克里特島和衣索比亞，他們爲什麼沒有創造出自己的文字？因爲蘇美人和最早的墨西哥人造字成功後，造字的細節和原則很快就傳播出去了，其他地區的人得以省去幾百年或幾千年的時間做造字實驗，何樂而不爲？」賈德‧戴蒙（Jared Diamond）著；王道還、廖月娟譯：《槍炮、病菌與鋼鐵：人類社會的命運》（台北：時報文化，1998年），頁235～242。

是刻意模糊的，限制也是故意造成的……狩獵——採集社群就從來沒有發展出文字，因爲他們沒有需要文字的政治組織，也沒有社會或農業機制生產多餘的糧食來支援造字專家」〔註49〕因此，在商和周是兩個不同民族的前提下，周襲用商的文字，對於《周易》這樣的周民族早期經典，語言和文字可能在其中留下影響。

一、依史所載，周民族是後起的民族，《周易》的卦名、卦象都可能前有所承，自其他民族而來。也因此卦名的體例不一，與爻辭的關係雖大體有關，也有難以解釋的部份。而重卦的觀念在《周易》中到底有無、誰先誰後，在這樣的前提下是難以斷定的。以王家台秦簡《歸藏》爲例：其卦畫有與《周易》全同而卦名不同；其卦辭多繫以卜例，又多神話人物，下限可至春秋時之宋公；內容不見爻辭。使人揣測如此六十四卦的形式，《周易》、《歸藏》同有所承而各自發展。

二、若《周易》起源甚早，在運用商文字未純熟之前，則其內容可能並無文字記載，周民族的占筮之官非常可能依恃有韻的歌謠傳承卦爻辭，也許一卦一歌謠，最後才分列入六爻辭之中。無文字歌謠的押韻，其發展過程應早於以文字記載寫作的韻文，如此就能破除李鏡池的質疑，可以解釋經文中何以具有押韻性質，而時代又不致延遲於西周晚期，黃玉順對《周易》古歌句式的考釋，又能助成此說。另外，這樣縣長的積累歷程，能解釋卦爻辭的內容擁有許多初始社會生活經驗，並且旁及各階層人物，而不專記王室之事。若以李鏡池《周易》爲筮辭纂集之說爲然，則明顯可見，從「高宗」至「箕

〔註49〕「古代觀點和今人對文字普及的期望之間有鴻溝。古代文字是刻意模糊的，限制也是故意造成的。蘇美人的國王和祭司都希望文字只操在少數官員之手，由他們來記載課徵的綿羊數目，而不是大眾作詩或圖謀不軌的工具。正如人類學家李維・史陀（Claude Levi-Strauss）所言，古代書寫的主要目的就是『做爲奴役他人之用』。文字爲庶民利用是很久以後的事，那時書寫系統才變得簡單、更利於表情達意。……早期文字的用途和限制，就是文字爲何在人類演化這條路上姍姍來遲的主因。所有可能獨立發明的書寫系統（如蘇美、墨西哥、中國和埃及），和早期採借這些文字的地區（如克里特、伊朗、土耳其、印度河河谷和馬雅）的共同特點是社會階層嚴明、有著複雜的中央集權政府。早期的文字滿足政府組織的需要（紀錄和宣導忠君愛國的思想），使用者也都是全職的官員，由專事糧食生產的農民供養。狩獵——採集社群就從來沒有發展出文字，因爲他們沒有需要文字的政治組織，也沒有社會或農業機制生產多餘的糧食來支援造字專家。」賈德・戴蒙（Jared Diamond）著；王道還、廖月娟譯：《槍炮、病菌與鋼鐵：人類社會的命運》（台北：時報文化，1998 年），頁 254～255。

子」實已將近二百年，更遑論其民族初始時，當是長時間累積而成。

三、周民族和商接觸之後，使用商的文字，《周易》內容可能因此有許多因語音轉譯爲文字而產生的難解字句，似《楚辭》有許多難解字詞一般，或如今日之香港報紙。因此《周易》雖是周民族早期的作品，卻不似其後《詩》《書》較易解讀。

四、當《周易》內容有文字記載時，內容也逐漸定型，最重要的定型當在周初，因爲卦辭和爻辭都有周初的史事，因此種種證據將《周易》編定的時代指向周初是合理的。

五、有文字記載之後，其後增添的卦辭或爻辭，可不在意押韻與否，如征鬼方、帝乙歸妹一類，卦爻辭吉凶悔吝亦可隨之增添，也因此原先的押韻歌謠就隱沒其中。或者原先只是將占筮記錄附載於下，卻在後來的卜史手中誤植爲本文，亦有可能。卦名也可能在編纂的時候改動，只是當熟習文字的卜官增多時，應愈罕更動，以尊古爲尚。是以增添的部分以散文句爲主，押韻不甚注重。

六、以上諸點都可以合於編纂說。但卦名先或爻辭先，難以斷定，也是因爲編纂時期不一所致。少數覆變的卦名彼此之間有明顯關聯，大多數卻沒有；大多數卦名和爻辭有密切關係，少數卻沒有。體例不一，正是編纂的人、編纂的時間不一的表現。

第六章　古史辨對〈易傳〉的看法

前　言

　　關於〈易傳〉的源流，傳統舊說以「十翼」皆孔子所作。最早提出孔子和《周易》傳承有關的，是《史記》「孔子晚而喜《易》」之說，然詞意含糊，也未點明〈易傳〉十篇之名。至《易緯‧乾坤鑿度》始言孔子作十翼〔註1〕，而《漢書‧藝文志》言「孔氏爲之彖象繫辭文言序卦之屬十篇」，不言及〈說卦〉、〈雜卦〉，後人以爲乃略稱而已；〈儒林傳〉中則言費直「徒以彖象系辭十篇文言解說上下經」，則「文言」是否爲篇名或錯置，又是一疑。王充〈論衡〉則言西漢宣帝時，河內女子得逸《易》，學官增益一篇，《隋書》又認爲是〈說卦〉三篇。關於〈易傳〉源與流的爭議大概如此。

　　〈易傳〉的作者，至宋歐陽脩始以〈繫辭〉、〈文言〉、〈說卦〉以下皆非聖人之作，清末崔述《考信錄》曾舉出七點認爲孔子未作〈易傳〉〔註2〕，但其書不名於世，直到清末民初，先有今文學家以孔子作卦爻辭而未作〈易傳〉，後有古史辨以文獻學的角度詳細辨之，至於今日，學者多以爲〈易傳〉非孔

〔註1〕 關於「十翼」的內涵，何澤恆考之於《易緯》:「孔子……五十究《易》，作《十翼》，明也，明《易》幾教。若曰:『終日而作，思之於古聖，頤師於姬昌，法旦。』作〈九問〉〈十惡〉〈七正〉〈八嘆〉上下〈繫辭〉〈大道〉〈大數〉〈大法〉〈大義〉。《易》書中爲通聖之問，明者以爲聖賢矣。」何澤恆明白指出:「此雖明出『十翼』一詞，然所指自是〈九問〉等十篇，與自來所傳〈易傳〉十篇無涉。」甚爲詳辨，錄之於此，故以下行文多以〈易傳〉稱之。見氏著《先秦儒道舊義新知錄》(台北: 大安出版社，2004年)，頁115～116。

〔註2〕 見鄭吉雄:〈20世紀初周易經傳分離說的形成〉。收於劉大鈞編《大易集奧》(上海: 上海古籍出版社，2004年)，頁218～221。

子所作,並關注其儒家以外的思想傾向。古史辨學者大多採用崔述之見,並以爲孔子和《周易》毫無關連,反對康有爲「孔子作卦爻辭」之說,認爲孔子不曾著意習《易》,更不會爲之作傳,借以破除傳統《易》學據聖人爲重以鞏固聖道的立場,以達成還原古籍的目的。

第一節　孔子與《周易》的關係

一、孔子與《周易》無關

(一)《論語》「五十以學《易》」為魯讀之誤

顧頡剛在論辨古書、傳聞真僞時,關於孔子的部份,常以《論語》爲主,以爲最可靠的材料莫過於此,若《論語》未見相關資訊,則大多斥其爲僞說竄入、後人妄自編造。孔子和《周易》的關聯一事中,爭議的焦點因此集中在《論語‧述而》的:

> 子曰:「加我數年,五十以學《易》,可以無大過矣。」

此章《魯論》作「五十以學,亦可以無大過矣。」錢玄同認爲《論語》原文實是「亦」字,只因秦漢以來有「孔子贊易」的話,故漢人改「亦」爲「易」以圖附合〔註3〕,又舉漢《高彪碑》作「恬虛守約,五十以學」爲例,即是從《魯論》而有。錢穆也認爲孔子無學《易》之事,他對這句話的解釋是,古人四十爲強仕之年,孔子仕魯爲司寇將近五十,他在未仕以前說,再能加我數年,學到五十歲,再出做事,也可以沒有大過失了。

關於《魯論》是否誤植,近年在河北定州漢墓出土的簡本論語,學者考定當屬《魯論》,正是作「……以學亦可以毋大過矣。」〔註4〕因此確實有此版本流傳,可以無疑。然而未可據此論定爲後代《易》家爲提升《周易》而竄改,尚需其他證據綜合參驗。〔註5〕

(二)孟、荀未多措意於《易》

今傳《孟子》、《荀子》中,未見對《周易》的重視,古史辨學者認爲這

〔註3〕 錢玄同〈答顧頡剛先生書〉,收於《古史辨》第一冊中編,頁75。

〔註4〕 定州漢墓竹簡整理小組:《定州漢墓竹簡論語》(北京:文物出版社,1997年),頁33。

〔註5〕 幾種說法的整理,可見楊慶中〈孔子與易傳〉一章,見氏著《周易經傳研究》(北京:商務印書館,2005年),頁151~171。

是孔門不注意《易》學的一大明證。《孟子》中多引《詩》《書》，從未見引《易》；《荀子》中雖有引《易》，但是其說和〈易傳〉有不同，如：

> 《荀子・非相》：「《易》曰：『括囊，無咎無譽。』腐儒之謂也。」
>
> 〈坤・六四・小象〉：「『括囊無咎』，愼不害也。」
>
> 〈坤・文言〉：「《易》曰：『括囊，無咎無譽』，蓋言謹也。」

《荀子》中引《易》見於〈非相〉一條、〈大略〉三條。李鏡池引楊倞注，認爲〈大略〉「此篇蓋弟子雜錄荀卿之語，皆略舉其要，不可以一事名篇，故總謂之大略。」因此認爲〈大略〉必出於荀子之後。李鏡池在後來的〈易傳思想的歷史發展〉中，整理了先秦儒家引《易》之例，認爲：

> 孔子偶然一提《周易》，卻不是他教學重點，且頗有輕視之意，……
> 因孔子不重視，學的人不多，故孟子也就不去學它。到了戰國後期，
> 《周易》的宗教外衣爲人所剝脫，鄒魯儒生才擴充學習範圍，略爲
> 征引，而引申發揮，作爲自己學說的佐證。儒家學習《周易》的重
> 點在於行爲修養上的體會，而排除其占筮。〔註6〕

所以古史辨的看法大致是認爲儒門不重視《周易》，直到戰國後期才被發揮引申，漢以後擁有六經中最高的地位。

（三）《史記》「晚而喜《易》」之說爲篡入

《論語》、諸子以下，就屬《史記》的記載最受重視，〈孔子世家〉中言孔子晚年時，先敘孔子刪《詩》，而後說：

> 三百五篇孔子皆弦歌之，以求合〈韶〉、〈武〉、〈雅〉、〈頌〉之音。
> 禮樂自此可得而述，以備王道，成六藝。<u>孔子晚而喜易，序彖繫象</u>
> <u>說卦文言，讀易，韋編三絕，曰：「假我數年，若是，我於易則彬彬</u>
> <u>矣。」</u>孔子以詩書禮樂教，弟子蓋三千焉，身通六藝者七十有二人……

李鏡池〈易傳探源〉提出疑問：第一，文中不見孔子取《易》授徒，因此推斷「孔子以六經教弟子」的說法恐怕在西漢才有。第二，李氏認爲「孔子晚而喜易」一段文字，與上下文沒有關連，竟成爲一節獨立的文字。故這段文字若不是錯簡，定是後人插入。

《史記》「序彖繫象說卦文言」一句爭議尤多，其中涉及的著作篇目，有多至以爲乃指〈序卦〉、〈彖〉傳、〈繫辭〉傳、〈象〉傳、〈說卦〉傳、〈文言〉傳等九篇，也有少至以爲僅指〈彖〉、〈象〉、〈文言〉，即當讀爲「序〈彖〉繫

〔註6〕作於 1963 年，收於氏著《周易探源》（北京：中華書局，1978 年），頁335。

〈象〉,說卦〈文言〉」。李鏡池以為司馬遷時僅稱「易大傳」,不稱「繫辭」,
又《論衡》記載宣帝時有河間女子得逸《易》一篇,〈隋書・經籍志〉則載「及
秦焚書,《周易》獨以卜筮得存,惟失說卦三篇;後河內女子得之」,由此推
論,司馬遷所見的「易傳」當非今日所傳之十篇。關於這個問題,學者有認
為稱「易大傳」不代表〈繫辭〉此名一定不存在,畢竟古籍文字多可重出。
筆者以為尚可從另一角度看篇名問題,如《史記・韓非列傳》言韓非之著作:
「故作〈孤憤〉、〈五蠹〉、〈內、外儲〉、〈說林〉、〈說難〉十餘萬言」,於此可
清楚得知何者為篇名;但在〈太史公自序〉中,又言:「不韋遷蜀,世傳《呂
覽》;韓非囚秦,〈說難〉、〈孤憤〉」,於此則羅列篇名,「〈說難〉、〈孤憤〉」之
前不見動詞。足見太史公筆法靈法,達意為要,不以細細羅列為標的。因此,
在「孔子晚而喜《易》」之後的文句,也可能全都是〈易傳〉之篇名,於此聊
以備說。

二、孔子未作〈易傳〉

(一)歐陽脩斷言〈易傳〉自相牴牾,非聖人之作

　　歐陽脩的〈易童子問〉,質疑〈繫辭〉、〈文言〉、及〈說卦〉以下三篇,
都不是孔子之作,〈繫辭〉雜纂眾說,〈文言〉「元亨利貞」有四解,而八卦的
由來既有〈繫辭〉的「河出圖,洛出書」,和出自包犧氏仰觀俯察之二說,而
〈說卦〉又有「昔者聖人之作易也,幽贊於神明而生蓍,參天兩地而倚數,
觀變于陰陽而立卦」,則卦出于蓍。因此歐陽脩斷言:

> 余之所以知〈繫辭〉而下非聖人之作者,以其言繁衍叢脞而乖戾
> 也……至于「何謂」「子曰」者,講師之言也;〈說卦〉、〈雜卦〉者,
> 筮人之占書也;此又不待辨而可以知者。

歐陽脩此文是古史辨質疑〈易傳〉的起點,標舉其大膽質疑的精神,執之有
理,能將各傳之間不同的彼此扞格的觀點提出比較,揭露〈易傳〉不成於一
人之手的真相。

(二)馮友蘭論《論語》和〈易傳〉「天」的觀念不同

　　馮友蘭在 1927 年 12 月發表於《燕京學報》第 2 期的〈孔子在中國歷史
中之地位〉從思想上著力,彰顯〈易傳〉的天道思想和《論語》中孔子的「天」
是不同的,認為孔子並未寫作〈易傳〉。馮氏此文收於《古史辨》第二冊 (註7),

〔註 7〕《古史辨》第二冊,頁 194～210。

在第三冊《周易》研究中多次被顧頡剛等人加以引述，作爲力證。

　　馮友蘭歸納出《論語》中孔子所說之天，完全是有意志的上帝，一個「主宰之天」。但「主宰之天」在〈彖〉、〈象〉等中沒有地位，《易》中所說之天較接近自然主義的哲學，在這些話中決沒有一個能受「禱」、能受「欺」、能「厭人」……之「主宰之天」。〈易傳〉中的天或乾，不過是一種宇宙力量，至多也不過是一個義理之天。因此馮友蘭推斷，一個人的思想本來可以變動，但一個人決不能同時對於宇宙及人生持兩種極端相反的見解。如果承認《論語》上的話是孔子所說，又承認〈彖〉、〈象〉等是孔子所作，則將孔子陷於一個矛盾的地位。此說又較歐陽脩更進一步，連較有系統的〈彖〉、〈象〉傳都推翻，否認孔子曾著〈易傳〉。

（三）錢穆〈論十翼非孔子作〉

　　錢穆 1928 年發表的〈論十翼非孔子所作〉對傳統說法打擊甚大，錢氏羅列十個證據，彰顯〈十翼〉並非孔子之作，簡述如後：

1. 魏襄王汲冢所得《周易》，上下經與今傳同，但卻沒有十翼。子夏爲魏文侯師，若孔子作十翼，不應魏國無傳。

2. 《左傳》魯襄公九年，魯穆姜論「元亨利貞」四德與今〈文言〉篇首略同。以文勢論，應是〈文言〉鈔《左傳》。

3. 《論語》：「曾子曰：君子思不出其位」，今〈艮〉卦〈象〉傳也有此語。果孔子作十翼，記《論語》的人不應誤作「曾子曰」。

4. 〈繫辭〉中屢稱「子曰」，明非孔子手筆。

5. 《史記》自序引〈繫辭〉稱「易大傳」，並不稱經，並不以爲孔子語。

6. 《史記》託始黃帝，他說「百家言黃帝，其文不雅馴，搢紳先生難言之。」而曰「不離古文者近是」。《史記》推尊孔子，「考信於六藝」，若以〈繫辭〉爲孔子作品，當推及伏羲神農，而非止於黃帝。

7. 《論語》無孔子學《易》事，《古論》所傳爲誤。

8. 《孟子》稱引不及《易》。今〈繫辭〉有「繼之者善，成之者性」的話，孟子論性善也並不引及。《荀子》引及《易》的幾篇，並不可靠。

9. 秦以《易》爲卜筮書，故不焚。若孔子作十翼，《易》爲儒家經典，當遭秦火。〈易傳〉實作於秦人燒書後，一輩儒生無書可講，只好把一切思想學問牽涉到《易經》裏面去講，這是漢代初年《易》學驟盛的一個原因。

10.《論語》和《易》思想不同，從「道」、「天」、「鬼神」三方面而論，〈繫
辭〉和《論語》不同，而近於老莊。

（四）否定〈易傳〉引用孔子之言的可靠性

歐陽脩在〈易童子問〉中已認為，〈繫辭〉以下非聖人之作，至于「何謂」
「子曰」者，講師之言也；顧頡剛〈周易卦爻辭中的故事〉則認為〈繫辭〉
傳中這類的話，是「易學家拉攏孔子的一種手段」，是「戰國秦漢間人的攀附
名人的癖性」，如〈繫辭〉傳中，子曰：「顏氏之子其殆庶幾乎？有不善，未
嘗不知；知之，未嘗復行也。《易》曰：『不遠復，无祇悔，元吉』」，和《論
語》「回也庶乎」、「有顏回者好學，不遷怒，不貳過」，兩者極為密者，乃是
刻意造作而成。

（五）推測孔子作〈易傳〉之說的演變

顧頡剛〈周易卦爻辭中的故事〉推測《周易》能成為經書，並且有傳，
是由於儒者的要求經典範圍的擴大。漢初，《周易》進了「經」的境域，於是
儒者有替它作傳的需要，而堯舜禪讓的故事，湯武征誅的故事早流行了，就
是黃帝、神農、伏羲諸古帝王為人周知，所以〈易傳〉皆有，又此時道家極
發達，一般的儒者也受了道家的影響，所以〈易傳〉裏很多道家意味的說話。
《易》本來只是一部卜筮之書，經他們用了道家的哲理、聖王的制作和道統
的故事一一點染上去，它就成了一部最古的、最玄妙的、和聖道關係最密切
的書了。於是它從六經之末跳到六經之頂！

李鏡池〈易傳探源〉認為，早在春秋時，就開始產生以義理解釋《周易》
的傾向，如《左傳》襄公九年載穆姜解「元亨利貞」一事。儒家喜歡把舊文
物加以新解釋，所以《易》雖是筮書，而儒家不妨拿來做教科書，只要能夠
加以一種新解釋，賦以一種新意義——這是《周易》所以能成為「經」最先
的根基。等到秦火之後，經典散佚，儒者要求經典底範圍亦擴大，於是《周
易》遂一級級由筮書而升到經典的廟堂。《周易》成為「經」書之後，遂有傳，
《史記》所謂「易大傳」是也，而孔子「序〈彖〉〈繫〉〈象〉〈說卦〉〈文言〉」
之說，當在昭宣之間。那時「易大傳」變為〈繫辭〉，解《易》底舊說多被搜
羅，新說又漸多，於是倡為孔子「序」〈易傳〉之說，把〈易傳〉價值提高。
到了新莽時代的劉歆，已經又由「序」〈易傳〉轉變到「作」〈易傳〉；已經由
不著明篇數，發展到整整齊齊的數目——「十篇」了。然而這「十篇」之目
仍然在傳說中，《漢書・儒林傳》沒有說清楚，〈藝文志〉也只說到〈序卦〉

這一篇，〈雜卦〉則始終沒有言及，可見「孔子作十翼」的傳說是逐步發展而成。

第二節　論〈繫辭〉傳古史與觀象制器說

顧頡剛的〈周易卦爻辭中的故事〉和〈論易繫辭傳中觀象制器的故事〉兩篇，都批評〈繫辭〉晚出，二文有重覆之處，顧氏亦不刪削，文末並附上和胡適討論的書牘，在此一併述之。

一、從「制作說」論〈繫辭〉晚於《世本》、《淮南子》

〈易傳〉中和古史有直接關係的，就屬〈繫辭〉傳。如本書第一章所言，顧頡剛秉持「層累古史」說，對認定為後起的偽史，攻擊不遺餘力，並順理成章藉此再度打擊「古代為黃金世界」的觀念，顧氏將〈繫辭〉中所載的古聖王制作說，和漢之後的《世本》與《淮南子》中類似的文字記載比較，欲得出〈繫辭〉實為後出的結論，所制表格，大略如下：

〈繫辭傳〉	〈世本・作篇〉
庖犧氏作八卦	無
庖犧氏作罔罟	句芒作羅（一云「芒作網」）
神農作耒耜	垂作耒耜，作耨（又「咎繇作耒耜」、「繇作耒耜」）
神農氏作市	祝融作市
黃帝堯舜作舟楫	共鼓、貨狄作舟
黃帝堯舜作服牛乘馬	胲作服牛、相土作乘馬
黃帝堯舜作重門擊柝	無
黃帝堯舜作臼杵	雍父作杵臼
黃帝堯舜作弧矢	揮作弓，牟夷作矢
後世聖人作宮室	堯使禹作宮室
後世聖人作棺槨	無
後世聖人作書契	沮誦、蒼頡作書

〈繫辭〉傳	《淮南子・氾論訓》
上古穴居而野處，後世聖人易之以宮室，上棟下宇，以待風雨，蓋取諸〈大壯〉。	古者民澤處復穴，冬日則不勝霜雪霧露，夏日則不勝暑蟄蚊蝱；聖人乃作為之築土構木以為宮室，上棟下宇以蔽風雨，以避寒暑，而百姓安之。
神農氏作，斲木為耜，揉木為耒，耒耨之利，以教天下，蓋取諸〈益〉。	古者剡耜而耕，摩蜃而耨，……民勞而利薄；後世為之耒耜耰鉏，……民逸而利多焉。

黃帝堯舜氏作……刳木為舟，剡木為楫，舟楫之利，以濟不通，致遠以利天下，蓋取諸〈渙〉。	古者大川名谷衝絕道路，不通往來也；乃為窬木方版以為舟航。
服牛乘馬，引重致遠，以利天下，蓋取諸〈隨〉。	故地勢有無得相委輸，乃為蹻躃而超千里，肩荷負擔之勤也，而作為之揉輪建輿，駕馬服牛以致遠而不勞。
弦木為弧，剡木為矢，弧矢之利，以威天下，蓋取諸〈睽〉。	為摯禽猛獸之害傷人而無以禁御也，而作為之鑄金鍛鐵以為兵刃，猛獸不能為害也。

　　顧頡剛認為，若《世本》和《淮南子》的作者已見過〈繫辭〉傳此章，則當引用重言以加強論述的份量，不會如此相似而又不同，因此斷定〈繫辭〉傳晚於《世本》和《淮南子》。

二、論〈繫辭〉傳對古史的影響

　　顧頡剛〈周易卦爻辭中的故事〉中認為，〈繫辭〉傳「觀象制器」一章最大的影響，即是使古史增添了一大筆偽史，這個虛賬可以分成兩部分：第一部分是新制作說，第二部分是新五帝說。在〈論易繫辭傳中觀象制器的故事〉又進一步推斷何以偽作此章的意義有三：其一是要抬高《易》的地位，擴大《易》的效用；其二是要拉攏神農、黃帝、堯、舜入《易》的範圍；其三是要破壞舊五帝說而建立新五帝說。

　　所謂「新制作說」戰勝了「舊制作說」，即是宋衷為《世本》作注時，把作網的句芒算做伏羲臣，把作耒耜的垂算做神農臣，把作杵臼的雍父算做黃帝子（一本作黃帝臣），把作矢的牟夷和作舟的共鼓算做黃帝臣。使後世文人為牽合舊說，增添更多迷障。

　　所謂「新五帝說」戰勝了「舊五帝說」，即是伏羲、神農遂為後世言古史者的不祧之祖，不像《呂氏春秋》、〈五帝德〉、《史記·五帝本紀》只說黃帝、顓頊、帝嚳、堯、舜。而後人無法處置這兩個不同的系統，只好把伏羲、神農升到三皇裡去。但三皇在秦是天皇、地皇、人皇，在西漢後也是天皇、地皇、人皇，為納入伏羲、神農，只能把天皇、地皇刪去。倘使沒有〈繫辭〉傳的這番稱揚，伏羲、神農的地位至多只能和有巢氏、燧人氏一樣，決不會像現在這樣有堅實的地位。

三、以「觀象制器」說出於京房《易》

　　顧頡剛認為，《周易》依靠〈易傳〉取得神聖的地位，而〈繫辭〉傳中編造的古史又加強了《周易》的妙用無窮，伏羲、神農等用《周易》觀象制器

一章，足見其為後出，乃遲至京房、荀爽之時所造。

　　顧氏以為，要讀懂〈繫辭〉中「重門擊柝，以待暴客，蓋取諸〈豫〉」一事，需結合〈說卦〉傳，還須懂得「互體」之說。〈豫〉的象是☷☳（下坤上震），其二爻至四爻為☶（艮），其三爻至五爻為☵（坎），如《九家易》道：

　　　　〈豫〉，……下有艮象；從外示之，震復為艮（按這是說把震卦倒轉
　　　　來看）兩艮對合，重門之象也。柝者，兩木相擊以行夜也。艮為手，
　　　　為小木，又為持；震為足，又為木，為行；坤為夜；即手持二木夜
　　　　行擊柝之象也。坎為盜暴；水暴長無常，故以待暴客。既有不虞之
　　　　備，故取諸〈豫〉矣。（李鼎祚《周易集解》卷十五）

而且要完全明瞭這篇古史，還要再懂「卦變」。一卦六爻，如果把其中的兩爻掉換一下，這一個卦便會變做別一個卦。卦雖變了，還可用了所變的卦來解釋原卦，因為原卦和變卦中包含的陰陽爻是相當的，卦義自有互相補足的可能。以此可解「斲木為耜，揉木為耒，……蓋取諸〈益〉」，〈益〉的卦象為☴☳（下震上巽），其互體則為☷（坤）☶（艮）；如更把初爻和四爻互易，即成為否☰☷（下坤上乾），又得了乾坤二卦。故虞翻道：

　　　　〈否〉四之初也。巽為木，為入；艮為手；乾為金；手持金以入木，
　　　　故斲木為耜。……艮為小木，手以撓之，故揉木為耒。……坤為田；
　　　　巽為股進退；震足動耜，艮手持耒進退田中，耕之象也。（《周易集
　　　　解》卷十五）

顧氏對此等解說頗為嘲諷，並改「日中為市，致天下之民，聚天下之貨，交易而退，各得其所，蓋取諸噬嗑」作「日中為市，乃取諸渙」。並因襲互體、卦變之說解釋，〈渙〉為☴☵（下坎上巽），其互體為☳（震）和☶（艮），其卦變以二爻與四爻相易為〈否〉☰☷（下坤上乾）。並斷之曰：

　　　　巽為近利市三倍，為市之象也。坎為通，「交易」之道也。震為大塗，
　　　　艮為徑路，通都之人循大塗而來會，僻邑之人則行小徑而至也。乾
　　　　為天，日麗乎天，故曰「日中」。坤為地，萬物之所從出，故曰「致
　　　　天下之貨」。巽又為進退，交易則進，既畢則退也。

顧頡剛引《漢書・儒林傳》記載，京房乃自闢一個新學派而託之於孟喜，與漢代傳統《易》學特別不同。自從他自出主張，變更師法，一時風從，於是打倒了《易》學正統的施讐、楊何、梁丘賀諸人而獨霸，互體卦變之說應源於京房。他的結論可概括為以下所引：

〈繫辭〉傳中這一章，它的基礎是建築于〈說卦〉傳的物象上的，
是建築於九家易的互體和卦變上的。我們既知道〈說卦〉傳較〈象
傳〉爲晚出，既知道〈說卦〉傳與孟京的卦氣圖相合，又知道京房
之學是託之於孟氏的，又知道京房是漢元帝時的人，那麼我們可以
斷說：〈繫辭傳〉這一章是京房或是京房的後學們所作的，它的時代
不能早于漢元帝。因爲它出在西漢的後期，所以《世本》的作者不
能見它，《史記》的作者不能見它，其他早一些的西漢人也都不能見
它。因爲它出在西漢的後期，所以它可以採取了淮南子中的「去害
就利」一段話來做它的底本，又可以搶奪了世本作篇中的許多人的
制作來獻與伏羲神農等幾個最有名的古帝王。〔註8〕

胡適當年對顧氏此說已有明確的批評〔註9〕，以《世本》晚出，〈繫辭〉不會
在其後。〈繫辭〉此文出現甚早，至少楚漢之間人已知有此書，可以陸賈《新
語・道基》篇爲證。至於「觀象制器」之說，本來是只是一種文化起源的學
說。原文所謂「蓋取諸某象」，正如崔述所謂「不過言其理相通耳，非謂必規
摹此卦然後能制器立法也」。〈繫辭〉說「易者，象也；象也者，像也。」所
謂觀象，只是象而已，並不專指卦象，卦象只是象之一種符號而已。胡適頗
看重〈繫辭〉傳，認爲而此章和〈大象傳〉結合，「確是一個成系統的思想，
不是隨便說說，確曾把全部《易》都打通了，細細想過」，又責備顧頡剛「你
的駁論太不依據歷史上器物發明的程序，乃責數千年前人見了『火上水下』
的卦象何以不發明汽船，似非史學家應取的態度。」對此，顧頡剛又補記，
說明自己批判的，是人們無法觀「卦象」而制器，而不是認爲人們無法觀「自
然之象」而制器。至於顧氏何以認定「易傳中這章文字，明明是教我們看了
卦象而制器，這是萬萬不可能的事」，就難以理解了。

胡適也批駁顧頡剛「制器尙象之說作于京房」的看法，提出京房死于西
曆前三十七年，劉歆死于紀元後二十二年，時代相去太近。況且西漢易學無
論是那一家，都是術數小道，已無復有「制器尙象」一類的重要學說。而顧
頡剛在補記中也繼續堅持，「這一章文字不是用互體和卦變之說，也是萬萬講
不通的，所以我敢說它是『術數小道』之下的產物。」

關於〈繫辭〉章此章的年代，在 1973 年長沙馬王堆漢墓出土後，事實已

〔註8〕《古史辨》第三冊，頁 67。
〔註9〕見胡適：〈論觀象制器的學說書〉，《古史辨》第三冊，頁 84。

經很明顯了，3 號漢墓下葬於漢文帝前元十二年（168B.C.），所出土的《周易》帛書有經有傳，傳抄當早在漢惠帝以前，而此章已然存在，並非如顧頡剛所言，是晚至宣、元以後，由京房等人所假託。不過遲至 1984 年《文物》才發表帛書《周易》經文的釋文，而傳文更晚，顧頡剛 1980 年逝世前恐怕仍不知傳文內容。

借由考古，可以得知胡適的推論此章時代是明白無誤的，但即便不藉由考古，顧頡剛自身的推論過程就能看出很大的弊病。他以為必定要用互體、卦變才能解通此章，所以此章必然出於京房等人之後，然而他的遊戲之作，「日中為市」不取於〈噬嗑〉而取〈渙〉也能言之成理，就足以證明互體、卦變之說並非解〈繫辭〉此章的唯一正解，乃是後人為求得其理而作，顧氏倒果為因，適得其反。

第三節 〈易傳〉略論

一、〈易傳〉年代先後

李鏡池在〈易傳探源〉從文獻學的角度，試圖將〈易傳〉排出年代先後順序，將之分為三組研究：

> 第一組：〈彖〉傳與〈象〉傳——有系統的較早的釋「經」之傳。其
> 　　　　年代當在秦漢間；其著作者當是齊魯間底儒家者流。
> 第二組：〈繫辭〉與〈文言〉——彙集前人解經底殘篇斷簡，並加以
> 　　　　新著的材料。年代當在史遷之後，昭宣之前。
> 第三組：〈說卦〉、〈序卦〉與〈雜卦〉——較晚的作品。在昭宣後。

由現今的考古資料所得，當然可以明確斷定李鏡池推論的年代實在太晚，不過他的分組乃據其寫成的形式而論，一般討論〈易傳〉大多可以分為這三類，暫且襲用，再於文末研議其判別時代先後的觀念。

二、〈彖〉傳和〈象〉傳

（一）以〈彖〉傳先於〈象〉傳

顧頡剛於 1930 年和李鏡池論學的書信上，談論〈彖〉和〈象〉的關係，認為〈彖〉和〈小象〉都以剛柔、爻位解《易》，當本為一體，至〈大象〉出，

則割裂分置：

> 我前疑〈象傳〉即是〈象傳〉，後來因爲有了〈新象傳〉而把「象」
> 略略改變，變成「象」字，遂分二種……我疑心象傳之爻的部分原
> 與〈象傳〉相合，這一種出現在前；至〈象傳〉的卦的部分則是後
> 來出的，自從出了後一種，而前一種遂被分裂。

顧頡剛可說首先提出〈象〉在前而〈象〉在後，並推測它們之間的關聯。

　　李鏡池隨後的〈易傳探源〉並未贊同顧頡剛之說，而肯定〈象〉、〈象〉
兩傳同中有異，因此當是兩個人的作品，以此否定〈易傳〉爲孔子所作；並
且因爲二者有明顯的因襲關係，故必然一前一後，和顧頡剛一樣，認爲是〈象〉
在前而〈象〉在後：

> 一個在前，作了〈象傳〉，解釋六十四卦與其卦辭。「象」底意思
> 「象」相同，繫辭傳說：「象者，言乎象者也」。他解經之法，著
> 重於卦底「爻位」之象與卦底「取象」，所以他用了個與「象」字
> 同義的「象」字。他所以不兼釋爻辭底緣故，或許是以爲有這全
> 卦底總解釋就夠了，用不著再去每爻作傳。到了〈象傳〉作者出
> 來，看見象傳只解卦辭，以爲是不完之作，於是採用〈象傳〉底
> 方法把爻辭也解釋了。

李鏡池未認爲〈小象〉是〈象〉的一部分，而認爲是〈小象〉是甚不高明的
仿作，對爻辭的解釋甚至是望文生義，斷章取義。之後高亨也認爲〈象〉先
於〈象〉，後來學者多以〈象〉爲〈易傳〉中之最早者，〈象〉傳出於其後。

　　〈象〉、〈象〉兩傳文字有明顯相襲之處，如〈坤・象〉：「坤厚載物」，〈坤・
大象〉：「厚德載物」；〈睽・象〉：「火動而上，澤動而下」，〈睽・大象〉：「上
火下澤」等等，但是誰先誰後，可以見仁見智，各自持說。廖名春認爲，〈大
象〉應早於〈象〉〔註10〕，並且從釋卦的方式舉出有力的證明。

　　廖名春分析〈大象〉的釋卦象方式，大致上都是自上而下取象，如「雲
雷，屯」、「山下出泉，蒙」，即使看似由下而上取象的「地上有水，比」、「澤
上有地，臨」，其實也是兩物由上而下交疊的的情景；至於眞的自下而上取
象的，只有「天地交，泰」和「雷電，噬嗑」二卦，「天地」可能是習慣用
語，故不言「地天」，〈噬嗑〉在《漢石經》則作「電雷」。而〈象〉釋卦時，

〔註10〕見廖名春〈大象傳早於象傳論〉，收於氏著《周易經傳與易學史新論》（濟南：
　　　　齊魯，2001 年）頁 81～107。

有釋上下經卦所象之物，也有說其卦德者，而凡是釋物象者，其順序皆從〈大象〉，釋卦德者，其理路必從下而上，如〈恆〉：「雷風相與，巽而動」，先言風之「巽」德，再言雷之「動」德；〈晉〉：「明出地上，順而麗乎大明」，先言坤之「順」德，再言離之「麗、明」之德。〈象〉明顯是兩種思維的拼合，釋卦德由下而上，這和〈象〉重視爻位，觀卦由內視外的思維應有關聯。

廖名春此論可謂詳審，若再從思想上的不同分判，〈大象〉是純粹的儒家思想，而〈象傳〉則儒道兼綜，似是儒家受道濡染之作，此一特徵應能助成〈大象〉先於〈象〉的論點。李鏡池也注意到〈大象〉是純儒而〈象〉兼雜儒道，但他認為〈象〉注重解釋卦義，卦辭雖間或插入一兩句議論，並不是有意安排，只是觸機而發。〈大象〉是很有系統很有組織的一種作法。其格式是：「君子以……」、「先王以……」、或「后以……」。其範圍不出倫理與政治兩方面。這樣整齊的文章，顯然是較後的寫作。這樣格式上的硬板和內容上的簡短，時代居先或居後，亦是見仁見智了。

（二）〈大象〉傳和〈小象〉傳的屬性

關於〈大象〉和〈小象〉，李鏡池最初不能肯定兩者是否同一作者，在〈易傳探源〉中說，「〈大象〉，我們還不能斷定它與〈小象〉同出一個作者與否。」不過對〈小象〉的抨擊已經甚為嚴苛，認為它「望文生訓」、「鈔襲敷衍」、「最壞的是強作聰明，斷章取義，違反易旨」等等。到後期的〈易傳思想的歷史發展〉中，就較為肯定的說：

〈大象〉，寫於秦朝，在焚書坑儒之後，作者是被始皇鎮壓的儒生。

〈小象〉作者跟〈大象〉可能不是一人。〈小象〉發揮爻位說，為維護和鞏固封建制度而作，宣揚君臣倫理。疑出於與叔孫通共定朝儀的魯諸生之手，並把〈大象〉合成一部〈象傳〉。〔註11〕

就思想上而言，〈大象〉專談政治和修養，也就是〈象傳〉中的人道觀。〈小象〉則發揮〈象傳〉的剛柔說，兩者亦有不同。〈大象〉談修養主要是以為政者的角度來說，「它所說的『君子』包含雙重性質，既指統治者，也指有道德的人。主張德治也就是賢人政治，在位者要有道德思想，有道德修養的應該居高位。」〔註12〕

〔註11〕作於 1963 年，見氏著《周易探源》（北京：中華書局，1978 年），頁 326。
〔註12〕李鏡池：《周易探源》（北京：中華書局，1978 年），頁 347。

〈大象〉更突出的一點，在於無論吉卦凶卦，君子大人皆能有取於卦，無凶辭：

> 大象傳所設之辭、所法爲用者，蓋無不善焉。其卦象吉者，固多吉辭；卦象凶者，亦可反凶爲吉。項安世《周易玩辭》)（卷五）云：大抵卦有吉凶善惡，而〈大象〉無不善者，蓋天下所有之理，君子皆當象之，遇卦之凶者，既不可象之以爲凶德，則必於凶之中別取其吉，以爲象焉。〔註13〕

這和孔子所言「不占而已矣」甚是切合，〈易傳〉之中如此純然儒者，蓋無匹也。

從字詞使用上來看，〈大象〉用「君子」53 次，「先王」7 次，「后」3 次，「上」1 次，「大人」1 次。西周古籍，咸以「君子」爲有位者之稱，〈大象〉於君子一辭，猶存古義；而以「后」爲君王之意，淵源甚古，〈易傳〉中也只有〈大象〉有之。〈小象〉則是在釋爻辭時，於古義有所不解，如爻辭中之「小人」當指平民，而〈小象〉以「無德者」釋之；〈蠱〉初六「幹父之蠱，有子，考无咎。厲終吉」，〈小象〉：「幹父之蠱，意承考也。」西周之時，父存時稱考，如〈大誥〉、〈康誥〉等，亡父之意乃後起，《禮記・曲禮下》「生曰父，……死曰考」。爻辭「惡人」當指貌醜之人，而〈小象〉以爲「兇惡之人」。〔註14〕〈大象〉行文存古雅，而〈小象〉釋文失古義，可見不同，又〈小象〉通篇押韻，各卦自成韻讀，或一卦獨叶一韻者，或一卦中有轉韻者。〔註15〕〈易傳〉中只有〈雜卦〉一篇通篇押韻，能否帶出其他線索，尚可思之。

三、〈繫辭〉與〈文言〉

李鏡池對於〈繫辭〉和〈文言〉的評價，取法於歐陽脩，認爲都是搜羅纂輯舊說而成，並認爲〈繫辭〉和〈文言〉在某些章節上可能有相同的作者。其中大多數有「子曰」，並非孔子之言，實是易學家述其「師說」之謂，諸文亦大體相近。而〈繫辭〉上下傳之分，也並沒有什麼意義與必要，認爲可能是經分上下，〈繫辭〉模倣經的分法，把文字勻分兩起，原無大意義。

〔註13〕黃沛榮：《周易象象傳義理探微》（台北：萬卷樓，2001 年），頁 108。
〔註14〕同上，頁 186～187。
〔註15〕同上，頁 166。

至於編著〈繫辭〉之目的，李鏡池以爲最少有這兩個：一存佚，二宣傳。存佚是留存各家《易》傳，或經師口述，如司馬談〈論六家要指〉：「易大傳：天下一致而百慮，同歸而殊塗」，今〈繫辭〉作「天下同歸而殊塗，一致而百慮」。《漢書・董仲舒傳》所載對策：「《易》曰：『負且乘，致冠至。』乘車者，君子之位也；負擔者，小人之事也。此言居君子之位而爲庶人之行者，其患禍必至也。」今〈繫辭〉作「負也者，小人之事也；乘也者，君子之器也。小人而乘君子之器，盜思奪之矣。」記〈易傳〉之話，卻略有不同，應是師說有異之別。至於宣傳，則是張揚《易》道無所不備，妙用不盡，符合時代的需合，並與道家合流，近而戰勝道家，爲武帝所獨尊。

四、〈說卦〉、〈序卦〉與〈雜卦〉

顧頡剛認爲〈象〉傳爲原始的〈說卦〉傳，而〈說卦〉傳乃是進步的〈象〉傳，因爲〈象〉傳是最早用象去解釋易卦辭的，所取之象都是自然界中最重大的幾件東西，並沒有像〈說卦〉傳那樣的細碎複雜，這可見其間時代相差頗久。〔註16〕李鏡池以爲〈說卦〉、〈序卦〉、〈雜卦〉三篇之中，〈說卦〉或許較早；然最早也不出於焦京之前。因爲京房卦氣圖與〈說卦〉的說法合，即「帝出乎震，齊乎巽，相見乎離，致役乎坤……震，東方也……巽，東南也……離，南方之卦也」。〈說卦〉後半部講八卦取象的。取象之說，在《左傳》、《國語》中已開其端，〈彖〉、〈象〉傳已衍其流，不過範圍未廣而意義亦簡，衍生繁複則是因爲京房、荀爽之人所致。

至於〈序卦〉，李鏡池以爲《周易》卦名流傳有所變更，就可以知道卦名本無大意義，而以卦名之義來說明卦之次序的〈序卦傳〉，即可知是由後人附會出來的。而〈雜卦〉之名，《漢書》不載；東漢諸書也沒有稱引，它「雜糅眾卦，錯綜其義」，是一首「六十四卦歌訣」，不大著重卦義，只是有意把諸卦用韻編成歌訣，當是一種便于記誦的啓蒙書也。

馬王堆的帛書易傳中，有今〈說卦〉前三章，或言附於〈繫辭〉之末，或言其篇名當爲〈衷〉，無論如何，〈說卦〉有一部分肯定是很早的，而汲冢亦有出土似〈說卦〉而異的〈卦下易經〉，可知其源。

〔註16〕《古史辨》第三冊，頁63。

第四節　〈易傳〉作於濡染道家思想的儒者

　　古史辨對〈易傳〉思想的討論，除了稱引馮友蘭之說、收錄錢穆之作，顧頡剛還提及和馮氏之作同樣刊載於《燕京學報》第 2 期的許地山〈道家思想與道教〉。馮友蘭論〈易傳〉非出自孔子之手，本章第一節已述，於此不再重覆，僅摘錄許氏之說有關〈易傳〉者，並敘錢穆所論於後，以表現古史辨對〈易傳〉思想的探討取向。

一、許地山〈道家思想與道教〉 [註17]

　　許地山本文在於強調道家思想淵源流長，甚至發揮比儒家更具大的影響力，追本溯源，以爲道家思想可以上推至巫祝：

> 史稱少昊之衰，九黎亂德，天下相惑以怪，家爲巫史，民瀆於祀，帝顓頊乃命重爲南正，司天以屬神；命黎爲北正，司地以屬民；因此，巫史的職守就有了專責。南正所司的事體是關於天志的，是巫祝或道家思想所從出。北正所思的是關於天人感應的事實，爲巫史或儒家思想的根據。 [註18]

許地山認爲《易經》是「一本記載民族經驗的迹象和字書」，而儒家和道家同樣源出於《易》；又將〈繫辭〉、〈文言〉和《老》、《莊》之言結合發揮，闡揚其義，等同將〈繫辭〉、〈文言〉等視爲深具道家思想之作，又把儒與道之間同而有異之處點出：

> 道家之所謂「道」與儒家之所謂「道」，其不同的地方在前者以爲人生應當順從天地之道與萬物同流同化，故立基在陰陽、動靜、剛柔、強弱等「自然相生，自然相克」觀念上頭，而忽視人爲的仁義；後者偏重於人道的探索與維持，故主張仁義。我們或者可以說道家與儒家皆以順應天道爲生活的法則，所不同的在前者以地道爲用，後者以人道爲用而已。地道是無成無爲，故《易·坤》有「地道無成而代有終」的說法。

許氏對於《易》對先秦各家的影響，繪有簡圖如下：

〔註17〕本文作於 1927 年，後收於許地山：《道教、因明及其他》（北京：中國社會科學，1994 年），頁 1～32。

〔註18〕許地山：《道教、因明及其他》（北京：中國社會科學，1994 年），頁 1。

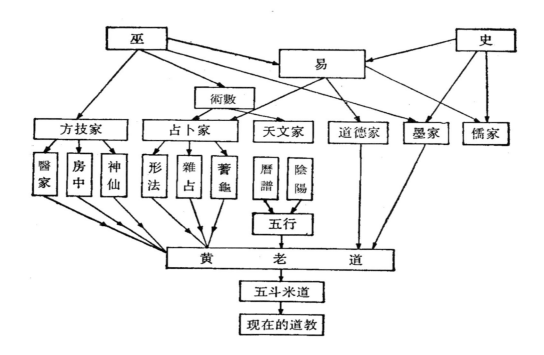

二、錢穆〈論十翼非孔子作〉

錢氏此文對〈易傳〉的思想，有三點分析，以與《論語》比較：

（一）從「道」而言，《論語》上的「道」，是附屬於人類行為的一種價值的品詞，大概可分為三類：1. 是合理的行為，便是吾人應走的道路，譬如「君子之道」。2. 是行為的理法，這是歸納一切合法的行為而成的一個抽象的意思，譬如「志於道」、「朝聞道」之類。3. 是社會風俗國家政治的合於理法的部分，這是拿前兩條合起來擴大而說，譬如「文武之道」、「天下有道」等。總之，道只是我們人類的行為。孔子時常說及天命，卻不敢說天命的所以然之天道。〈繫辭〉上說的道卻截然不同。1. 他是抽象的獨立之一物，故說「一陰一陽之謂道」，又說「形而上者謂之道」。〈繫辭〉裏的道，明與老莊的說法相合。2. 道字的涵義廣為引伸，及於凡天地間的各種異象，故說「乾道」、「坤道」、「天地之道」、「日月之道」、「晝夜之道」、「變化之道」與「君子小人之道」等。這也與《論語》不同，這也是從「一陰一陽之謂道」一語裏衍化出來的。

（二）從「天」而言，《論語》上的天字是有意志有人格的。這是一種極素樸的觀念。〈繫辭〉裏的天字卻大不同，1. 「天」「地」並舉為

自然界的兩大法象。2.《論語》上是用人事來證明天心的，而〈繫
辭〉卻把天象來推人事，所以說「天垂象，見吉凶，聖人象之」，
把天尊地卑來定君臣夫婦的地位，也是〈繫辭〉裏的思想，孔孟
儒家並不如是。

（三）從「鬼神」而言，《論語》上的鬼神也是有意志有人格的，所以說
「非其鬼而祭之，諂也」，「祭神如神在」，「敬鬼神而遠之」。〈繫
辭〉上的鬼神又不同了，也是神祕的、惟氣的，用惟物的說明，
絕不帶先民素樸的迷信之色采，這是很顯見的。

因此錢穆總結，〈繫辭〉的思想，遠於《論語》而近於老莊的，約有三點：
（一）〈繫辭〉言神、言變化，相當於老莊言自然、言道；《論語》好言仁，
只重人與人的相交，對於人類以外的自然界似少注意。（二）〈繫辭〉言利害
吉凶，老莊亦言利害吉凶；孔子學說的對象為人羣，故不敢言利而言義，老
莊學說的對象為自然，故不必言義而逕言利。（三）〈繫辭〉、老子均重因果觀
念；孔子貴知命，僅求活動於現有的狀態之下，《老子》、〈繫辭〉則於命的來
源均有討究，這顯見是他們思想上的不同。

誠如鄭吉雄所言，胡適和錢穆「在易學研究中所貫注的哲學理趣，是特
別偏重於《易》和先秦諸子百家的思想關係的。主要原因在於：先秦諸子學
自清末以來，本已有復興的趨勢。復經 19 世紀末多位大師如俞樾（1821～
1906）、孫詒讓（1848～1908）、章太炎（1869～1936）等人的提倡，益成顯
學。而 20 世紀初學者考訂《易傳》年代為晚出而非孔子所撰。即為晚出，又
不屬孔子著作，則其中自包含戰國以降的思想觀念，又適可以與晚周諸子典
籍相比較。」〔註 19〕由上述所引可知，古史辨在〈易傳〉思想的闡述上，大
多重視其道家思想濡染的層面，重其「異」而罕言其同，這並非表示古史辨
以為〈易傳〉屬於道家，最主要的目的，仍是強調孔子非〈易傳〉的作者，〈易
傳〉的作者也不止一個人。顧頡剛因此斷言：發揮自然主義的〈易傳〉的著
作時代，最早不能過戰國之末，最遲也不能過西漢之末，這七種傳是西元前
三世紀中逐漸產生的；至其著作的人，則大部分是曾受道家深刻的暗示的儒
者。李鏡池也將〈易傳〉歸於儒家之作，當代學者多傾向認為，《易傳》為儒
家作品，而在春秋戰國時，吸收了陰陽家和道家的思想，高亨、余敦康、張

〔註 19〕鄭吉雄：〈20 世紀初周易經傳分離說的形成〉，收入劉大鈞《大易集奧》（上海：
上海古籍出版社，2004 年），頁 233～234。

立文等都支持這種看法。黃沛榮認爲,「至荀子出,更吸收老莊自然天道觀,認爲天之運行純爲自然之作用,與人事並無必然之關係;另一方面,則肯定人爲努力之重要性……故〈象傳〉雖有自然天道觀之色彩,然可能受到荀子影響。換言之,〈象傳〉天道觀所受道家之影響,乃間接而非直接。」〔註20〕

結　語

　　總括而言,古史辨在〈易傳〉上成就,破多於立,重點在於闡明孔子與《周易》無關,除了引敘儒家的《論語》、《孟》、《荀》等書以爲證,又憑藉史籍上對〈易傳〉流傳的紛亂而指瑕造隙,對〈易傳〉年代先後的判定甚爲嚴苛,所論有重大影響,如論〈繫辭〉傳古史與觀象制器說,雖欲運用當時新出土的《漢石經周易殘石》,但誤判其爲京房易(見第一章),又成見過深,亟欲攻擊伏羲、神農之古史,乃斥爲術數小道。直至長沙馬王堆帛書易傳出土,學者們終於拍板定論,〈繫辭〉觀象制器此章絕非晚至西漢昭宣,足見古史辨在〈易傳〉的研究方法和觀點上,失之過疑。但古史辨正視〈易傳〉染有道家思想,則是不可抹滅的貢獻。關於〈易傳〉著作年代,古史辨透露出的思路,則是以義理的〈易傳〉爲早,占筮的〈易傳〉爲晚,這大約肇於對漢代象數學的偏見。近年學者正視《易》的占筮性質,對〈易傳〉的占筮性質也能肯定其爲「古義」,可說是替古史辨的自我局限跨出一大步,其說詳後。而〈彖〉和〈象〉的關係、〈大象〉和〈小象〉的屬性等,開展了析論〈易傳〉的新路,使後來的學者能用文獻學的角度嚴謹審辨其體例,雖至今仍人言言殊,〈易傳〉年代的判定未有定論,也可足證古史辨善於發掘問題,不肯忽視問題,答案仍待學者努力爲之。

　　另外,古史辨研究〈易傳〉的缺陷,即「移置法」落空:

　　　許多僞材料,置之於所僞的時代固不合,但置之於僞作的時代則仍是絕好的史料:我們得了這些史料,便可瞭解那個時代的思想和學術。例如易傳,於在孔子時代自然錯誤,我們自然稱它爲僞材料,但放在漢初就可以見出那時人對於《周易》的見解及其對于古史的觀念了。……

然而這樣的理念不僅《古史辨》第三冊中未見,其後的研究亦不見著墨,便是古史辨在「破」時注重破〈易傳〉,「立」時注重立《周易》經文的卜筮性

〔註20〕黃沛榮:《周易彖象傳義理探微》(台北:萬卷樓,2001年),頁16～17。

質，卻未能在文獻學、思想史上立〈易傳〉的價值，這樣的偏重，固然由於考古資料不足，再論不免空談，然而不能秉持古史辨「就文獻而論文獻」的精神，實爲遺憾。

筆者梳理古史辨對〈易傳〉的看法之餘，略有所得，簡述如下。

一、孔子晚而喜《易》之說應有所據

關於孔子是否曾經讀《易》，前人於古籍考訂甚爲謹嚴，眾說備矣。《周易縱橫談》中，李怡嚴與黃慶萱書信往返之問答，針對孔子是否學《易》一事，彼此詰難甚爲精釆。〔註21〕筆者擬從另一角度觀察此說，即理解孔子「晚而喜《易》」與「歸魯著《春秋》」二事之間的關聯性。孔子周遊列國後歸魯而著《春秋》，《史記‧十二諸侯年表》，太史公曰：

> 孔子明王道，干七十餘君，莫能用，故西觀周室，論史記舊聞，興於魯而次春秋，上記隱，下至哀之獲麟，約其辭文，去其煩重，以制義法，王道備，人事浹。七十子之徒口受其傳指，爲有所刺譏褒諱挹損之文辭不可以書見也。魯君子左丘明懼弟子人人異端，各安其意，失其眞，故因孔子史記具論其語，成左氏春秋。

於〈孔子世家〉亦言：

> 子曰：「弗乎弗乎，君子病沒世而名不稱焉。吾道不行矣，吾何以自見於後世哉？」乃因史記作春秋，上至隱公，下訖哀公十四年，十二公。據魯，親周，故殷，運之三代。」

如前引許地山所繪簡圖，《易經》乃古代巫史同源傳統之下產生的作品，《周易》中亦可見行筮者記載當時史事占筮結果的記錄，如帝乙歸妹、箕子明夷等，且《左傳》中屢次記載占筮結果，及其驗合，則魯國史書內容本當卜筮、史事皆有之；又《左傳》昭公二年：「春，晉侯使韓宣子來聘，且告爲政，而來見，禮也。觀書於大史氏，見易象與魯春秋」，從中推論，各國史記中，定有史事和卜筮記載一同收藏於大史氏的傳統。韓宣子同見《魯春秋》和《易象》，將魯史和《易》的聯結加深，由於秦火之災，各國史記已不可見，詳細內容無法得知，但此當爲實情。

〔註21〕見〈易學書簡〉一章。黃慶萱：《周易縱橫談》（桂林：廣西師範大學出版社，2006 年），頁 205～231。持否定論點者，可見何澤恆〈孔子易傳相關問題覆議〉，氏著《先秦儒道舊義新知錄》（台北：大安出版社，2004 年），頁 39～117。

因此，若孔子晚年欲因魯史而作《春秋》，則當必接觸相關史事之占筮，以兩相參驗。史事是結果的呈現，重要的占筮記錄則可見人之心志。孔子若於《周易》毫無所知，則古史所述乃不可盡明，如此而欲以之作《春秋》，恐怕不甚了了。而且，《魯春秋》於《易》當有特出之處，否則各國史記甚多，何以戰國魏襄王汲冢墓，獨取〈師春〉記《左傳》諸卜筮，是以孔子晚而取《周易》研讀當屬可信。

再由此申論，孔子於《易》當好其德義而不取占筮，如《論語》所言：

> 子曰：「南人有言曰：『人而無恆，不可以作巫醫。』善夫！」「不恆
> 其德，或承之羞。」子曰：「不占而已矣。」（《論語・子路》）

荀子正是依循此一道路，故言：「善爲易者不占」。《易》和《春秋》若分而觀之，則於古事各得其半，未得全豹矣。則孔門習《易》不爲占筮，乃爲《春秋》爾。今觀《春秋》三傳，《公羊》、《穀梁》於《易》毫無著墨，直敘義例，而《左傳》存卜筮遺法，則可見儒門各有偏重，如孟、荀各有所好，而習《易》終不爲占筮矣。

總括而言，孔子歸魯而觀史，其有意於史，則不能不讀《易》；孔子重德義不重占，如《春秋》三傳皆述儒門大義，《左傳》及於巫史，而《公羊》、《穀梁》直釋義例，然其要旨皆歸於人道，正足見之。

二、對「易傳」的重新認識

關於〈易〉傳的著作年代，眾說紛紜，如楊慶中所說：

> 分析到了最後，我們仍不能確定〈易傳〉諸篇究竟成書於何時。因
> 爲學者之間的分歧太大了，而且每一種觀點也都不是憑空杜撰出來
> 的，多多少少，總有一些史料的根據。況且，學者之間運用的考證
> 方法也多相同，大體論之，不外乎傳世文獻的排比，概念範疇的分
> 析，思想線索的梳理，考古材料的參證等。〔註22〕

然而《周易》和其他經書很大的不同點於，它具有實用性，而且因爲它的占筮實用性，所以不在被焚之列，而這種實用性，很容易使《周易》在流傳的過程中，成爲祕而不傳的家學。

劉大鈞認爲《周易》應有「今義」和「古義」之分：「今義」凸顯的是「一種德性優先的濃郁人文關懷」，而「古義」則更多地關涉「明陰陽、和四時、

〔註22〕楊慶中：《周易經傳研究》（北京：商務印書館，2005 年），頁 188。

順五行、辨災祥等卜筮之旨」。〔註23〕此說甚具啟發性，將開展「德義」的《易》定位爲較後的「今義」，而以「卜筮」的《易》爲較古的「古義」，是合乎對《周易》的本質的認知。然而古義中卜筮的內容是否如其言，筆者以爲尚未可定，詳說如後。

（一）重視《周易》在周初的占筮性質，當有占筮用途的「易傳」

《周易》在周初爲占筮之書，太史習之，遲至春秋，公卿亦習，即穆姜亦知。能演卦占筮的人，有史、卜、大夫等人，如莊公二十二年，周史以《周易》見陳侯；昭公五年，有卜楚丘；襄公二十五年，有陳文子等；又閔公元年，畢萬筮仕於晉，遇〈屯〉之〈比〉，辛廖占之。

關於辛廖，或以爲周人，也有以爲晉大夫。《左傳》昭公十五年云：「及辛有之二子董之晉，於是乎有董史」，注云：「辛有，周人也，其二子適晉爲大史」。則辛廖可能爲辛有之後裔，因家學得以習《易》，是以雖非太史、卜者，公卿中仍有能解《易》者，《易》學之流布，可見一斑。

應當注意的是，春秋使用的占筮法，八卦各有統攝之象，並不止於天、地、火、水等自然之物，如昭公五年卜楚丘筮穆子之生，曰：「離，火也；艮，山也；離爲火，火焚山，山敗；於人爲言，敗言爲讒言，故曰『有攸往』。純離爲牛，世亂讒勝，勝將適離，故曰『其名曰牛』」又《晉語四》司空季子反對筮史的解占，另解卦象乃吉，言「〈屯〉，厚也；〈豫〉，樂也；……震，雷也，車也；坎，勞也，水也，眾也……」這樣的卦象、卦德、卦意詮解，很明顯的是一群卜史集團共有的知識基礎，非個人創造，而且這樣的解法，很容易使我們聯想到〈說卦〉、〈雜卦〉一類的〈易傳〉。戰國時汲冢墓不見〈彖〉、〈象〉、〈繫辭〉、〈文言〉，只有〈卦下易經〉似〈說卦〉而異，又有〈師春〉，書《左傳》諸卜筮，占筮之效，當甚被看重。古人相信占筮可敬，八卦能表徵諸象，變化精妙，應用無窮，故韓宣子讚歎：「周禮盡在魯矣，吾乃今知周公之德與周之所以王也」，可依此理解，如李學勤所言：

在〈易傳〉撰成以前，已經存在類似的講卦象的書籍，供筮者習用。這種書是若干世代筮人知識的綜合，對《易》有所闡發，是後來〈易傳〉的一項來源和基礎。《左傳》韓起所見《易象》，應該就是這樣一部書，係魯人所作所傳，有其獨到之處，以至韓起見後頓生贊嘆

〔註23〕劉大鈞〈周易古義考〉，見氏著《今、帛、竹書周易綜考》（上海：上海古籍，2005年），頁122。

的心情。〔註24〕

但筆者以爲「易象」非今之〈大象〉傳，因〈大象〉傳更接近「不占而已矣」之意，取法無不吉，與占筮者須逆料吉凶的意旨不符，且〈象〉傳主要爲孔門思想，學者以爲從學術史言，決不能早於孔子之世。而魯昭公二年，孔子年方十二〔註25〕，絕不可能有此作品。

（二）《周易》經歷官俗互替、德筮二元的發展

簡略而言，《周易》從西周至漢，經歷「由官而民、由民而官」、「由卜筮而分流爲德、筮二元」的過程；《周易》以人道之「德義」傳釋之，乃確立於孔子。《周易》在西周初，當由大史深藏王室，筮辭中「帝乙歸妹」一類者，當非他人可見。然隨著周王室和諸侯的交流、卜史家族的擴散延申，《周易》當隨之成爲各諸侯國卜史們的共同知識，然應有精粗不同，未必一致。及西周覆滅，春秋戰國貴族陵夷，幾個世代動亂之後，懂得卜筮的貴族極有可能在戰亂中淪爲平民，而使《周易》逐漸向民間流傳，如《墨子‧公孟》言：「且有二生，於此善筮。一行爲人筮者，一處而不出者。行爲人筮者與處而不出者，其糈孰多？」筮已成爲民間謀生行業的一種，此正表現出「由官而民」的現象。

漢初時，武帝立五經博士，而田何一脈的《周易》也是由民間而立於學官，這是第一個層次的「由民而官」，但最後卻又被起自民間的古文費氏《易》所取代，如《漢書‧藝文志》所言：「漢興，田何傳之，訖于宣、元，有施、孟、梁丘、京氏列於學官，而民間有費、高二家之說。劉向以中古文《易經》校施、孟、梁丘經，或脫去『無咎』、『悔亡』，唯費氏經與古文同。」這是第二個層次的「由民而官」。

《易》學由官而民、由民而官的歷程中，孔子居中成爲重要的轉捩點。

孔子身處春秋末年，既是貴族之後，又仕宦好學，能見周史、魯史，接觸《周易》占筮的奧義，又如李鏡池所言，早在春秋時期，就產生以義理解釋《周易》的傾向，這也應是孔子讀魯史時以爲可取者。孔子傳《易》的內容，今不可確知，但確立了「不占而已矣」的德義取向是可信的，儒門有習之者，傳之不絕，先秦諸子中，儒家是傳承周文化最堅韌細密者，也因此義理《易》洋洋大觀，有師承可尋。

〔註24〕李學勤：《周易溯源》（成都：巴蜀書社，2006年），頁63。
〔註25〕黃沛榮：《周易象象傳義理探微》（台北：萬卷樓，2001年），頁90～91。

　　漢初，武帝獨尊儒術，立《周易》於學官，理論上來說，應當是「德義」
一脈的《易》學應當大盛，但此後至宣元間，是以卜筮爲主的《易》學盛於
當時，而非孔門的德義之解，容肇祖〈占卜的源流〉可以概括這一段時期的
狀況：

> 易學一方面固然傾向於哲學化，他方面仍然是受術士的影響而保存
> 他的筮占的神祕的性質。如《漢書‧儒林傳》所說的孟喜、梁丘賀、
> 焦贛、京房、高相的一輩，孟喜「得易家候陰陽災變書，詐言師田
> 生且死時，枕喜膝，獨傳諸喜」；梁丘賀「以筮有應，繇是近幸爲大
> 中大夫給事中，至少府」；焦贛「獨得隱士之說」；京房「以明災異
> 得幸」；費直「長於卦筮」；高相「傳說陰陽災異」，可知哀平以前的
> 易學雖則是經過儒家化，然而很有人仍要保存他的占術的作用和神
> 祕的性質。

立於官學者，只能知其人而不知其內容，漢初田何傳《易》於王同、周王孫、
丁寬、服生等人。丁寬特受田何賞識，然學成之後，卻又向周王孫學習古義，
《漢書‧儒林傳》曰：

> 丁寬字子襄，梁人也。初梁項生從田何受易，時寬爲項生從者，讀
> 《易》精敏，材過項生，遂事何。學成，何謝寬，寬東歸，何謂門
> 人曰：「《易》以東矣。」寬至雒陽，復從周王孫受古義，號周氏傳。
> 景帝時，寬爲梁孝王將軍距吳楚，號丁將軍，作易說三萬言，訓故
> 舉大誼而已，今小章句是也。寬授同郡碭田王孫，王孫授施讎、孟
> 喜、梁丘賀，繇是《易》有施、孟、梁丘之學。

劉大鈞認爲，田何祕密傳授周王孫古義，而後丁寬再從周王孫而學，是乃爲
孔子隱諱，用心良苦。筆者以爲，周王孫可能家學本有古義，而從田何學孔
門今義，故丁寬乃再至雒陽學於周王孫，周王孫有《易傳》周氏二篇，足見
其有獨到之處。漢初甚看重卜筮，雖有武帝獨尊儒術，然尚未純粹，這一段
歷程，可說是卜筮古義傾向的《易》學，侵奪了孔門德義的《易》學，占領
了官學的地位，丁寬是居中的重要人物，而周王孫則是隱藏的線索。東漢的
熹平石經，今之〈易傳〉十篇，亦已全矣，屈萬里考出乃以梁丘賀本爲主，
只是不能確知此梁丘賀本是否仍是武帝時的原貌。

　　從這樣的過程來看今日〈易傳〉的組成之複雜可想而知。因爲有由官而
民的流傳過程，所以《周易》的古本有機會被多方面保存，並非單傳，費直

在民間流傳的《周易》經文能合於孔壁古文，可以得到解釋。另外，從占筮來看，從前官學中各自分明的占筮方法可能在民間彼此雜染，或是另有創發，在《左傳》中已知，筮法不止一種，而且《左傳》中只見八經卦的卦象而論，未見以爻位陰陽而論者，則是今所見〈易傳〉自有新意。僅管孔門的《易》學是取其德義，最終和占筮都無法脫離關係，又多受諸子糅染，田何一脈不用說，即使古文費直一脈，亦「長於卦筮」。占筮，始終是《周易》中無法忽視、或隱或顯的伏流。

筆者認爲，今日所見〈易傳〉，雖可大略分爲義理和占筮兩大類，然而，並不代表義理一類的就比占筮之類的早。如〈象〉和〈彖〉可能是比義理類較早的〈易傳〉，但不見得比占筮類〈說卦〉之類的來得早；〈繫辭〉、〈文言〉一類雖是纂輯而成，然而源流也可能甚早，也許某些章節是早於〈象〉、〈彖〉的。

凡是技藝家學者，必有祕傳不見於外者，有占筮功用的〈易傳〉，在撰作時可能和義理類同時期存在，而彼此卻不知；或襲用類似的陰陽觀念而各成己解，年代難以斷定。因此，要斷定〈易傳〉的年代或是依其思想判定發生的先後，可能會因此占筮的家學祕傳、世代累積而失去準則。另外，〈易傳〉十篇中關於占筮的部分，正是孔門存留周文化、解讀魯史的知識，雖有占筮成份，但實際上已經非常淡薄，直如索引功能而已。因此，即使如馬王堆帛書中獨特的卦序，因其占筮之用，來源也可能甚早，但筆者仍以爲今本的卦序比之帛書仍是較古老的形式，詳說如本書第四章。

第七章　結　論

前　言

　　對古史辨各層面較細部的討論之後，本章欲總結古史辨在《周易》研究上的成就和局限，討論古史辨的定位和評價。在《古史辨》第三冊中，許多結論現今都已棄置不顧，如李鏡池對〈易傳〉的年代斷定，因爲馬王堆帛書的出土而得知其誤。但許多觀點已被視爲學者的共識，如《周易》爲卜筮之書、《周易》和〈易傳〉兩者性質不同，可以分而治之。研究結果被現今易學接受與否，在各章已詳細討論，不再贅述，於此要強調的事，在歷史的長軸上，古史辨的座標應當如何被標記，以及後來的學者應當從古史辨的《周易》研究中，得到什麼樣的啓示與借鑑。

第一節　古史辨在《周易》研究上的成就

一、觀念的突破

　　如本書第一章所述，古史辨對《周易》研究方向的引導，在風格上，承繼今文學家通脫佻達之風，不循漢學家斠酌考核之學，尤其顧頡剛面對國難當前的危急，西風東漸的艱困，雖投身於學問研究之中，卻不忘學術應負起的社會責任，期望這樣踏實的做學問方法也能影響社會風氣，使人人能篤實求眞。在目的上，將經學劃入史料的範圍，重點在突破經學一直以來的領導地位，結合西洋勢力所引致的史學地位提升，將經學也納入史料的範圍，使

用歷史的方法做研究，研究《周易》也是一樣，要帶入歷史的觀念，以「層累古史」說爲中心，結合民俗學的啓發，而獲致我們如今所見的成果。

事實上，這些在當時都是大膽而叛逆的嘗試，民國初年，經學仍有「神聖」的地位，也是整個社會所認同的目的，要將《周易》開展出新的研究方向，豈如今日容易，有一事可由小見大：

> 在 1923 年，《新聞報》刊載社論「《墨辨》之辨」，記錄胡適與章炳麟各一書。太炎先生責胡氏「未知說諸子之法與說經有異」，胡氏說自己「是淺學的人，實在不知說諸子之法與說經有何異點」。……當年胡氏辯解道：「我只曉得經與子同爲古書，治之之法只有一途，即是用校勘學與訓詁學的方法以求本子的訂正與古義的考定。」〔註1〕

我們今日治學，恐怕不會將經學置爲第一等而諸子措置爲二等，而這樣的學術自由，並不是憑空而來。顧頡剛一開始進行古史辨運動時，原來就定位在辨別僞書僞史之上，至於何以會引起如此波瀾壯闊的激盪，實在是因爲傳統的道德價值觀存藉著這些古籍樹立權威，而這些傳統的價值觀也是顧頡剛要攻擊的目標之一。民國初年，人們急思救亡圖存，若不搖撼舊思想，新思想何以有隙可入？〔註2〕顧頡剛之女顧潮曾言：

> 父親認爲當時的學術界因爲沒有求眞理的知識欲而單有實際應用的政治欲，急功近利，所以只知道宣傳救世的方法，而以爲自己這一類人所作所爲只是「無聊的考據」，看不見其中眞正的價值；父親又認爲從前的學者治學不在求眞而單注重應用，所以造成了抑沒理性的社會，以致中國社會兩千餘年來無甚進步，即使到了 20 世紀 20 年代，老學究們還要把過去的文化做爲現代人生活的規律，把古聖賢的遺言看做「國粹」而強迫青年們去服從，父親對於此種「通經

〔註1〕 顧潮、顧洪：《顧頡剛評傳》（南昌：百花洲文藝出版社，1995 年），頁 8。
〔註2〕 如王汎森所言：「顧頡剛等人相信『舊道德的權威都伏在古書的神祕之中』，所以如果抱持著傳統的上古史觀，則一方面是『堯舜禹湯一班古人就成了道德的模範』，另一方面是『儒家的理想就都成了堯舜禹湯早已行過的王政』，這個兩千年來約定俗成的歷史系統在古史論戰中被重重拆散，一方面使得上古歷史有了重構的必要，另方面使得寄託在古史上面的道德系統受到全面的挑戰——因爲這些道德既不曾在上古黃金時代實行過，它們的合法性便受到了空前未有的懷疑。所以拆散古史系統，重新審視它的組合過程的同時，也等於拆散了傳統的道德系譜，好讓現代人在一個全新的基礎上一一加以衡量。」氏著《古史辨運動的興起——一個思想史的分析》（台北：允晨文化，1987 年），頁 295。

致用」是深惡痛絕的。〔註3〕

顧頡剛痛恨這些毫不過問眞理的因循，森嚴不可侵的衛道保壘。爲要將掌握人們道德思想的「經學」有意識地終結，將之納入史料，顧頡剛採今文家式的佻達文風進行攻勢，是可想而知的。因此，古史辨因其「先有立場而後舉證」的方式受到後學抨擊，理當承受：

> 事實上，吾人站在今天 21 世紀初的立場，將這一類以「社會進化史」的觀點，置回 20 世紀中西文化激烈碰撞的時期來觀察，可以見到當時學者研究學術的一種隱情：他們研究問題的眞正目的，並不完全是在客觀地找到答案，而是爲破壞舊說而破壞，爲宣揚新觀念而宣揚。古史辨運動中的《易》學研究所引起的最大問題，恐怕是在這一點上。〔註4〕

要搖撼傳統，沒有比指稱傳統所據事物爲造僞來得更有震撼力了，康有爲的方式並未成功，但顧頡剛自認找到足以解開所有眞相的鎖鑰——「層累古史」說，而經學最直接相關的就是上古史，所以上古史成爲他的主要目標，而《周易》從漢代以後居於六經之首，又被賦予神聖的色彩，眾人所知的「易道廣大，無所不備」，使《周易》更是神妙、神聖不可侵犯。古史辨向《周易》的神聖地位挑戰，總是或遲或早，要使《周易》所具有的教條教訓價值消解：

> 判別經典眞僞並重新釐定他們的性質，都嚴重影響到傳統的倫理道德信仰之穩定性。以對「詩」、「易」性質的重新檢定爲例，康有爲及古史辨參與者都趨向於剔除「詩」、「易」的倫理色彩，認爲那是後世的僞造者擅加上去的，這不就等於動搖了「詩」、「易」中的倫理道德教訓的合法性嗎？全面打倒古文經，則古文經中所涵蘊的信仰與價值系統也跟著動搖了，兩千年來「六經即眞理」這一條信仰亦同被否定。〔註5〕

這就是古史辨在《周易》研究上最大的突破，至少，《周易》先要被解除不可質疑、不可動搖的神聖經典地位，之後才有討論的空間和可能。所以要使《周

〔註3〕 顧潮：《歷劫終教志不灰・我的父親顧頡剛》（上海：華東師範大學出版社，1997 年），頁 105。

〔註4〕 鄭吉雄：〈20 世紀初周易經傳分離說的形成〉，所引見劉大鈞編：《大易集奧》（上海：上海古籍出版社，2004 年），頁 227～228。

〔註5〕 王汎森：《古史辨運動的興起——一個思想史的分析》（台北：允晨文化，1987 年），頁 269。

易》回復到筮書的基準點之上：

> 古史辨中對易經性質的討論，主要是使它由聖典變回筮書……功用
> 也僅限於占筮，跟人文化成無關。……我們可以下一結論說：在古
> 史辨派手裡，周易澈底去除了道統的色彩，成為一部不折不扣的卜
> 書。〔註6〕

也因為古史辨反傳統的本質特色深深烙印在《周易》研究之中，由此招
致學者批評，卻也不必迴護，如廖名春等所言：

> 「五四」以後的現代易學，其長在敢於創立新說，其短在疑古過勇。
> 而現在人們論易，往往只看到疑古派易學家反傳統的成就，對之評
> 價甚高；對於其恃勇逞強，過於輕視傳統的一面，卻大多認識不足。
> 〔註7〕

事實上顧頡剛原本就不是易學家，不重視易學傳統，一意以史的觀念、史料
的價值剖析《周易》，可以說他魯莽粗疏，也可以說他為《周易》另闢一個新
世界。功過自可由各種研究方向的易學家論斷。

二、論點的影響——使《周易》經文充滿可能性

古史辨對《周易》研究最大的貢獻，即確立《易》為卜筮之書，使經和
傳的關聯鬆脫，進而開展無限的可能性，此即由「經傳分觀」而來。如本書
第二章所述，古史辨學者認為《周易》和〈易傳〉形成於不同的年代，兩者
古史觀念不同，所以〈易傳〉無法真確解經。又強調《周易》為占筮之書，
乃為占筮而為，亦應用於占筮之上；但〈易傳〉是哲學著作，研究宇宙人生
的問題，兩者不可勉強牽合。既然否定〈易傳〉是解經唯一的道路，不重視
傳統說法，又不認為卦爻之間存在著必然的內在邏輯關聯，自然可以從各種
方面重新詮釋《周易》，大概可以分為下列幾項：

（一）以史料視之

古史辨原本就是史學上的革新運動，有意識的將經學轉入史學的範疇，
把經書都當成史料看待，加以剖析察辨。顧頡剛於《周易》中勾勒出古代信
史（見本書第二章），啟發了「易中有史」的研究路線，於是玄妙的《周易》

〔註6〕同上，頁257。
〔註7〕廖名春、康學偉、梁偉弦：《周易研究史》（長沙：湖南出版社，1991年），頁
　　　5。

也能成爲說明、建構上古史的來源之一。余永梁和唯物史觀的郭沫若等人，也把《周易》當成了解上古社會生活的資料來源，從而闡述可能有的社會階級、生活情狀、禮俗禮制等，於今仍發揮重要的影響。以史料的觀點察看《周易》，即是使《周易》對描繪古史獻上素材，發揮其古老文獻的作用。由於是直接取之於經文，並用西方的史學理論分析，所以能有新的啓發，如《周易》中記載許多牧獵之事，卻鮮少及於農耕種作，這和周民族長於農業的文化背景甚有歧異，究竟是知而不載或另有他因，都值得予以關注。〔註8〕這種求眞的精神是古史辨所一貫追求的，將文獻還原到其產生的時代，李鏡池自言：

> 我們現在講《易》，目的在求眞，希望能夠撥開雲霧而見晴天；整理舊說，分別的歸還他各自的時代；使《易》自《易》，而各派的學說自各派的學說，免致混亂參雜，失其本眞。換句話說，我們以歷史的方法來講《易》，不是以哲學倫理來注釋。我們以客觀的態度來講《易》，不是以主觀的成見來會附會。我們要求《易》的眞，不講《易》的用。〔註9〕

（二）將歷史知識引入《周易》研究

上一點「以史料觀之」，是建構信史可以徵引《周易》的材料，此所謂將歷史知識引入《周易》研究，是指古史辨學者看重歷史背景的考察，如余永梁先對周商民族的背景做一番概述和比較，而後再談《周易》和龜卜的比較，等於是將《周易》放在一個更大而更嚴謹的框架中檢視，這是近代論古史辨的研究貢獻時，較少被提及的一點，或許是因爲余永梁所做的結論並不十分正確。當時上古史借助西洋史學進行新探，方當初萌，而考古學又未發達，學者的成就不足，只能是遺憾。然而這樣的研究路線是應該被重視的，尤其近年的考古成就如此宏多，更應結合歷史的知識考核《周易》研究，不局限於字句的考證。可以努力的方向，包括《周易》流傳的世代中，周民族的足跡和生活樣貌是否有進一步的資料；《周易》寫定的時代，現今有時代略相當

〔註8〕 當然，這樣的研究也有缺失，如楊慶中所言：「從社會史及文獻史料學的角度研究卦爻辭，到目前爲止，成果突出，但問題也不少。考其原因，一方面可能是由於相關的證據過於缺乏；另一方面則可能與「理論先行」，用史料證明理論，而不是由史料概括理論的錯誤做法有關。所以，如何鈎沉史料，特別是如何在一個合理的限度內「解釋」史料，乃是此類研究所面臨的重大課題。」見氏著《周易經傳研究》（北京：商務印書館，2005年），頁31。
〔註9〕 李鏡池：《周易探源》（北京：中華書局，1978年），頁264。

的周原甲骨可供參酌,這是否能爲《周易》句法研究和甲骨文句法研究,畫下一個適宜的界線?又是否可能重繪《周易》在先秦官俗流傳的情狀,進一步釐清〈易傳〉的面貌?將歷史知識引入《周易》研究,不再局限於文獻之間的反覆考訂,是古史辨爲學者啓示的一條重要道路,也符合近年跨學科綜合研究的潮流。

另一方面來說,古史辨也引發了《周易》「古史化」的研究路線,把《周易》本身史書化,是比「易中有史」更進一步的「易即古史」,現今所謂《周易》古史派,雖人言言殊〔註10〕,但許多學者不約而同將《周易》看成一本史書,並且言之鑿鑿,各自持說(見本書第三章)。若在《周易》經傳尚未脫鉤之前,應當無法如此自由自在的興盛發展,並且蔚爲大觀。誠然,學者們對此情形評價不一,但也由於《周易》本身的玄妙容蓄,才能成就如此繽紛多彩的見解;而且,應當也受到古史辨「易中有史」研究成果的激勵,才能繼續向前延伸,就學術的多元化而言,是一種強大的影響和不可忽視的貢獻。

(三)重視考古、訓詁解經

當〈易傳〉已失去解經的權威地位後,學者們可以善用金石文字的知識,再次探究經文的眞正意涵。在《古史辨》中,較少見學者逐字逐句以嚴謹的漢學方式訓詁,實在是因爲古史辨學者強調的是大概念的宣傳或破壞。爲達目的,較常使用的是文法的比較和典籍的互校,如李鏡池以《詩經》探究「明夷」之意;流風所及,以小學考訂《周易》經文的方式被學者們廣泛接受。《周易大傳今注》中,高亨運用四種方式評斷〈易傳〉解經的正確與否,楊慶中略估,認爲〈易傳〉和經意同的,約 186 條;〈易傳〉和經意部分相合的,約 105 條;〈易傳〉和經之某方面相合的,約 20 條;認爲〈易傳〉和經意不合的,

---

〔註10〕 楊慶中對之概括爲三種觀念:一、由進化演歷史,以胡樸安《周易古史觀》爲代表,其持論爲上經是草昧時代至殷末之史,下經是周文王、武王、成王時代之史。二、由筮法演歷史,以李大用《周易新探》爲代表,即周召之時,爲使周民族明白文、武、周、成等王興周滅商的歷史進行及其成敗因由,憑藉命龜之詞與歷史文獻,編纂成一部有序的史書。三、由紀年符號演歷史,以凡《周易——商周之交史事錄》爲代表,其認爲卦爻是上古紀年曆數形式,陰爻代表六天,陽爻代表九天,《周易》六十四卦是周文王受命七年(公元前1058 年)五月丁未日至周公攝政三年(公元前 1050 年)四月丙午日共 2880天的編年日記體筮占記錄。見楊慶中《周易經傳研究》(北京:商務印書館,2005 年),頁 114~120。

約 133 條。〔註 11〕這種情形可以表明，正因爲將《周易》開放給學者，所以學者可以客觀而竭盡所能的理解《周易》及〈易傳〉。至於因考古帶來的影響，則是甲骨文中的「貞」字，對《周易》「貞」字帶來決定性的詮釋，前提是古史辨學者視《周易》爲占筮之書，其中既然不以人倫大義的教訓爲主，則「貞」字當如甲骨文一樣，須視爲「貞問」之意。

（四）探究形構與源由

　　傳統的易學家認定《周易》出於聖人之手，因此大多只注重解通卦爻辭，發揮聖人的「微言大義」，或對典籍傳說加以梳理，整理「人更三聖，事歷三古」可能的組合，不太關注卦爻辭的結構特點、史料價值等問題。《古史辨》重點研究《周易》卦爻辭的歷史背景，認爲約寫定於周初，應當是卜官編纂筮辭而成，非一人一時之作，且由於形式大致整齊，肯定應該經過藝術加工。從歷史發展的進程討論，「蓍」應當先於「卦」，也認爲傳說文王重卦，是透露出先有八卦再有重卦的事實。初始以爲六十四卦中，卦名和卦爻辭的關聯性並不一致，有的全有關係，有的沒有關聯；後來認爲卦名和卦爻辭全有關聯，一卦說一事。至於卦畫和爻辭之間，就認爲彼此並沒有內在邏輯關係，此一觀點否定了陰陽乘承的解易之法，解除爻辭吉凶的邏輯必然性，對傳統象數易學的打擊最大，也對新易學的發生有促進之力。又因爲對卦爻辭內容的關注，溝通《易》和《詩》之間，學者們以詩歌的角度看待卦爻辭，也是重大的創發。

三、參與學者的多元

　　《古史辨》第三冊中，直接參與討論的學者，有顧頡剛、錢玄同、馬衡、胡適、錢穆、李鏡池、余永梁、容肇祖等人。其中，只有李鏡池可被稱爲易學家，終身致力鑽研《周易》。其他的學者，如顧頡剛是史學家，錢玄同是今古文經學兼修而偏向今文的經學家，馬衡、余永梁對考古、金石文字有深造，錢穆是國學大師，容肇祖致力於民俗研究，胡適對近代哲學史有卓越貢獻。當然，傳統易學家可以批評他們都是外行，不曾進入易學中博大精深的領域，棄象數於不顧，蔑視傳統。也許這些學者所討論出來的觀點，並不如今日的中肯，一方面也許受限於材料的不足，從另一個方面來看，也代表當時由舊時代邁入新時代的艱難，正是由於各個領域的學者共同努力，才能使《周易》

〔註 11〕楊慶中《周易經傳研究》（北京：商務印書館，2005 年），頁 233～234。

研究突破傳統，接納各類學科的審視，從神聖的廟堂之中走出去，再度擁有新生命。古史辨之後，再要有這麼多領域的學者共同討論《周易》某一個面向的問題，並且是有對談切磋、在同一場域上交換意見的，恐怕就少見了。

　　古史辨於《周易》，結合民俗學研究，從邊疆民族的卜筮儀式，到俗世生活的籤訣，都將之視爲史料素質，比較考查，《古史辨》第三冊參與研究的學者，大多不非議這樣的視角，也有依循而往的。近代有些學者延續這樣的作法，將《周易》納入民俗信仰或地方方言的研究領域，以發掘《周易》可能的樣貌；有的學者認爲這是《周易》研究的沉淪，不該將《周易》與民間迷信等而視之。不管學者各自的評價如何，需要說明的是，顧頡剛對於民間信仰並沒有輕蔑歧視的意味，他秉持著史料學的觀念，認爲只要能彰顯出時代眞相的事物都是好的，如他在 1927 年在杭州爲中大圖書館購書，即表現出這一方面的看重：

> 當時父親致傅斯年的信中也説到：「杭州，據書坊中人的眼光看來，是沒有好書的。他們所謂好書，是指版本書，價錢大的書。我所謂好書是史料。」……父親又親自到舊藏家及小書攤上去尋得不少雜誌、日報、家譜、帳簿、日記、公文、職員錄、碑帖……等等；還有醫卜星相的書，以前雖不入藏書家的收藏範圍，但因有人信仰，這類專家往往有豐富的收藏，所以居然買到許多祕本。〔註12〕

因此，若說顧氏是惡意將《周易》劃入低等的迷信階層，這恐怕未顧及他在民俗學上的看重，畢竟顧氏本身對於卜筮一類的書皆以史料視之，並未有不屑之心。

第二節　古史辨在《周易》研究上的局限

一、研究方法的弊病

（一）主觀過重、言詞輕佻

　　古史辨甚受詬病的一點，即是主觀過重，正如本書第一章所言，古史辨運動的起始點，就已是先有結論、後尋證據，在《周易》研究上也是如此，學者對於古史辨此一特點的由來，歸之有康有爲的影響：

〔註12〕顧潮：《歷劫終教志不灰・我的父親顧頡剛》（上海：華東師範，1997 年），頁118～119。

　　《新學僞經考》也突出地表現了康有爲主觀武斷的學風,「有爲以好博好異之故,往往不惜抹殺證據或曲解證據」,對于不利于自己的材料,即宣布是劉歆僞造。後來古史辨派在考辨古史上有疑古過頭的弊病,有時甚至玉石俱焚,這與接受康有爲的消極影響是有關係的。
〔註13〕

所以錢穆評顧頡剛「對晚清今文學家那種辨僞疑古的態度和精神,自不免要引爲知己同調」〔註14〕,顧頡剛回應:「我對於清代的今文家的話,並非無條件的信仰,也不是相信他們的微言大意,乃是相信他們的歷史考證。」〔註15〕乃是對康有爲的論證信之太過。顧頡剛一生治學長於包容不同意見,也態度平和接受反對他的意見,只是他的包容是將之並列在《古史辨》各冊之中,任人評斷,自己卻未改變,仍再次申述己見,有時再次回首《古史辨》中許多精采且能裨補顧氏闕漏的意見,未被顧氏重視,不由得惋惜顧氏主觀太重,以致問學之道受限,使人歎息之餘,猶自警誡。

　　古史辨最大的論述盲點,即是認爲有個「造僞運動」:

　　　　顧氏的觀念裡面實有一個「陰謀理論」作爲基礎,認爲僞書是某些人爲了特定目的刻意僞造的,所以其中史事必屬全僞,幾乎完全排除假史書也可能根據部分眞史事寫成的可能性。……傳說與僞造之間似乎並無分別,好似「傳說」即是「僞造」。只要是有傳說變遷的痕跡即表示這件史事是「有意作僞」的成果。〔註16〕

所以在處理〈易傳〉問題時,爲了達成打倒《周易》神聖地位的目的,認定秦漢的學者造僞;否定孔子和〈易傳〉的關係之餘,又將罪過歸之於劉歆、京房等人,並且言詞輕佻,語帶不屑,如李鏡池早年曾言:

　　　　作《周易》的時代,還是思想簡單,文化粗淺的時代,他們還在那裡岌岌危懼,刻刻提防,爲自然界所壓逼,乞靈於神祇的默示以避免於災害的初民時代;他們還談不到哲理的玄想,還沒有工夫去作系統的有組織的思考。一部《周易》,只反映出文化粗淺的社會情況,

---

〔註13〕 吳少珉、趙金昭主編:《二十世紀疑古思潮》(北京:學苑出版社,2003年),頁75。

〔註14〕 錢穆:〈評顧頡剛五德終始說下的政治和歷史〉,《古史辨》第五冊,頁621。

〔註15〕 顧頡剛:〈跋錢穆評五德終始說下的政治和歷史〉,《古史辨》第五冊,頁631。

〔註16〕 王汎森:《古史辨運動的興起——一個思想史的分析》(台北:允晨文化,1987年),頁35～36。

卻沒有高深的道理存乎其中。幾篇易傳，是秦漢人的思想。象數、
納甲、世應、遊魂等是漢代陰陽纖緯家弄的把戲。〔註17〕

李鏡池對《周易》經文的考定、分析、詮釋有鉅大貢獻，但是這樣的輕蔑的
語氣、不屑的論調，雖在當時是爲了扳倒經學獨尊的地位，也無怪乎遭到學
者抨擊：

> 古史辨學者對《周易》經傳的整體態度是輕蔑的。他們鄙棄〈易傳〉，
> 又將《易經》定位爲純粹的占筮書，並將之後世學者所撰的各類占
> 筮書比合而觀。於是《周易》僅存的，就只有一點點史料的價值了。
> 至於啓示古史辨學者以「古史」觀念治《易》的，應該是章太炎。
> 不過太炎易學中的憂患意識，卻在古史辨學者所推動的科學實證潮
> 流中灰飛煙滅。〔註18〕

即使總體討論了古史辨的成就，可以得知古史辨學者並未對《周易》全盤否
定，但是對於言詞輕佻這一點所帶來的負面影響，卻是無可迴護的。

（二）默證使用過當

早在 1925 年 4 月，張蔭麟發表〈評近人對於中國古史之討論〉，文中指
出顧頡剛研究古史有「根本方法之謬誤」，即是不合理的使用「默證」〔註19〕，
引用西方學者的論述，說明默證適用的範圍非常小，而且在「載籍湮滅愈多
之時代，默證當少用」〔註20〕，強而有力的擊中了顧氏研學的要害。這一點
在《周易》研究上也顯現，例如以《論語》爲孔子言行最可信的典範，其他
載籍都視爲有僞造之嫌，而後因爲《論語》中孔子鮮少提及《周易》，於是認
定孔子與《周易》並無關聯。又《孟子》、《荀子》之中也罕於言《易》，所以
也認定先秦孔門儒生中，對《易》學本未著意，這就是過度使用默證的結果。
又如《史記》、《漢書》之中未將今傳的七種〈易傳〉篇名全數記錄，就認定
當時未載名的〈易傳〉不存在，這也是過度使用默證。

〔註17〕《古史辨》第三冊，頁 203～204。

〔註18〕鄭吉雄：〈20 世紀初周易經傳分離說的形成〉，所引見劉大鈞《大易集奧》（上
海：上海古籍出版社，2004 年），同上，頁 243。

〔註19〕張蔭麟說明：「凡欲證明某時代無某某歷史觀念，貴能指出其時代有與此歷史
觀念相反之證據。若因某書或今存某時代之書無某史事之稱述，遂斷定某時
代無此觀念，此種方法謂之『默證』。默證之應用及其適用之限度，西方史家
早有定論。吾觀顧氏之論證法幾盡用默證，而什九皆違反其適用之限度。」《古
史辨》第二冊，頁 271～272。

〔註20〕《古史辨》第二冊，頁 272。

（三）混淆史家與子家的界限

學者分析古史辨治學方法時，論及顧頡剛有「混淆史家與子家的界限」的缺陷：

> 史家以「實錄」（漢書・司馬遷傳贊）爲原則，子家以「入道見志」（文心雕龍・諸子）爲原則，……即使孟子記述史事失實，按照入道見志的原則，他有自由闡釋古史的權利，不能被視爲「改造古史的手段」。〔註21〕

這一缺陷也顯露在顧頡剛抨擊「觀象制器」說的推論中，對於這一甚受詬病的論點，胡適批評時已明白點出顧氏混淆了「學說」和「歷史」之間的界限，所據並不合理：

> 制器尚象之說只是一種學說，本來不是歷史。……司馬遷不用此章作史料，是他的卓識。崔述用此章作唯一可信的上古史料，是他的偏見。你受了崔述的暗示，遷怒及於〈繫辭〉，也不是公平的判斷。
> 〔註22〕

很顯然的，顧頡剛沒有採納胡適的意見。事實上，顧頡剛在有意無意之間，總是以打倒經學的神聖地位爲首要目標，「觀象制器」之說，使《周易》具有人文化成意義的神聖地位，顧氏恐怕不會認同胡適把以「觀象制器」當成「重要的學說」，直認其爲「術數小道」，其來有自。

（四）移置法未能實現

顧頡剛有個絕佳的觀念，足以彌補其辨僞書、僞史所帶來的衝擊，使他的辨僞事業不致走到虛無主義的地步，那即是《古史辨》第三冊自序中所提到的「移置法」：

> 許多僞材料，置之於所僞的時代固不合，但置之於僞作的時代則仍是絕好的史料：我們得了這些史料，便可瞭解那個時代的思想和學術。例如易傳，於在孔子時代自然錯誤，我們自然稱它爲僞材料，但放在漢初就可以見出那時人對於《周易》的見解及其對于古史的觀念了。……所以僞史的出現，即是眞史的反映。我們破壞它，並不是要把它銷燬，只是把他的時代移後，使它脫離了所託的時代而與出現的時代相應而已。實在，這與其說是破壞，不如稱爲「移置」

〔註21〕 吳少珉、趙金昭主編：《二十世紀疑古思潮》（北京：學苑，2003 年），頁 236。
〔註22〕 《古史辨》第三冊，頁 87～88。

的適宜。一般人以爲僞的材料便可不要,這未免缺乏了歷史的觀念。
〔註23〕

然而縱觀其所編選的《周易》研究論述,對〈易傳〉大多停留在抨擊舊說,判定爲秦漢學者攀名僞造,破壞〈易傳〉的價值,並未審訂出其移置後的價值,簡直如他自己說的「以爲僞的材料便可不要」,而缺乏了歷史的觀念。或許是有今不暇及、留待來者之意,然而卻也造成《古史辨》對〈易傳〉攻擊過度建設不足的結果,確實遺憾。

二、結論的缺陷——對〈易傳〉過於嚴苛

簡而言之,古史辨爲了打破《周易》的神聖地位,對〈易傳〉的態度可說到達苛刻而近誣的態度,對其源出、作者、價值皆大加抨擊、窮追猛打,將寫定時代拖後至秦漢以後,以坐實造僞的罪名,種種的破壞,都是爲反對《周易》是整個中國文化化成的根源:

> 由於《易經》上添加了觀象制器說,所以簡直可以說中國的古文化
> 都發源於卦象,設若當初沒有畫卦的人(伏羲)和重卦的人,整個
> 中國文化可能還在漫漫長夜中。觀象制器說與詩序在結構上有著若
> 相彷彿之處。他們都強調:是聖人有意識地構作了這個人文世界,
> 而不是自然發展而成的。顧頡剛很機警地看出:易傳既然是後人附
> 加上去的,那麼它與易經真正的歷史背景必相衝突,故只要考清易
> 經著作時代真正的歷史觀念,便可以打破許多道統的故事了。〔註24〕

古史辨不只是鬆脫了《周易》和〈易傳〉之間的樺合,更使〈易傳〉本身的思想傾向不再凝固爲儒家,能向學者開放討論的空間,使諸子和〈易傳〉之間的思想糅染能夠被有志的學者梳理會通,甚至對〈易傳〉的內容、字句、釋《易》方式合理與否等,也都擁有了討論研究的可能性,不再定於一尊。對〈易傳〉進行文獻、歷史的討論,是有價值的、應該肯定的研究方向,但是古史辨輕蔑、打壓〈易傳〉,或許是一種爲達目的必要之惡的心態,造成嚴重負面效應,卻不可開脫。在民初曾經發生過「科玄之爭」〔註25〕:

〔註23〕 同上,頁 8。
〔註24〕 王汎森:《古史辨運動的興起——一個思想史的分析》(台北:允晨文化,1987 年),頁 255。
〔註25〕 「1923 年,學術界發生了著名的「科玄之爭」,胡適在當年十二月所寫的《科學與人生觀序》中寫道:「這三十年來,有一個名詞在國內做到了無上尊嚴地

由於「科學」本身的意識形態化，它就必然地帶有「惟我獨尊」的
「科學萬能論」品格而否定那些在主張「科學」的人們看來所謂的
「非科學」的學科，尤其是對形上學的否定。如所周知，形上學在
「科玄之爭」的大討論中，是被貼上了「玄學鬼」的標籤而遭到輕
視與排斥的。顧頡剛在《古史辨》第一冊的〈自序〉中也充滿著對
「神學家和哲學家」的不屑一顧，認為「我知道最高的原理是不必
白費氣力去探求的」。這種將形上學一棍子打死的態度，既不符合一
部人類的形而上學史，也不符合我國的學術傳統。〔註26〕

因此，身為一位史學家，若對形上學有如此嚴重的偏見，等於是漠視龐大的
既有學術文化資產，所得出的結論，可以想見必有嚴重障蔽，莫說繼承、分
析與開展，恐怕連批判繼承也是勉強搆上邊，更多的是破壞與毀棄。這是顧
氏對〈易傳〉有過，慶幸的是李鏡池對〈易傳〉的研究仍有開創之處，稍稍
彌補了古史辨偏見矇眼的弊病。

　　學者對於古史辨這樣的漠視形上學，有另一種寬厚的看待：

疑古運動，由於它對中國傳統文化所採取的某些全盤否定的偏激態
度，特別是它對於「形上學」的宋明理學的輕視以至於「賤視」，激
起了學者層的回應，「現代新儒學」因此而有最初雛形的胎育，這或
許也可以看作是疑古運動消極後果的積極因素。〔註27〕

正視古史辨的弊病，是批判繼承的開始，近年學者們大力提倡〈易傳〉的重
要性，值得期待，讓古史辨這方面不良的影響能轉化為激勵，也讓有價值的
研究方向可以繼續與時俱進。

三、考古文獻的不足

　　關於古史辨在《周易》研究的影響作用，學者有細緻精準的描述：

位；無論懂與不懂的人，無論守舊和維新的人，都不敢公然對他表示輕視或
戲侮的態度。那個名詞就是『科學』。這樣幾乎全國一致的崇信，究竟有無價
值，那是另一問題。我們至少可以說，自從中國講變法維新以來，沒有一個
自命為新人物的人敢公然毀謗『科學』的。」(〈科學與人生觀〉)這種對「科
學」人莫與奪的傲慢態度，與真正的「科學精神」並不一致。」路新生：《中
國近三百年疑古思潮研究》(上海：上海人民出版社，2001 年)，頁 573。
〔註26〕路新生：《中國近三百年疑古思潮研究》(上海：上海人民出版社，2001 年)，
　　　頁 573。
〔註27〕同上，頁 578。

整體來説，促成二十世紀《易》學風氣轉變的因素主要有二：一爲
新思潮的激盪，二爲新材料的出土；前者帶來了價值觀念的重整，
後者促使了研究對象的轉移。第一個時期轉變入第二個時期（按：
第一時期指 1930 年以前，第二時期指 1931～1973 年），「新思潮的
激盪」爲主要因素，「新材料的出土」爲次要因素。甲骨文、金文、
石經等材料固然提供了重要的助力，但古史辨派學者在《易》學思
潮與觀念上凝聚了全盤修正的動力，將新材料集中指向一種強調科
學、古史、辨僞的新的研究方向。由第二個時期轉入第三個時期，「新
材料的出土」爲主要因素，「新思潮的激盪」則爲次要因素。〔註28〕

我們能從中得知三個重點：（一）古史辨確實左右了新時代的《周易》研究風
氣；（二）早期古史辨引進《周易》的新觀念，其作用大於考古金石文字；（三）
「新思潮」和「新材料」在近代主從位置互換，關鍵的一年是 1973 年發現馬
王堆三號漢墓的陪葬品，其中帛書《周易》震驚世界。從另外一個角度來看，
若沒有古史辨提倡新觀念的《周易》研究，那麼這一段時間將是多麼寂寞？
而古史辨提出的種種問題，仍需新出土的考古文物才能解答，破除疑古過勇
的弊病，轉向新的研究潮流，所以當時的考古文物是不足的。從這樣的角度
分析，對古史辨的責備自然會多一點寬厚，如同我們難以苛責章太炎（1869
～1936）不信甲骨文是眞有，因爲遲至 1928 年傅斯年才能在殷墟展開中國史
上第一次的科學性考古挖掘；而古史辨種種不成熟的結論，都要等待那可遇
不可求的考古文物才能解答，正表明古史辨發掘的問題是存在的，而答案受
限於時代。

第三節　古史辨《周易》研究的評價

一、顧頡剛自述

　　《古史辨》第三冊編選了 1926～1930 年的研究文章，自序則是顧頡剛於
1931 年 11 月寫成的。首先，以顧頡剛晚年的回顧說明他對《古史辨》第三冊
的評價：

〔註28〕鄭吉雄：〈從經典詮釋傳統論二十世紀《易》詮釋的分期與類型〉，中央大學
　　　　《人文學報》第 20、21 期合刊，頁 175～242。

燕大的待遇很優……因爲精力集中，所以第三冊編得較好，有一貫
的精神。這一冊是專門研究《易經》和《詩經》的。其中心思想是
破壞《周易》的伏羲、神農的聖經地位，而恢復它原來的樂歌面貌。
有人因此説「古史辨」變成「古書辨」了，是一種退怯的表示。我
認爲這種説法是不對的。古書是古史的史料，研究史料就是建築研
究歷史的基礎。由「古史辨」變爲「古書辨」，不僅不是怯退的表示，
恰恰相反，正是研究向深入發展的表現。這一冊出版時，正好碰上
「九一八」事變發生了，國難當頭，大家顧不上讀書了，所以銷路
雖然還好，卻比第一冊差多了。不過各個圖書館都賣。因爲第一冊
一個叫恆慕義（Arthur William Hummel 1884～1975）的外國學者介
紹了，外國人知道這部書，所以國外的銷路卻很好。〔註29〕

可以察見他對自己的成就頗爲自信自得，而且對於辨明古書真僞的道路堅持
到老。胡適向來是顧頡剛《古史辨》時期的精神領袖，他在 1932 年 1 月 22
日的日記中記載：

夜讀頡剛的《古史辨》第三冊。此冊僅討論《周易》與《詩》兩組
問題，似較第一、二冊更有精采。〔註30〕

足見胡適也相當欣賞顧頡剛此次纂作，不以「古書考」之嫌而有疑。其實顧
頡剛早年與胡適師生相得，甚爲融洽，在進行《周易》研究時，卻與胡適的
思想傾向漸有分歧，如顧頡剛的追述：

到了一九二九年，我從廣州中山大學脱離出來，那時胡適是上海中
國公學的校長，我去看他，他對我説：「現在我的思想變了，我不疑
古了，要信古了！」我聽了這話，出了一身冷汗，想不出他的思想
爲什麼會突然改變的原因。〔註31〕

顧潮對之補充：

然而父親不明白其改變的原因，仍是堅持自己原來的態度，在 1930
年 7 月 3 日致胡適的信中寫道：「承囑勿過懷疑，自當書之座右。惟

〔註29〕顧頡剛：〈我是怎樣編寫古史辨的〉，見氏著《我與古史辨》（上海：上海文藝
出版社，2001 年），頁 209。
〔註30〕胡適著，曹伯言整理：《胡適日記全集》第六冊（台北：聯經出版社，2004
年），頁 625。
〔註31〕顧頡剛：〈我是怎樣編寫古史辨的〉，見氏著《我與古史辨》（上海：上海文藝
出版社，2001 年），頁 199。

> 這一方面，總希望讓我痛快地幹一下，然後讓人出來調和，或由自
> 己改正。總之，我是決不敢護短的。」由此可知，胡適是感到父親
> 對於古史過於懷疑了。〔註32〕

胡適對於顧頡剛懷疑過度的態度，乃有明顯的醒覺，亦曾針砭規勸，在《周易》研究上，顧氏批評「觀象制器」之說是與胡適一大分歧處，錢玄同對顧頡剛此說大聲喝采，而胡適則不以為然：

> 胡適則反對，說觀象制器是易學裡的重要學說，不該推翻。前面說
> 過，他從一九二九年起就不疑古了，這就是一個很好的具體例證，
> 也是我和他在學術史上發生分歧的開始。〔註33〕

直到晚年，顧氏仍深信自己的批評是正確的，其中的錯誤，已在本書第六章和此章「混淆史家和子的界限」處說明，不再重覆。如果要借用顧氏自己的話來表示他對《周易》研究的突破，當如自序所說：

> 我們一方面要急進，一方面又要緩進；急進的是問題的提出，緩進
> 的是問題的解決：在我們的學力上，在時代的限制上，如不容我們
> 得到充分的證據作明確的斷案時，我們只該存疑以待他日的論定。
> 〔註34〕

具體的結論或影響，是功是過或許見仁見智，然而古史辨對於「問題的提出」這一點的貢獻，絕對是不可抹滅的。

二、徐芹庭的批判

早年由於政治因素，台灣的學者曾對古史辨重言斥責：

> 當時之世，於易學則欲推倒孔子與十翼之關係，兼及伏羲神農黃帝
> 堯舜禹湯之道統與文明。此疑古派之易學最為害事，而最為誤國誤
> 民者，藉使范寧再生，必責之為罪深桀紂矣。〔註35〕

衛道護教者，對打倒經學權威的古史辨嚴詞呵斥，其論「疑古派之易學」〔註36〕，

〔註32〕顧潮：《歷劫終教志不灰·我的父親顧頡剛》（上海：華東師範大學出版社，1997年），頁137。

〔註33〕顧頡剛：〈我是怎樣編寫古史辨的〉，見氏著《我與古史辨》（上海：上海文藝出版社，2001年），頁210。

〔註34〕《古史辨》第三冊自序，頁9。

〔註35〕徐芹庭：《易學源流》（台北：國立編譯館，1987年），頁1173。

〔註36〕同上，頁1339～1357。

則言：「民國以來疑古派之易學，沿襲宋元明清歐陽脩等之遺緒，而變本加厲，疑及易經，非議先聖昔賢，而發出謬說誤己誤人，有不得不為之正者，作疑古派之易學。」分別批判了十一人，如下所列：

（一）康有為力排古文

（二）梁啟超疑及十異〔註37〕與焦氏易林

（三）顧頡剛欲別十翼於易外

（四）錢玄同以孔子與易無關

（五）李鏡池欲竄改史記述及孔子與易部分

（六）容肇祖以易假用聖名

（七）錢穆以為孔子未嘗學易

（八）馮友蘭以十翼非孔子作

（九）余永梁以為周之文化低於商，易為周初卜官所作

（十）郭沫若亦著為周易的構成時代，陳夢家為其文作「書後」，頗持異議

（十一）李漢三欲除去十翼與漢宋圖象

從以上的名單，可知只要有疑古思想，不管是否認同顧頡剛，都被劃入「疑古派」。又於「孔子與十翼」一節，闡明孔子與《易》有密切之關係，乃「糾正歐陽脩十翼非孔子作之謬誤」、「駁斥錢玄同以孔子與易無關之荒謬」、「批顧頡剛之荒謬」、「批李鏡池之荒謬」、「駁馮友蘭之謬」、「駁錢穆之誤」等〔註38〕，並重詞抨擊顧頡剛：

> 其以十翼在戰國與西漢間完成，然則《詩經》《書經》文體之絢麗，其亦其在〈易傳〉之後乎？其不通一也。《管》《晏》《孟》《荀》《老》《莊》皆春秋戰國之書，其文體之繁縟，尤較十翼為繁，今乃以文體較簡之十翼出之於兩漢，其不通二也。其以〈繫辭〉下觀象制器之說為京房後學所造，乃盲目之人，雖疑古反孔之胡適亦不信，況他人乎？其不通三也。《左氏傳》所載春秋易辭已有互卦諸象較〈說卦〉尤詳，可見〈說卦〉早於先秦，其違反歷史，不通四也。孟京卦氣只取說卦後天八卦中之四卦耳，餘百分之九十九皆不同，具見其不曾讀易，其不通五也。道家老子思想出自坤卦，十翼為儒家之

〔註37〕當為排版之誤，應為「十翼」。

〔註38〕徐芹庭：《易學源流》（台北：國立編譯館，1987年），頁171～197。

學，與道家全異，彼完全外行，其不通六也。凡以十翼為道家者皆
不學之士。〔註39〕

關於古史辨對《周易》的研究，筆者已於前文說明，此不重覆，列舉徐氏之
說，僅在表明學者對古史辨另一種典型的評價。

三、近代學者的評論

（一）肯定古史辨承先啟後

近代學者在學術自由、治學方式穩健的基礎之下，對於民初時的古史辨
《周易》研究也擁有較冷靜中性的觀察。廖名春《周易研究史》第七章提出
「現代易學的發展，出現了四次熱潮」。認為第一次熱潮主要是由古史辨派學
者所發動，評價古史辨：

> 儘管不乏疑古過勇，話說得過了頭，對傳統否定得過多之處，但對
> 於將易學研究從封建經學中解放出來，引進新思想、新方法治《易》，
> 起到了不可低估的作用。以後半個多世紀的易學，很大程度上都受
> 了這一討論支配和影響。現代的考據易學，可以說是直接從這一討
> 論中發展起來的。〔註40〕

並且認為經過幾十年來，人們的修正和補充，古史辨一些基本觀點已成為學
術界對《周易》的共識，考據所得的結果「大體是可以為信據的」。〔註41〕

楊慶中《二十世紀中國易學史》的前言中，認為對各派易學的考察，應
注意新舊之間的辨證關係，如古史辨的疑古是源出宋代以來的疑經風氣，實
證方法則承續了清代乾嘉的考據學精神，對《周易》的看法則接受許多清末

〔註39〕 同上，頁 187～188。

〔註40〕 廖名春、康學偉、梁韋弦：《周易研究史》（長沙：湖南出版社，1991 年），頁
401。

〔註41〕 「總的來說，古史辨學者在這一次討論中的許多基本觀點，在後來的幾十年
中，經過人們的不斷修正和補充，已成為今天學術界對《周易》的共識。考
其原因，大致有二：一是他們的研究方法確屬先進，因而得出了一些經得起
歷史檢驗的結論。如顧、余否認《周易》為伏羲、文王所作，利用卦爻辭中
的史實來考證《周易》的成書年代，大體是可以為信據的。二是近代以來中
國傳統文化受到歐風美雨的沖擊，人們普遍視西方文化為科學的象徵，視國
學為封建、落後。古史辨學治《易》，以「新史學」相標榜，以傳統為鵠的，
正順應了這種潮流，因而其方法普遍被認同為科學，其觀點普遍被認同為科
學的結論。」廖名春、康學偉、梁韋弦：《周易研究史》（長沙：湖南出版社，
1991 年），頁 401～402。

今文經學家的觀點。〔註 42〕至於古史辨的影響，楊氏指出古史辨易學是二十世紀上半的《易》學發展重要的轉捩點，從傳統經學家的易學研究轉向新的史學領域。古史辨對後來學者的影響，楊氏指出高亨堅持「歷史主義的原則和實證主義的方法」，顯然和古史辨關係較深。並且在古史辨的衝激之下，開始有學者起而抵禦，金景芳、黃壽祺堅持「以傳解經」的原則，認為《易經》有博大精深的哲學思想。因此在結語中提到，近代學術思想界興起的回歸潮流，「從『疑古』到『走出疑古』，從『打破經學』到回歸『原典』的螺旋演進的奇觀」。〔註 43〕但從中也能看到古史辨的貢獻：

> 然而，「走出疑古」並不意味著「善疑」的錯誤，回歸「原典」也不
> 意味著打破經學的失敗，毋寧說，正是由於「疑古」在先，才為今
> 天的「走出疑古」創造了條件；正是本世紀初的打破經學，才為今
> 天的回歸「原典」掃清了障礙。因為恰恰是「疑古」和「打破經學」
> 的學術實踐，提供了本世紀中國思想學術的研究方法和觀念，營造
> 了本世紀中國思想學術發展的理性主義的主流精神。〔註 44〕

以上諸說都能肯定古史辨《周易》研究的影響力和成就，並且點出古史辨的廓清之功，使後來的研究能延續歷史考證的道路；或反對古史辨，而積極發掘並守護傳統的價值。

（二）關注古史辨帶來的負面影響

或有學者重詞批評「古史辨學者最後真正想導入的結論，總是要證明《易經》一無是處」〔註 45〕，或者認為古史辨學者極盡貶低《周易》之能事，可能出於古史辨學者對於傳統經學出言不遜、過於輕佻而造成的誤解。學者對於古史辨的疑古過勇也提出警誡：

> 但一般而言，只要屬於兩可之間的，甚至只要缺乏出土文物的直接
> 證明的，人們就以傳統說法為非，以古史辨派的說法為是。這實際
> 已從將易學尊為經學的一端走到了以貶低《周易》為能事，以否定
> 《周易》為目的來治易的另一端。這種以民族虛無主義為表現特徵

〔註 42〕楊慶中：《二十世紀中國易學史》（北京：人民出版社，2000 年），前言頁 6～7。
〔註 43〕同上，頁 534。
〔註 44〕同上。
〔註 45〕鄭吉雄：〈20 世紀初周易經傳分離說的形成〉，所引見劉大鈞《大易集奧》（上海：上海古籍出版社，2004 年），頁 230。

的易學傾向，其直接來源就是二十年代末、三十年代初的這一場易
學討論。這是我們在充分肯定這一次討論的積極意義時所不能忽視
的。〔註46〕

但筆者以為，正是因為向無明白證據與說法孚眾，學者們才紛紛貢獻心力求
其真，一意否定或批判，在現今的學術中已無太大影響力，最重要的是將真
相道明，這種「不疑無以見信」的態度，保持了《周易》研究的活力。

或有學者總結古史辨的論點：

自 1926～1930 年，他們在《易經》和《易傳》的性質、經傳的關係
展開了一連串的論證，取得重大的成果，奠定了 20 世紀易學的一個
重要基調。這些論證，約可分為四項，分別為：《易經》多記商周古
史，蘊涵的是史料價值；《易經》只是筮書，價值低於龜卜；《易傳》
多附會不可靠；《易傳》哲理屬道家而不屬儒家。〔註47〕

基上上，第一點是明確的，第二點，大概就是對余永梁的措詞有些誤解，余
氏的意思是傳統上有「筮短龜長」之說，不見得是對《周易》本身的詆毀。
第三點則是古史辨強烈的主張，以達到經傳分觀的目的，功過皆有。第四點，
古史辨是主張〈易傳〉是受過道家暗示的儒家學說，還是歸之於儒學的，詳
細可見本書第五章。

朱伯崑也認為古史辨有疑古過甚和毀棄古說的缺點，尤其是毀棄古說一
點，「被他們剝去的部分，認為毫無歷史價值，簡單加以拋棄。他們所追求是
歷史真相，對後人的解釋，不感興趣。其實，後人對某種史實所作的解釋，
總有其原因，不能一概視為虛構。如關於《周易》一書的形成，漢人提出的
人更三聖說，謂伏羲畫卦，文王作卦爻辭，孔子作傳，雖查無實據，但此說
卻透露了一條信息，即總是先有八卦，後有卦爻辭，《周易》一書的形成經歷
了一歷史的過程，近年來數字卦的出土即是一證。」〔註48〕這即是前面所述，
古史辨的移置法並未實現的缺失。

〔註46〕廖名春、康學偉、梁偉弦：《周易研究史》（長沙：湖南出版社，1991 年），頁
401～402。

〔註47〕鄭吉雄：〈20 世紀初周易經傳分離說的形成〉，所引見劉大鈞編：《大易集奧》
（上海：上海古籍出版社，2004 年），頁 226。

〔註48〕朱伯崑：〈易學研究中的若干問題〉，《燕園耕耘錄——朱伯崑學術論集》（臺
灣：學生書局，2001 年），頁 878。

結　語

　　總括來看，古史辨在《周易》研究上的成就，大致可以分為「觀念的突破」、「論點的影響」、「參與學者的多元」這三點，貢獻主要是使《周易》經文突破傳統的禁錮，充滿無限可能性，古史辨將《周易》以史料視之，又將歷史知識引入《周易》研究，並且以重視考古、訓詁解經取代〈易傳〉的權威地位，同時又觸及前賢忽略的《周易》形構與源由，這些面向都在今日的《周易》研究受到重視，並且成為各種研究方向的易學家都需回應的議題，古史辨直勘經典，對於新時代的《周易》研究確實貢獻厥偉。

　　但古史辨在《周易》研究上的局限是不可諱言的，在研究方法的弊病，主要是有四點：主觀過重、言詞輕佻；默證使用過當；混淆史家與子家的界限；移置法未能實現等等，尤其對〈易傳〉過於嚴苛，大部分都是批評否定，少有詳審考訂，這和考古文獻的不足或許有關，也可能因為古史辨欲打破經學地位，斥責〈易傳〉，而未追溯其可能的源流。

　　胡自逢曾略論研究《周易》經文的方法，可有五點：「一由訓詁入。二史料分析。三辭語比較。四以經通經。五義理探溯。」〔註49〕準此而言，古史辨唯於「義理探溯」深受詬病，其餘四點則有開創之功。綜合以上來看，我們可以理解顧頡剛對自己的工作成就的看法，也能明白古史辨何以遭致嚴厲的抨擊，以及學者近年的持平之論。如果我們從古史辨所處的時代看，沒有古史辨這一段近似於革命的石破天驚、披荊斬棘，易學將會多麼沉寂，人們也將不那麼渴望求得更多關於《周易》的實證資料，而《周易》研究也將無法離開玄學、務實的在學術基礎上進行。正是這麼多年的醞釀與研討，在極具關鍵性的《周易》文物出土後，學者們能掌握其要，充份解決部分懸宕已久的問題。在古史辨的時代背景，追求文獻真偽、重視史料學，常常是一刀兩刃，因為要使文獻擁有自由討論的空間，就需要先解除桎梏，然而想要不破壞〈易傳〉就能使《周易》得到新詮釋，幾乎是難以辦到的。而解析了《周易》的文獻、史料價值，卻又使其哲學價值流於乾枯，正如同楊慶中所言：

> 站在今天的立場，反觀近人的新觀點，應該說，其開拓了文獻研究的新思路，卻堵死了哲學沉思的老傳統。上個世紀初，中國學術界的思想革命，史學領域熱鬧，也最出新。因此，史學家對傳統經學作出的結論也最容易為人所接受。李鏡池先生就曾明確指出，其研

〔註49〕胡自逢：《易學識小》（台北：文史哲出版社，2000年），頁13。

究《周易》，即是要擯棄哲學倫理的思路，而但以「歷史的方法」來
解易。……我們毫不否認李先生的「歷史的方法」，也毫不否認其求
「真」的夙求。但史學的研究和哲學的詮釋並非水火不容，不能因
為要從史學的意義上鈎沉文獻史料，就否認從哲學的意義上詮釋象
辭關係。如果把「歷史的方法」和「哲學倫理的注視」對立起來，
一味按照文獻學的思路注釋《易經》，就會把《易經》講死，這對中
國傳統哲學的發展是不利的。〔註50〕

玉石俱焚之後，披沙揀金之時，就現今的研究而言，即當記取這樣的前車之
鑑，論述之際不宜以破代立。我們無法想像完全銷毀〈易傳〉價值，中國哲
學將變成什麼樣子；也無法想像獨尊〈易傳〉，完全取消古史辨以來考訂成果
的《周易》研究，那麼近百年的《周易》研究將會是什麼樣子。而且在古史
辨之後，學術理性的穩定時代中，考古資料前所未見，我們似乎更應當善用
所有，將所有的研究更往前推進，筆者以為，若能將文獻與出土資料結合起
來，延續古史辨密切結合歷史知識的研究道路，將彼此扞格的證據全數羅列，
求得一個合理的大輪廓和假設，信者存信，疑者存疑，才能逐漸調停人言言
殊的情狀，將《周易》研究繼續推向進一步的領域。最後，用顧頡剛自己的
話來概括古史辨《周易》研究的展望：

又有人說：「《古史辨》的時代已過去了！」這句話我也不以為然。
因為《古史辨》本不曾獨占一個時代，以考證方式發現新事實，推
倒偽史書，自宋到清不斷地在工作，《古史辨》只是承接其流而已。
至於沒有考出結果來的，將來還得考……所以即使我停筆不寫了，
到安定的社會裡還是會有人繼續寫的，只有問題得到了合乎事實的
令人信服的結論，像《偽古文尚書》一案，才沒有人會浪費精神去
寫，這是我敢作預言的。〔註51〕

〔註50〕楊慶中：《周易經傳研究》（北京：商務出版社，2005年），頁63～64。
〔註51〕顧頡剛：〈我是怎樣編寫古史辨的〉，見氏著《我與古史辨》（上海：上海文藝
　　　　出版社，2001年），頁217。

參考文獻

一、顧頡剛相關編著（顧氏著作在前，相關者在後）

1. 顧頡剛：《當代中國史學》，南京：勝利出版社，1947 年。
2. 顧頡剛：《史林雜識初編》，北京：中華書局，1963 年。
3. 顧頡剛、羅根澤等主編：《古史辨》一～七冊，台北：藍燈文化，1987 年。
4. 顧頡剛：《顧頡剛讀書筆記》一～十冊，台北：聯經出版社，1990。
5. 顧頡剛：《顧頡剛古史論文集》一～三，北京：中華書局，1993～1996 年。
6. 顧頡剛口述，何啓君整理：《中國史學入門》，台北：洪葉出版社，1994 年。
7. 顧頡剛：《我與古史辨》，上海：上海文藝出版社，2001 年。
8. 顧頡剛：《中國上古史研究講義》，北京：中華書局，2002 年。
9. 顧頡剛：《秦漢的方士與儒生》，上海：上海古籍出版社，2005 年。
10. 顧頡剛：《顧頡剛日記》一～十二冊，台北：聯經出版社，2006 年。
11. 劉起釪：《顧頡剛先生學述》，北京：中華書局，1986 年。
12. 顧潮編：《顧頡剛年譜》，北京：中國社會科學出版社，1993 年。
13. 顧潮、顧洪：《顧頡剛評傳》，南昌：百花洲出版社，1995 年。
14. 顧潮：《歷劫終教志不悔：我的父親顧頡剛》，上海：華東師範大學出版社，1997 年。
15. 顧洪編：《顧頡剛學術文化隨筆》，北京：中國青年出版社，1998 年。
16. 劉俐娜：《顧頡剛學術思想評傳》，北京：北京圖書館出版社，1999 年。
17. 王學典、孫延杰：《顧頡剛和他的弟子們》，濟南：山東畫報出版社，2000 年。
18. 顧潮編，《顧頡剛學記》，北京：三聯書局，2002 年。

19. 王煦華編：《顧頡剛先生學行錄》，北京：中華書局，2006 年。

20. 余英時：《未盡的才情——從《日記》看顧頡剛的內心世界》，台北：聯經
出版社，2007 年。

二、古典文獻（依作者年代排序）

1. 〔先秦〕左丘明：《國語》，臺北：里仁書局，1980 年。

2. 〔先秦〕荀況：《荀子》，上海：上海古籍出版社，1996 年。

3. 〔漢〕司馬遷著，瀧川龜太郎注：《史記會注考證》，台北：文史哲出版社
1993 年。

4. 〔漢〕班固著，〔唐〕顏師古注，〔清〕王先謙補注：《漢書》，台北：藝
文印書館，1955 年。

5. 〔魏〕王弼著，樓宇烈校釋：《王弼集校釋》，北京：中華書局，1980 年。

6. 〔唐〕李鼎祚：《周易集解》，上海：上海古籍出版社，1989 年。

7. 〔宋〕歐陽脩：《歐陽文忠公集》，臺北：台灣商務印書館，1967 年。

8. 〔宋〕朱熹：《四書集註》，臺北：世界書局，1997 年。

9. 〔宋〕朱熹：《周易本義》，臺北：世界書局，1991 年。

10. 〔清〕阮元校刻：《十三經注疏》，台北：藝文印書館，1989 年。

11. 〔清〕張惠言：《張惠言易學十書》，台北：廣文書局，1970 年。

三、近人著述（按照作者姓氏筆劃數排列）

1. 王國維：《觀堂集林》，石家莊：河北教育出版社，2001 年。

2. 王暉：《商周文化比較研究》，北京：人民出版社，2000 年。

3. 王玉哲：《中華遠古史》，上海：上海人民出版社，2003。

4. 王汎森：《古史辨運動的興起——一個思想史的分析》，台北：允晨文化，
1987 年。

5. 朱伯崑：《燕園耕耘錄——朱伯崑學術論集》，臺灣：學生出版社，2001
年。

6. 朱伯崑：《易學哲學史》，臺北：藍燈出版社，1991 年。

7. 朱歧祥：《周原甲骨研究》，台北：臺灣學生書局，1997 年。

8. 邢文：《帛書周易研究》，北京：北京人民出版社，1997 年。

9. 汪顯超：《古易筮法研究》，合肥：黃山書社，2002 年。

10. 余英時：《史學與傳統》，臺北：時報文化，1982 年。

11. 余英時：《中國思想傳統的現代詮釋》，南京：江蘇人民出版社，2003 年。

12. 余英時：《歷史與思想》，臺北：聯經出版社，1976 年。

13. 余英時：《中國思想傳統的現代詮釋》，南京：江蘇人民，2003 年。

14. 李學勤：《周易溯源》，成都，巴蜀書社，2006 年。

15. 李學勤：《走出疑古時代修訂本》，瀋陽：遼寧大學出版社，1997 年。

16. 李鏡池：《周易探源》，北京：中華書局，1978 年。

17. 李鏡池：《周易通義》，北京：中華書局，1981 年。

18. 李零：《中國方術考修訂本》，北京：東方出版社，2001 年。

19. 李零：《中國方術續考》，北京：東方出版社，2001 年。

20. 李大用：《周易新探》，北京：北京大學出版社，1992 年。

21. 吳少珉、趙金昭主編：《二十世紀疑古思潮》，北京：學苑出版社，2003 年。

22. 吳銳：《錢玄同評傳》，南昌：百花洲文藝出版社，1996 年。

23. 吳懷祺：《易學與史學》，北京：中國書店，2004 年。

24. 沈頌金：《考古學與二十世紀中國學術》，北京：學苑出版社，2003 年。

25. 何澤恆：《先秦儒道舊義新知錄》，台北：大安出版社，2004 年。

26. 屈萬里：《讀易三種》，臺北：聯經出版社，1983 年。

27. 屈萬里：《漢石經周易殘字集證》，台北：聯經出版社，1984 年。

28. 屈萬里：《尚書集釋》，台北：聯經出版社，1983 年。

29. 屈萬里：《書傭論學集》，台北：開明書店，1969 年。

30. 屈萬里：《先秦漢魏易例述評》，台北：學生書局，1985 年。

31. 尚秉和：《周易古筮考通解》，太原：山西古籍出版社，1980 年。

32. 定州漢墓竹簡整理小組：《定州漢墓竹簡論語》，北京：文物出版社，1997 年。

33. 胡適著，曹伯言整理：《胡適日記全集》第六冊，台北：聯經出版社，2004 年。

34. 胡適：《中國哲學史大綱》，上海：上海古籍出版社，1997 年。

35. 胡樸安：《周易古史觀》，臺北：新文豐出版社，1979 年。

36. 胡厚宣、胡振宇：《殷商史》，上海：上海人民出版社，2003 年。

37. 胡道靜、戚文編著：《周易十講》，上海：上海人民出版社，2003 年。

38. 胡自逢：《易學識小》，台北：文史哲出版社，2000 年。

39. 高亨：《周易古經通說》，香港：中華書局，1963 年。

40. 高亨：《周易大傳今注》，濟南：齊魯書社，1998 年。

41. 高懷民：《大易哲學論》，臺北：作者自印出版，1988 年。

42. 高懷民：《先秦易學史》，臺北：作者自印本，1986 年。

43. 高懷民：《兩漢易學史》，臺北：中國學術著作獎助委員會，1983 年。

44. 徐旭生，《中國古史的傳說時代》，台北：里仁書局，1999 年

45. 徐芹庭：《易學源流》，台北：國立編譯館，1987 年。

46. 梁啓超：《中國近三百年學術史》，臺北：里仁書局，1995 年。

47. 郭沫若，《青銅時代》，《郭沫若全集（歷史編）》，北京：人民出版社，1982 年。

48. 陳鼓應：《易傳與道家思想》，台北：商務印書館，1994 年。

49. 陳志明：《顧頡剛的疑古史學——及其在中國現化思想史上的意義》，台北：商鼎文化，1993 年。

50. 許倬雲：《西周史》，台北：聯經出版社，1990 年。

51. 許冠三：《新史學九十年》上冊，台北：唐山，1996 年。

52. 許地山：《道教、因明及其他》，北京：中國社會科學，1994 年。

53. 張光直，《中國青銅時代》，台北：聯經出版社，1983 年。

54. 張政烺：《張政烺文史論集》，北京：中華書局，2004 年。

55. 張玉金：《甲骨卜辭語法研究》，廣州：廣東高等教育出版社，2002 年。

56. 黃慶萱：《周易縱橫談》，桂林：廣西師範大學出版社，2006 年。

57. 黃慶萱：《魏晉南北朝易學考佚》，台北：幼獅文化，1975 年。

58. 黃慶萱：《周易讀本》，台北：三民書局，1980 年。

59. 黃玉順：《易經古歌考釋》，四川：巴蜀書社，1995 年。

60. 黃沛榮：《易學乾坤》，台北：大安出版社，1998 年。

61. 黃沛榮：《周易象象傳義理探微》，台北：萬卷樓，2001 年。

62. 黃壽祺、張善文編：《周易研究論文集》一～四輯，北京：北京師範大學出版社，1987～1990 年。

63. 黃凡：《周易——商周之交史事錄》，廣東：汕頭大學大學出版社，1995 年。

64. 馮友蘭：《三松堂全集》，鄭州：河南人民出版社，2000 年。

65. 馮友蘭：《中國哲學史新編》，北京：人民出版社，1998 年。

66. 彭明輝：《疑古思想與現代中國史學的發展》，台北：商務印書館，1991 年。

67. 路新生：《中國近三百年疑古思潮研究》，上海：上海人民出版社，2001 年。

68. 楊慶中：《二十世紀中國易學史》，北京：人民出版社，2000 年。

69. 楊慶中：《周易經傳研究》，北京：商務印書館，2005 年。

70. 楊寬：《西周史》，上海：人民出版社，1999 年。

71. 楊寬，《戰國史》，台北：臺灣商務印書館，1997

72. 楊緒敏：《中國辨偽學史》，天津：天津人民出版社，1999 年。

73. 廖名春：《周易經傳十五講》，北京：北京大學出版社，2004 年。

74. 廖名春：《周易經傳與易學史新論》，濟南：齊魯書社，2001 年。

75. 廖名春、康學偉、梁偉弦：《周易研究史》，長沙：湖南出版社，1991 年。

76. 聞一多著，李定凱編校：聞一多學術文鈔，《周易與莊子研究》，成都：巴蜀書社，2002 年。

77. 趙誠：《甲骨文簡明詞典——卜辭分類讀本》，北京：中華書局，1988 年。

78. 鄧球柏：《帛書周易校釋》，長沙：湖南出版社，1987 年。

79. 鄭吉雄：《易圖象與易詮釋》，台北：台大出版中心，2004 年。

80. 劉大鈞主編：《大易集述》，成都：巴蜀書社，1998 年。

81. 劉大鈞主編：《大易集奧》，上海：上海古籍出版社，2004 年。

82. 劉大鈞：《今、帛、竹書周易綜考》，上海：上海古籍出版社，2005 年。

83. 劉瑛：《左傳、國語方術研究》，北京：人民文學出版社，2006 年。

84. 蔡尚思主編：《十家論易》，上海：上海人民出版社，2006 年。

85. 黎子耀：《周易秘義》，杭州：浙江古籍出版社，1990 年。

86. 賴貴三：《台灣易學史》，台北：里仁書局，2005 年。

87. 賴貴三：《易學思想與時代易學論文集》，台北：文津出版社，2007 年

88. 錢穆：《國史大綱》，臺北：商務印書館，1988 年。

89. 濮茅左：《楚竹書周易研究——兼述先秦兩漢出土與傳世易學文獻資料》，上海：上海古籍出版社，2006 年。

90. 戴璉璋：《易傳之形成及其思想》，臺北：文津出版社，1989 年。

91. 鍾敬文：《芸香樓文藝論集》，北京：中國文聯出版社，1996 年。

92. 韓仲民：《帛書說略》，北京：北京師範大學出版社，1992 年。

93. 謝寶笙：《易經之謎是如何打開的》，北京：北京出版社，1995 年。

94. 〔德〕施耐德（Laurence A. Schneider）著，梅寅生譯，《顧頡剛與中國新史學：民族主義與取代中國傳統方案的探索》，台北：華世出版社，1984 年。

95. 〔美〕賈德·戴蒙（Jared Diamond）著；王道還、廖月娟譯：《槍炮、病菌與鋼鐵：人類社會的命運》，台北：時報文化，1998 年。

四、學位論文

1. 黃忠天：《楊萬里易學之研究》，高雄師大國文研究所碩士論文，1987 年。

2. 黃忠天：《宋代史事易學研究》，高雄師大國文研究所博士論文，1994 年。

3. 李慈恩:《高亨易學研究》,國立中央大學中文研究所碩士文,1997年。

4. 沈慧心:《胡樸安生平及其易學、小學研究》,東吳大學中文研究所博士論文,2002年。

5. 唐玉珍:《左傳、國語引易考釋》,國立台灣師大國文研究所碩士論文,2000年。

五、單篇論文

1. 王新春:〈哲學視域中戰國楚竹書周易的文獻價值〉,《周易研究》2005年5月,頁20～29。

2. 平心:〈周易史事索隱〉,《歷史研究》1963年第1期,頁140～160。

3. 朱淵清:〈干寶的《周易》古史觀〉,《周易研究》2001年第4期,頁27～35。

4. 任俊華、梁敢雄:〈《歸藏》、《坤乾》源流考——兼論秦簡《歸藏》兩種摘抄本的由來與命名〉,《周易研究》2002年第6期,頁14～23。

5. 余介方:〈容肇祖與中大《民俗周刊》〉,《民俗研究》2001年3月,頁40～47。

6. 沈頌金:〈試論《古史辨》與考古學的關係〉,齊魯學刊,2003年第5期,頁52～58。

7. 李宗焜:〈數字卦與陰陽卦〉,《中央研究院歷史語言研究所集刊》2006年6月,頁279～318。

8. 吳勇:〈從竹簡看所謂數字卦問題〉,《周易研究》2006年第4期,頁43～48。

9. 汪雙六:〈史學在《周易》中的份量與作用——兼與古史易學派商榷〉,《安徽史學》2005年第2期,頁108～111、59。

10. 林忠軍:〈王家台秦簡《歸藏》出土的易學價值〉,《周易研究》2001年第2期,頁3～12。

11. 張玉金:〈甲骨文中的「貞」和《易經》中的「貞」〉,《古籍整理研究學刊》2000年第2期,頁6～11。

12. 張志華、梁長海、張体鴒:〈河南平糧台龍山文化城址發現刻符陶紡輪〉,《文物》2007年5月,頁48～49。

13. 張京華:〈顧頡剛的經學與史學〉,中南大學學報,第12卷第6期,頁720～724。

14. 陳桐生:〈20世紀的《周易》古史研究〉,《周易研究》1999年第1期,頁23～30。

15. 陳浦清:〈《尚書·洪範》作於周朝初年考〉,湖南師範大學社會科學學報,2003年第32卷第1期。頁90～96。

16. 大剛：〈試論宋人恢復古周易的重要意義〉，《四川大學學報》哲學社會科學版，1999 年第 2 期，頁 47～52。

17. 湯余惠：〈略論戰國文字形體研究中的幾個問題〉，《古文字研究》第十五輯，北京：中華書局，1986 年。，頁 9～100。

18. 黃海嘯：〈《周易研究》之出土易學文獻研究綜述〉，《周易研究》2006 年第 4 期，頁 49～53。

19. 黃覺弘：〈周易經文著作體略論〉，《江漢大學學報》1999 年第 16 卷第 4 期，頁 114～118。

20. 斯滿紅：〈論顧頡剛易學研究的進路〉，《周易研究》2008 年第 2 期，頁 11～16。

21. 雷戈、藺學才：〈《古史辨》中史學評論的基本特點〉，《聊城大學學報》2003 年第 2 期，頁 61～67。

22. 趙世瑜：〈一個歷史學家和一個文學家的選擇——中國現代民俗運動中的周作人與顧頡剛〉，《史學理論研究》1996 年第 2 期，頁 73～79。

23. 劉寧，張新科：〈中國敘事傳統溯源——占卜與商周時代的占辭、卦爻辭〉，《社會科學家》2006 年 1 月，頁 178～181。

24. 鄭吉雄：〈從經典詮釋傳統論二十世紀《易》詮釋的分期與類型〉，中央大學《人文學報》第 20、21 期合刊，頁 175～242。

25. 鄭吉雄：〈20 世紀初周易經傳分離說的形成〉。收於劉大鈞編《大易集奧》（上海：上海古籍出版社，2004 年），頁 218～221。

26. 鄭吉雄：〈從卦爻辭字義的演繹論《易傳》對《易經》的詮釋〉，《漢學研究》第 24 卷第 1 期 2006 年，頁 1～33。

27. 魏曉麗：〈成就與不足——淺議郭沫若的《周易》研究〉，《史學研究》2002 年第 2 期，頁 28～32。

六、網路資源

1. Confucius2000
   http://www.confucius2000.com/

2. 中研院殷周金文暨青銅器資料庫
   http://db1.sinica.edu.tw/~textdb/bronzePage/

3. 中研院漢籍電子文獻
   http://www.sinica.edu.tw/ftms-bin/ftmsw3

4. 故宮寒泉古典文獻全文檢索資料庫
   http://210.69.170.100/s25/